国家自然科学基金30570232资助

|光明社科文库|

学海拾贝

高校感悟

李东风 ◎ 著

光明日报出版社

图书在版编目（CIP）数据

学海拾贝：高校感悟 / 李东风著. -- 北京：光明日报出版社，2023.4
ISBN 978-7-5194-7210-8

Ⅰ.①学… Ⅱ.①李… Ⅲ.①高等学校—教育管理—文集 Ⅳ.①G640-53

中国国家版本馆 CIP 数据核字（2023）第 078118 号

学海拾贝：高校感悟
XUEHAI SHIBEI：GAOXIAO GANWU

著　　者：李东风	
责任编辑：刘兴华	责任校对：李　倩　李佳莹
封面设计：中联华文	责任印制：曹　净

出版发行：光明日报出版社

地　　址：北京市西城区永安路 106 号，100050

电　　话：010-63169890（咨询），010-63131930（邮购）

传　　真：010-63131930

网　　址：http：//book.gmw.cn

E - mail：gmrbcbs@gmw.cn

法律顾问：北京市兰台律师事务所龚柳方律师

印　　刷：三河市华东印刷有限公司

装　　订：三河市华东印刷有限公司

本书如有破损、缺页、装订错误，请与本社联系调换，电话：010-63131930

开　　本：170mm×240mm	
字　　数：270 千字	印　　张：16
版　　次：2023 年 4 月第 1 版	印　　次：2023 年 4 月第 1 次印刷
书　　号：ISBN 978-7-5194-7210-8	

定　　价：95.00 元

版权所有　　翻印必究

一位长者提供的了解学界生态的样本

在中国科学报社旗下的科学网博客，活跃着一群在学界深耕多年的博主。科学网博客的运行机制是这样的：每天各个博主把博文发到"自留地"后，编辑会把部分写得比较好的博文"拎"出来，把带有网页链接的博文标题放到科学网博客首页的相关栏目。更好的博文则会被编辑精选出来，放在网页上部显著位置。每天的最佳博文会被编辑"置顶"，成为"头条"，自然能吸引不菲的流量。

华南师范大学生命科学学院李东风教授的博文是科学网博客的一道风景。他的博文不但产量大，而且频频被科学网博客编辑精选，甚至成为发文当天科学网博客的"头条"。更有意思的是，他的一些博文在科学网博客发表后，能够被《中国科学报》《科学新闻》《科技导报》《上海科技报》《健康报》等报刊转载。这成了他在从事本职工作、发表科研论文之外的"第二战场"。

我曾建议李教授：有可能的话，还是要把更多的博文转化成"铅字"，在报刊发表，并且最好有一个在报刊发文的记录列表。当时李教授说，他喜欢有感而发，在博客上直抒胸臆，没有刻意追求在报刊发文，也不留意博文被报刊转载。我没想到，到了2021年岁末，他联系我说，他已经把200多篇博文汇编成了文集，准备提交光明日报出版社出版，这也许和他退休后有时间整理文集有关吧。

李教授的书稿涉及的是由大学、研究所构成的学界，涉及研究生、教师、科研人员、管理者等利益相关方。他把200多篇博文分门别类地加以整理，涉及学界方方面面，内容包括教学感悟、科研感悟、研究生培养、高校改革等。这些词看起来常规，但里面的内容和奥秘很多，就像一棵棵树那样，有很多枝节。在每一章，作者按照一定的逻辑顺序编排文章，而不是按照博文在网上发布的时间顺序编排。要把博文分门别类地编成体系，还得考虑先后顺序，这非常不容易。

说了本书的内容和编排，我接着说李教授的行文风格。本书中的文章不是非虚构人物报道或者事件报道，不是散文，而是采用了一种"博文体"。他的文章没有采用特别的写作技巧，而是直截了当，不绕。他很少把抓眼球的新闻事件作为文章的由头,也没有指名道姓地说周围的人和事。他的文章篇幅较短,但往往能提出问题,分析问题,并提出解决问题的方法。这些文章反映出作者善于观察、思考和总结。观察就是在工作中看,看研究生,看学界,看网络世界里的众生相;思考就是思考问题的表现、原因和对策;总结就是把看到的、想到的写出来。

本书触及很多有趣和重要的话题,如研究生如何完成学业、如何处理和导师的关系,青年教师如何申请科研基金、如何指导研究生等。从他对教学和指导研究生的叙述中,可见他是一位有责任感的老师,具有"师范"意识。作者进而展现出更加广阔的视野,揭示和评论学界的种种现象和问题,如大学教授不愿给本科生上课、大学行政化、学术评价中的"马太效应"、青年教师的生存压力、研究生需要发表论文才能毕业等等。从他对学界典型问题的描述和评论中,可以感受到他的危机意识和正义感。

本书既适合研究生阅读,帮助研究生掌握学习和研究的方法,学会做研究和做事的规范,也适合高校教师和研究所的科研人员阅读,让读者逐渐了解学界的事、学界的运行规律和规则,掌握指导研究生、申请科研基金、积累学界人脉等必备技能。

本书又适合从事科教界行政管理、教育研究的人以及科技新闻记者阅读。举个例子,当今研究生教育面临着很多矛盾:研究生的科研基础、写作能力和完成学业之间存在着矛盾,研究生职业发展和完成学业之间存在着矛盾,课题组生存发展和研究生职业发展之间存在着矛盾,导师投入时间指导研究生这一"理想"和导师被各种事务缠身的"现实"之间存在着矛盾。行政管理者要解决这些矛盾、提高教育质量,不能脱离实际去想点子、出政策,而要深入实际,了解真实情况。而科技新闻记者也要对一线实际以及一线教师的看法有更多的了解,本书提供一个了解学界生态的样本,让读者更快、更深入地进入"学界"的语境。

本书虽然对学界的方方面面均有触及,但未必提供了一系列"终极答案"或者"终极解决办法"。在学界,无论是研究生师生矛盾,还是青年教师的生存压力,抑或是学术评价、大学行政化的问题,都不是那么容易解决的。但无论如何,本书给我们提供了认识学界的基础,启发我们思考,为后续讨论留出了空间。

马臻

复旦大学环境科学与工程系教授

读李东风教授《学海拾贝：高校感悟》的感悟

新年伊始，我们比较生理学领域的老学长、老朋友李东风教授向我分享了他的博文集《学海拾贝：高校感悟》，我饶有兴致地读了一遍。我最早与东风教授交流应该是 2004 年 6 月底在珠海召开的中国生理学会比较生理学学术会议上，东风教授讲述了鸟类发声的生理机制研究，令我耳目一新。我的一部分研究与动物冬眠生理有关，之后就经常在生理学的各种会议上交流科研和教学，也一起编写过生理学教材。工作之余也经常与东风教授聊起高校的各种话题，东风教授总是侃侃而谈，观点犀利，深入浅出。所以读着东风教授的博文集如同面对面交谈一样亲切。东风教授从 2012 年开始撰写科学网博客至今刚好十年。十年来，东风教授撰写了千余篇博文，这使我由衷地敬佩东风教授的勤勉。

这本博文集收录了东风教授遴选的 200 多篇与高校相关的博文其中最早的一篇是 2013 年 4 月 4 日的博文《研究生复试应多些人文关怀，少些冷漠》。近十年来考研大军不断壮大，但招生名额并没有相应增加，正如东风教授所说，我们作为招生导师，由于名额有限，对很多优秀的考生也只能是"忍痛割爱"，在复试表格上写上"复试成绩不合格"——每次都很不忍。东风教授在这篇博文中说："本来考生落选就很难过，何必再蒙受复试不合格的'羞辱'？从人性的角度，（落选考生们）需要安慰和鼓励。建议对未录入考生使用'名额有限，优中择优'的表述。与其说因不合格被淘汰，不如说就差那么'一点点运气'，继续努力，加油！"——从东风教授的字里行间，我感受到的是对学生们浓浓的"爱"——哪怕是一生中只在复试时才见过一面的学生。

要说大学校园中的普遍性问题，学生的迷茫是其中一个。我国中学生的共同目标是高考，考上大学以后这个目标实现了，一部分同学就不知道为什么学习了；另一部分同学沿着高考的惯性在大学仍然单纯追求分数，但回头看分数又是为了什么？还有一部分同学以考研究生为目标，这部分同学如果不解决目标问题，到了研究生阶段还是要迷茫。在东风教授这200多篇博文中，有一半多涉及学生的升学、培养、成长、就业以及与导师的关系，几乎可以回答学生遇到的有关为何读研以及怎样读研的全部问题，如务虚的《研究生读书的意义》、务实的《研究生论文开题怎样做到有实效》等等。尽管每篇博文都有一个特殊的视角和观点，但通读这些博文都贯穿着一位教师对学生真挚的"爱"——因为爱，希望老师们把学生教好；因为爱，希望学生得到教师更多尊重；因为爱，希望学生学会做人做事；因为爱，希望学生学业顺利；因为爱，希望学生有丰满的未来。

东风教授是做鸟鸣研究的。这本博文集中有几篇博文是关于鸟儿鸣唱的科普作品。由"关关雎鸠，在河之洲""嘤其鸣矣，求其友声"的《诗经》名句引出鸟鸣的深意，引人入胜地深入鸟类鸣唱的机理、控制、学习中，为我们解释了鹦鹉学舌、雄鸟善鸣的奇妙现象。在不知不觉中，我们为大自然的造化所陶醉，也被东风教授对科学的"爱"所感染。正如东风教授所言"希望科学家们在工作之余，写一些本领域的科普文章，讲述自己的论据和结论，让读者自行验证此结论是可重复的规律（科学）的过程，也是介绍自己的工作成就，让更多的普通人了解科学，让更多的年轻人热爱科学。这对于培养后备人才功德无量。"

东风教授的博文集也有将近一半的博文在讨论科学研究的各种问题，包括科研的意义以及对科学的认知、科学精神的弘扬、科研的评价和管理体制、科研基金的申请等，这其中的关键是科学精神。在东风教授看来，一位教师"是否热爱科学，从他的工作态度和上班时间可见一斑。是否经常开组会，是否经常进实验室与学生交流，是否学术严谨，是否有担当，是否与学生争利，是否言行一致，是否把学生当工具，是否关爱学生，学生毕业后是否与他保持联系，口碑如何，这些都可以从一个侧面反映导师的人品。"相应地，"博士生本人对科学的热爱程度以及扎实的理论实验功底是判断其是否成为学者的要素。"正如东风教授所言："科学研究是一项艰苦细致的探索性创新活动，也是一项高智商的工作。需要具有共同兴趣、理想、志同道合的一群人来完成。"对科学的"爱"是科学工作者创新的灵魂。

最近，我正与东风教授讨论修订陈守良教授《动物生理学》的事。陈守良教授是我的生理学老师，也是东风教授的导师蓝书成教授的好朋友。我大学毕业留校工作时，陈守良教授语重心长地对我说："我的老师赵以炳先生说，作为一个大学老师，一是要爱学生，二是要爱科学"。东风教授的这本博文集充分体现了作者既爱学生，又爱科学。希望有更多的年轻人读到东风教授的这些博文，成为既爱学生又爱科学的好老师。

王世强
北京大学生命科学学院

目 录
CONTENTS

第一章　教学感悟 **1**
　　第一节　思政 1
　　第二节　本科教学 10
　　第三节　教材 27

第二章　科研感悟 **31**
　　第一节　项目 31
　　第二节　论文 46
　　第三节　期刊 50
　　第四节　投稿 54

第三章　研究生培养 **59**
　　第一节　培养理念 59
　　第二节　师生关系 83
　　第三节　导师 96
　　第四节　学生 109
　　第五节　招生 117
　　第六节　培养 125
　　第七节　答辩 142
　　第八节　就业 152
　　第九节　教育硕士 156

第四章　高校改革 …… 169
  第一节　高校现状 …… 169
  第二节　教学评价 …… 177
  第三节　职称评定 …… 182
  第四节　科研管理 …… 185
  第五节　高校评价 …… 200

第五章　科　普 …… 212

第六章　杂　文 …… 234

后　记 …… 244

第一章

教学感悟

第一节 思政

大学老师的职责 2013-07-07

现代大学的概念，来自英文 university（A university is an institution where students study for degrees and where academic research is done），指提供教学和研究条件的高等教育机构，包括高等专科学校、学院、大学、职业学院等。

清华大学校长梅贻琦 1931 年在清华的就职演说提到，"一个大学之所以为大学，全在于有没有好教授。孟子说：'所谓故国者，非谓有乔木之谓也，有世臣之谓也。'我现在可以仿照说：'所谓大学者，非谓有大楼之谓也，有大师之谓也'。"

大学老师，应该由具有研究生以上学历者承担（我国特殊国情，部分年长教师可能无学位）。既然有研究生学历，就应该具有从事教学科研的能力。当然学位不应同科研水平画等号。

大学教师，教学和科研一个不可少。前者是基本职能，后者是水平标志。如果大学老师只教学，不搞科研，我相信多数人不认同。若是那样，与中学老师没什么区别。反之，只搞科研不上课，去做研究员好了。

大学老师首要任务是教学。教授不上课还谈什么教授？本科生是以学习知识为主，研究生是以创造知识为主。对不同层次的学生，教学要求则不同。讲好本科课，是教师的基本功，可近年来对教学能力的训练越来越忽视了，似乎博士毕业还上不了本科课吗？真要讲好课，还真是要下一番功夫的（师范院校专门有教学理论和技能培训，教育实习和讲课大赛）。研究生课重在学科前沿、专业方向和研究方法技术的训练。

科学研究是大学教师的立身之本。自留校工作起，不是都想成为教授吗？如何才能成为教授？必须做科研！

教学和科研的关系是相互促进、相辅相成的。只会讲课的老师，讲得再好，充其量是一个教书匠而已，只有科研做好了，才有可能成为名师。

科研是有层次的。不同学校专业设置不同，科研方向必不相同。只要是探索自然，就有研究的意义。

目前大学重科研轻教学的政策导向值得商榷。只重科研，忽视教学，大学发展前景堪忧，这是一种目光短浅的行为。试想，没有了高素质的学生，哪会有今后高水平的成果？世界上哪一所名校不是教学和科研齐头并进？忽视教学会使科研成为无本之木。

培养学生家国情怀也是高校的职责　　2021-01-14

作为中华儿女，家国情怀是必不可少的。许多革命先烈、仁人志士、各行各业模范人物、老一辈科学家等为我们树立了人生楷模。实现中华民族伟大复兴需要一代又一代的中华儿女前赴后继，去承接和奋斗。

最近在与学生的接触中，我发现他们对中国历史地理常识知之甚少，对中华文化的了解也不够。也许我与学生之间有代沟，但是他们对国家的了解和认知程度依然令我感到吃惊。我甚至怀疑他们中学、大学的历史课、思政课、语文课、地理课都学了什么？不知党史、国家史、民族史、国情，何谈家国情怀？年轻人关注的是什么？追求的又是什么？这也是培养什么人，为谁培养人的大问题。政治考试高分不代表有理想信念和政治觉悟，思政课怎么上值得反思。知识传授、技能培养不能代替家国情怀。

为什么现在有一些年轻人对西方崇拜？为什么个别年轻人出国后诋毁祖国？为什么有一些年轻人愿做"追星族"？为什么部分年轻人有对物欲的变态追求？电视节目中俊男靓女的形象取代了民族英雄，演艺明星比科学家受追捧。先天下之忧而忧，后天下之乐而乐。胸怀祖国、放眼世界、甘于奉献、艰苦奋斗的优良传统不见了。取而代之的是享乐人生，虚度光阴，我们培养了一些"精致的利己主义者"，这是我们的教育出了问题。

科学无国界，但科学家有祖国。理想信念的缺失是最大的缺失。若我们自己培养的学生不为国家效力，再有才华也是民族的悲哀。靠谁来接班的问题已经摆在了我们面前。

大学师生需要有家国情怀　2021-08-12

爱国主义教育应贯穿整个社会。一个国民从小就应该树立牢固的民族意识、国家意识。对民族国家的认同是年轻人对国家的使命担当和责任的体现。我当年在队旗下、团旗下、党旗下宣过誓，至今不忘初心、践行使命。

改革开放后，国家经济飞速发展，物质生活得到极大改善，国力有了极大提升。然而现实中网上"追星"、崇拜西方、成王败寇、急功近利的氛围使得部分年轻人的价值观变得扭曲，个人主义盛行。

大学生已成年，世界观也基本成型。新一代大学老师的经历也使得其价值观与老一辈有所不同。现在提家国情怀不是空喊口号，老生常谈，而是要落实到行动上。在百年未有之大变局下，居安思危，忧患意识必须加强。

从网上近年来热议的高校教学、科研、研究生的相关话题来看，师生矛盾的核心说到底还是价值观问题，都是考虑小我忘了大我才引起的。发文章不是科研的最终目的，解决科学和国家急需的问题才是初心。向老一辈科学家学习，摒弃功利心，回归科学精神。

大学老师在课堂上、在实验室带学生的言行表现对学生的影响是潜移默化的，是深远的。家国情怀不仅仅是思政课、辅导员的事情，更是每一位老师的职责。大学老师对于学生家国情怀培养负有不可推卸的责任。科学无国界，但科学家有祖国。

为谁培养人，培养什么人的问题才是根本问题。

大学老师的首要职责是教书育人　2016-01-13

"大学教师不写论文、不报职称、课堂爆满，退休时还是讲师"这篇报道令人深思。

大学老师的首要职责是教书育人，而教书育人须通过上课来体现。若一个大学教授不上本科课（选修课、讲座之类的不算，必须是骨干课），那么他算不上一个合格教授，充其量是个研究员。

现在本科教学评估，应该考核一下大学教授上本科课的情况，如都承担了什么课？上了多少学时？教学效果如何？

否则，重视教学只是空谈。没有一流教学的大学算不上一流大学。

诚信与成功　　2015-06-01

中国的教育从幼儿园到大学，问题多多。但归其一点是诚信教育的缺失。没有了诚信，做事就没有了什么是非、顾忌。诚信是做人的底线！

我们从小受到的教育就是做一个诚实的孩子，无论做什么，必须诚信。

现在从小受到的教育就是做一个成功的孩子，可以不择手段达到目标。

学生的问题在于父母和老师（成年人）的言传身教。有什么样的父母就有什么样的孩子，有什么样的老师就能教出什么样的学生。学术不端在象牙塔里盛行，怎么指望培养出品学兼优的创新人才？

我是教你做正直的人而不是教你诈！上行下效，只有上行行得端，下效才能有效。

诚信丢失了，再想捡回来，难！还是从娃娃抓起吧。

想起小时候《红灯记》里一句唱词：栽什么树苗结什么果，撒什么种子开什么花。

我眼中的学者　　2021-04-16

网上对学者是这样描述的：学者，社会学概念。广义"学者"是指具有一定学识水平，能在相关领域表达思想、提出见解、引领社会文化潮流的人；狭义"学者"是指追求学问之人，即专门从事某种学术研究的人。"学者"有时亦称"专家"，指能在自己所在领域做出相应成就的人。

学者，是尊敬的称呼和崇高的荣誉，亦是学习的榜样。能称得上学者、配得上这一称呼的人现在真不多见。学者绝非"帽子"、头衔，也非发了几多文章和著述。

40年前我本科毕业留校。40年来接触到的国内外很多老师，各种类型的都有。40年后退休，回顾教师生涯，谈谈对学者的个人理解：

（1）学者首先是个正直诚信的人。有风骨，有思想，不谄媚。做事有原则。诚信第一，遵守学术道德和科学伦理。

（2）学者有良好的学术功底。在所从事的研究领域有影响力，有一定建树，在同行中有良好评价和口碑。

（3）教学科研两条腿走路。不上课的教授不是合格教授，不搞科研的教授亦然。教学方面：讲课受学生欢迎，有编写教材、教学研究著述，教学有投入。科研方面：有稳定的科研方向，长期关注某一科学问题，深耕细作，有系列论文发表，在国内外学术交流活动中表现活跃，培养了一大批学生，甘为人梯。社会服务方面：有责任感和担当，为国家学科发展建言。

现在大学的有些教授以为有了职称头衔就是学者了，差矣。

真正的学者更多的是在同行同事学生们的心里，以其人格、人品、学问综合来做评判。被别人封的或以不当行为获得的"学者"，我只能用"呵呵"回应了。

我的三观　　2021-05-22

"三观"通常指世界观、人生观、价值观。作为大学老师，从事教学、科研、人才培养工作，对此怎么看，也反映了一个人的三观。

我当年接受的教育是传统的，老师们的三观对我的三观形成影响很大，相似点很多。师生融洽在于心灵相通，现在的年轻人与我们之所以有代沟，就是三观不合。

教学：大学老师的首要任务是教学。上好课是老师的基本功。随着年龄增长，经验积累，要搞教学研究和教材建设。教学是"十年树木、百年树人"的大计。教学要有自己的理念，如考虑怎么教书育人，怎么上好一节课，怎么与学生互动，怎么向其他老师学习，怎么传承年轻人等。

科研：大学老师必须做科研，以科研促进教学。教材里的学说来自科研实践。你不亲身体验，不可能理解透教材。科研要有初心、恒心、耐心、信心。其中，初心是探索未知，恒心是认准方向坚持不懈，耐心是坐得住、不浮躁，信心来自扎实的工作。科研交流是必要的，要保持开放的态度，不能闭门造车，故步自封。要不断发现新问题，像钻井一样，深度最重要。指标改变是现象，机制问题是核心。文章是水到渠成的事，投主流对口期刊，不追求影响因子。同行评价胜过单位、媒体。

人才培养：是前两项的具体落实载体。学生的素质和潜力是不同的。好学生可遇不可求。因材施教，当老师的不可能点石成金，但可以为破茧成蝶助一臂之力。正人先正己，诚信第一。老师永远不与学生争功，更别把学生当劳力。知恩图报不是灌输的，能够为学生的成功点赞也是老师的荣耀。

归根结底一句话，就是踏踏实实做事，认认真真做人。

奢望感恩　2014-11-27

现在老师们说师生感情淡漠，不像从前了。研究生如此，本科生更不必说了。平时除教师节，春节发个短信问候一下外，个别学生除了学业事情，与老师几乎无任何情感交流。毕业论文致谢也被当成了例行公事，随便抄一下应付而已（肉麻吹捧或寥寥数语，感觉言不由衷）；答辩会餐也显得凝重而尴尬，毕业会餐缺少敞开心扉的交流和难舍难分的气氛。毕业走人，除少数学生缘分相投外，多数学生人走茶凉，很少再与老师联系（有事相求除外）。这就是中国现状。大学老师除了上课，平时与学生的接触越来越少了（大学城更是如此），难怪师生关系淡漠。现在中学毕业生同学聚会比大学同学聚会还热闹。中学老师的印象远比大学老师深刻和亲切，或许这与中学老师与学生接触时间长且决定高考命运有关。

我们年级同学会，每次大型聚会都把所有任课老师请到。我的老师在世时，我们学生每年都去看他。我在20世纪90年代时招收的研究生与我至今保持密切的关系。那时也许年轻，可以和学生打成一片，每年的聚会经常而普遍，而近年这样的关系没有了。

是世风变了？是我们与学生有代沟了？是独生子女的通病？是老师缺少了魅力，还是感恩不需要了？学知识容易，学做人难；教知识容易，教做人难。"一日为师终身为父"已经过时，"天下熙熙皆为利来"成为时尚。

时代进步了，我们落伍了。但我相信，不懂得感恩的民族是没有希望的民族。一个人成长的过程中，老师是必不可少的引路人。当一个人来到陌生的地方，向人问路后都要由衷的谢谢一样，何况教你几年的老师呢？自我不一定代表自私，感谢不一定等同感恩。"thank you"（谢谢）常挂嘴边不一定代表心有"thanksgiving"（感恩）。中国人缺少感恩教育。最近看电视节目，颇有感触。一个关于寻找当年缅甸抗战老兵的故事。英国和日本战后都在缅甸为阵亡军人建了雄伟壮观的墓园，连战马都刻上了名字。历经时光冲刷、刻意遗忘及20世纪60年代的排华浪潮，缅甸的中国军人墓园几乎被损坏殆尽。但即使如此，据说原有的中国阵亡将士墓碑上只有某长官一人的题名，而根本没有一位普通士兵的名字。不禁想问：在一个到处宣扬传统道德礼教的社会，感恩的位置在哪里？

亲情关系、师生关系、同事关系都是人际关系。感恩在人际关系中的位置至关重要，不可或缺。什么都能忘，恩情不能忘。

老师对感恩的要求，不是寄希望你给老师送东西，也不是那些赞美的语言。只渴求一句发自内心的感谢和问候！心里有老师就行。

不过，这一要求也许太奢侈了。如同一口新鲜的空气、天然的泉水、未上农药的苹果。

今天是感恩节，有感而发。

重整河山待后生　2021-12-24

现在的高校，人才辈出。尤其是80后、90后的崛起。

记得改革开放之初，老一辈科学家都已接近或已经达到退休的年龄，加上特殊时期带来的影响，百废待兴，人才匮乏。1977~1979级大学毕业生勇敢地接过前辈的接力棒，开始了科研"新长征"。他们培养的一代新人陆续完成新老交替，成为国家栋梁之材。进入新世纪（21世纪）后，一批优秀的年轻学子奔赴海外求学，再回国效力，成为新时代的科研领军人物。

纵观国内各高校，随着高水平大学建设步伐的推进，正在实现跨越式发展。50后已淡出历史舞台，60后成为过渡，70后有些成为高校的骨干，而80后、90后正在后来居上。从发表论文，申请国家、省部科研项目来看，年轻人愈来愈显示出后发优势，呈现可喜的发展势头。

自古英雄出少年，长江后浪推前浪，一代更比一代强。为年轻人点赞，为赶超世界科学技术先进水平，实现中华民族伟大复兴的中国梦加油！

从校训看大学差异　2013-07-06

大学除了校名、校门、校徽、校歌外，还有个校训。

校训是一个学校的灵魂，体现了一所学校的办学传统，代表着校园文化和教育理念，是人文精神的高度凝练，是学校历史和文化的积淀。校训有着深厚的文化底蕴，它可以体现出一个大学良好的精神风貌、优良的学风、先进的办学理念和教学方针政策，甚至是学校的文化背景和氛围。

校训应该有自己的特色、传统。但遗憾的是，在教育部"211工程"大学的校训中，"求实"出现了30次，"创新"出现了28次，"团结"出现了18次，"勤奋"出现了16次，"博学"出现了13次。校训同质化、标语化、空泛化现象严重，造成认同程度降低，感召力不足。

老学校的校训多与名人有关，个性鲜明、深刻，而新学校或地方院校则雷同化高，缺乏内涵创意。

蔡元培先生曾以"思想自由、兼容并包"八个字作为北大校训。虽然有名，但从来没有被正式作为北大校训使用。不知从哪年开始，"勤奋、严谨、求实、创新"成为新的北大校训，但与清华校训"自强不息　厚德载物"相比，就逊色多了。另外简练易记、脍炙人口、给人震撼、历久弥新、有亲和力的校训实在太少了。所有校训还未发现少于4个字的，是否不能再短了？当然18个字的校训也显得冗长。

从校训这一侧面，可以看出国内外大学的差异。从不同的校训中，我们可以悟出许多……

每一所大学校训的背后，都有说不完的故事……

传承的喜悦　2016-08-17

今天我的博士毕业生向我报喜，他申请的项目获得今年国家自然科学基金资助。对我来说确是大喜事。

鸟鸣神经生物学研究是特色领域。我的导师生前开创的研究在我们这一代完成了传承。我们师兄弟三人不但守住这块阵地并且发扬光大（承担国基数十项，发表论文上百篇，获教育部奖励多次），现在接力棒又在延续。

一个科研方向的建立和发展需要几代人的拼搏努力和坚持不懈，也需要更多的年轻人接力传承。从这点上说，我们这一代完成了使命。希望后来人赶超我们，再续辉煌。

导师生前经常说这句话：长江后浪推前浪，一代新人换旧人。我可以告慰导师在天之灵，您开创的事业后继有人了。

传承不仅仅是承前启后，更是继往开来。

告慰恩师，感谢师兄弟，祝福我们的学生。

当老师的就这点荣耀　2018-07-01

昨天一位来自深圳先进院的学生下午过来看我，我们聊了两个多小时，从硕士到博士，再到深圳就业。意犹未尽，晚上几位在广州的学生也一同小聚。

回顾大半生，带了70余位研究生，也算是桃李满天下了。有位同事评价我，说我对学生就像自己的孩子一样。我说他们可以，别人不可以（东北话叫"护犊子"）。我说，这是必须的。

我整理了所有学生的照片，还有入学面试记录、第一次读书报告、每次组会PPT、论文文章投稿批改、参加学术活动、文体娱乐活动等都有资料保留，这些成为宝贵的人生财富，记录了每一位学生从入学到毕业，工作，成家，有了孩子到现在，从青涩到成熟的全过程。我建了学生群，希望同门师兄弟姐妹们多多联系。看到他们的成长，我从心底感到温馨。每个人都历历在目，每一点好消息我都开心分享。

回顾人生，不在于你个人发了多少文章，拿了多少项目，获得什么，而是培养了多少学生。

真的，当老师的就这点荣耀！

我和我的学生　2020-04-28

作为大学老师，一辈子和学生打交道。一批批学生入学，一批批学生毕业。铁打的营盘流水的兵，只有老师还在。

回顾当老师的生涯，有苦有甜，感慨万千。我曾说过，老师最大的财富不是你承担过多少项目，发了多少论文，获得什么奖，写了几本教材，而是培养了多少学生。

本科生有多少？实在是无法统计了。从必修课到选修课，上过多少轮早已记不清了。指导过的毕业论文、课外科研活动、说课比赛也都不那么清晰了。但对于本科生，还是有几位留下深刻印象的，如"挑战杯"、全国教学比赛获奖。有时候出差，偶尔会遇见你教过的学生，但我已不记得他们的名字，他们却仍记得我。

那说说研究生吧。研究生是导师制，和我朝夕相处的时间较长，因此每个学生的性格特点、音容笑貌都历历在目、如数家珍。从1993年起至今，我指导的各类研究生（博士，学术型、专业型硕士生）共计105人。所有的学术型研究生毕业前后都有论文发表，专业型研究生也有发表论文的。现在他们都已成长起来，有的是大学、研究所教授，有的在海外发展，有的在中学讲台成为各学校的骨干。

说起学生，是永远的主题。与他们一起完成了国基科研项目8项，还有省部级项目多项。发表的每一篇论文都浸透着他们的汗水和我的付出。我有时候翻翻过去的论文，回忆起那段岁月，感受与他们一起成长的过程。

　　作为老师和长者，与他们的关系亦师亦友。最初的学生与我相差不到10岁，现在的学生比我的孩子还小。他们中的大部分人直到今天与我保持着联系。逢年过节时的一声问候，温暖着我的心。看到他们工作中的每一点进步和生活的惬意都会使我感到欣慰和骄傲。

　　作为老师，教他们知识重要但更重要的是教他们学习的方法及对人生的态度。认真做事，诚实做人。为人师表，不是挂在口头上，而是于润物细无声之中。言传身教，做出样子，他们才会从心底看得起你。莎士比亚有句名言：There are a thousand Hamlets in a thousand people's eyes（一千个人眼中就有一千个哈姆雷特）。你是哪一个？

　　严师出高徒，并非板着面孔，一副威严，而是启发、诱导和鼓励。在关键时刻（论文开题）体现导师的作用。平日组会时严肃，但休闲时与学生一起唱歌、运动、爬山，也不失是一种放松和乐趣。照片记录着时光，也成为永久的记忆。关心他们的事情、讲点幽默的笑话会使学生感到亲近，拉近师生间心灵的距离。每年教师节我都会收到学生寄来的各种礼物，那一刻是幸福的。传道授业解惑，一切都在无形中。聪明的学生只需要点拨、加码，一般的学生需要更多的付出。但老师不是万能的，遇到极个别的学生也只能随他去。

　　当年我的老师留给我的，我又传给了我的学生。这也许就是所说的薪火相传吧。

　　当老师，身旁簇拥着学生，感觉真好，但愿我的学生们也一样。祝福他们！

第二节　本科教学

从"鱼"与"渔"想开来　2013-06-04

　　从小学到大学，我们所走过的人生之路，就是不断学习、不断提高、不断进取、不断升华的过程。教育的理念"授人于渔"与"授人于鱼"的含义迥然不同。前者教人的是获得知识的方法，后者只是提供具体的知识。

从小学到高中，学生需要更多的是具体知识来练好基本功，此时需要更多的"鱼"，吸取营养，积累知识，提高素质。而大学阶段，不仅要学习专业知识，更多要学的是获取知识的方法，以便为进入社会奠定基础，此时需要的不仅是"鱼"，还要学会"捕鱼"的基本要领。研究生阶段则需要创造新知识的本领，成为高级人才，此时要学会更多的"捕鱼"技巧。不同阶段的老师则担负起相应的培养责任，应做好从"授鱼者"到"授渔者"角色的转换。多数学生只想得到"鱼"，既方便又快捷。但这些"鱼"从何而来，却鲜有人去追究。国内应试教育使学生成为学习的机器，以分数论成败，这样培养出来的"吃鱼者"，只会张口等"鱼"，缺乏独立思考和判断，显现高分低能的弊端。这样的学生去创新，恐怕只会在红烧鱼还是水煮鱼之间折腾，不可能主动发现什么新鱼种，更谈不上去南北极探险了。由于翻来覆去就那么两条鱼，当初看到鱼时的那种新鲜感很快就会消失。这也许是国内科研原创少、模仿跟踪多的原因，或许也是一些师生逃离科研的借口。几经折腾，兴趣索然，自然就会逃离。而"渔"则不同，它会使你产生捕获新鱼的愿望，激发你内在的动力。一旦有了目标，就会义无反顾，坚持不懈，经历再多的挫折也心甘情愿。这样搞科研，还会逃离吗？

"鱼"与"渔"都想得，自然是好学生。而现实是这样的学生太少。只想学"渔"者更是凤毛麟角。大批的"求鱼者"造成人才培养模式趋同化，缺少个性和创造力。希望将来有更多的"求渔者"，这样中国的更多的"诺贝尔奖"梦才能早日实现。

作为老师，不仅是"授鱼者"，更应该是"授渔者"。海洋是广阔的，只有带上学生去闯海，才会体验历经风浪捕鱼的艰辛与满载而归的快乐。

"鱼"与"渔"是不能分离的。离开"渔"没有"鱼"。多培养些"渔者"，"鱼"就会源源不断。故而临渊羡鱼，不如退而结网。

本科基础对人的一生至关重要　　2018-06-23

一个人求职时，通常被看重的是本科学历，而不是研究生学历。所以本科学历的重要性不言而喻。但我本意绝非以本科出身论英雄，研究生学历是可以补缺本科短板的。学历与能力有关联，但并非等同。我想说的是本科基础的重要性。

现在的教育是中学应试，大学扩招。为了上大学，中学玩命的学，但一旦上了大学，有的学生则快乐地玩。应试教育不改，素质教育无从谈起。中学的应试教育泯灭了学生创新意识，到了大学似乎也没有好转，教学滑坡日益严重，造成到了研究生阶段生源的匮乏，学生能力欠缺以及师生矛盾凸显。

本科基础决定人的一生，这话不为过。本科是迈向成人的初始阶段，对人格的形成、科学素养的形成、知识的累积和为人处世的方式都很关键。尤其是对世界观、价值观的形成至关重要。大学教师不仅教学生知识技能，更重要的是要教学生做事能力，做人素养。有责任感、使命感、自律的学生，就业或深造成功的概率大，反之无论就业或深造都会出现问题。本科生的素质能力与所在学校管理水平、师资水平、学风校风关系密切。好的学校与好的部队一样，有优良的传统和标识，而学生则会打上不可磨灭的印记。

我对本科教学的认知　2021-05-01

本科教学是检验大学实力水平的重要标志。教学包括教、学、考三个层面。

教师面对的是学生。教师上课前对教材是否有全面的了解？对教材的内容、架构、体系和相互章节的内在联系是否清楚？对学说、假说的来龙去脉和内涵是否真正把握？采取何种教学策略和方式？怎么将复杂的问题用学生理解的方式呈现在课堂上？这考验老师的能力和水平。老师的教龄并非教学水平的依据。

学生要转变学习方式，学会自主学习，而不是只看重学分绩点。课前预习，课上带着问题听讲并提出问题，课后复习，期末对课程有一个全面的梳理。融会贯通，联系实际，举一反三。学生不是等着"鱼"吃，学会"渔"才是学到真本领。

考试是对课程学习的检验。究竟学到了什么？掌握了什么？有什么启发？对本学科有何新认知？概念、理论、机制、应用，哪些是理解，哪些是记忆，哪些是消化吸收后的思考，哪些是将各章节知识联系起来去做分析？考题内容的难度决定学生的最终课程成绩。而教师想要达到成绩的正态分布也不难操作，只需看你出题是否照顾到大多数，而不及格多也并不意味着老师教得不好。

评教是对老师教学的评价。但以学生为主，并与老师业绩晋升挂钩的做法使得老师不得不屈尊"迎合"学生，这不是好的模式，应该采用多种形式综合评价（如老师间互评，同行间互评），另外学生评价的分数并不能全面反映老师的教学能力和水平。老师教学不是以学生喜好度去准备的，应该是对科学理论的驾驭，而不是教学态度，与学生关系融洽这些非教学因素。

我的学生我的课　2017-06-01

我上《探索脑的奥秘》选修课3年了。对于大三学生来说，自主学习能力的培养至关重要。以下是本学期学生对课程的感想，原汁原味，未加删减。

当初最开始选《探索脑的奥秘》这门课的时候，感觉老师可能就是讲一些关于脑的比较深奥的知识，可能会是一门比较抽象的课程。当上完第一节课，听完老师的安排后，发现跟自己当初想象的完全不一样。老师采取让我们自己就某些主题查找资料，然后在课堂上进行汇报。很喜欢这种上课方式，虽然工作量比常规的"上课+课程卷面考试"大了挺多，但是通过这种方式，我感觉确实学到了东西。平时卷面考试更多的是记忆知识点，很多东西并没有真正地理解。但是这种自主查找资料在课堂汇报的形式，我们就必须得好好研究文献，最后从查阅的文献中总结提炼出相关内容。

我们是第一组上去展示的，刚开始不知道从哪方面入手。后来听了其他组的展示，也渐渐有了一定的方向。之前花了3天的时间在看一篇北大博士的毕业论文——《多巴胺能神经元胞体和突触分泌的机制》，仔细研读，收获颇多。第一个收获是每一篇文献里面都有它自己的逻辑，不仔细读是看不出来的。有时候在前面介绍的东西看起来没用，其实是在为后面的内容做铺垫。像我们自己在做一篇综述时，在最先开始时，不是着急下笔，而是要先选取内容，然后考虑内容之间的相关性，做好内容之间的逻辑编排。第二个收获是虽然文献选取的内容看起来很少，但是要把里面的机制完全讲明白是一件不容易的事。这也让我懂得做科学研究不能好高骛远，而是要脚踏实地。无论是野外调查研究还是分子机制研究，都要做好每一步，处理好每一个细节，踏踏实实做好工作，这样才能得出结果。

通过李老师这门课程学到了很多之前课堂上没有学到的东西，所以在这里也要特别感谢李老师，真的很喜欢您的这种教学模式。最后，很开心在这门课程学到了很多不一样而且很重要的东西，很喜欢老师的这种教学模式，谢谢老师！

本课程运用了"翻转课堂"的教学模式，大体上以学生为主，通过学生课后寻找与神经科学相关的感兴趣的课题进行资料收集及相关知识的自主学习，并在课堂上进行资料分享、汇报。通过班内同学的分享汇报，我们可以很清楚地了解到某一相关学说、实验、现象的表现及其机理。

而当自己在收集资料、做汇报准备时，会了解到很多关于自己汇报课题相关的前言知识，开阔自身视野。并且在汇报时，李老师会给予我们许多建议，让我们将汇报重点放置在某一项课题中表象的原因、机理上，帮助我们树立更加科学、集中的思维方式，让我们知道身为华师生科（华南师范大学生命科学学院）学子，不应仅仅将我们的目光放在一些显而易见的表象上，我们应该深入探究某一表象中的神经机理，以深入探寻神经科学的奥秘。

这学期修《探索脑的奥秘》这门课，获益匪浅。课堂上接触到的很多知识基本在大学的课本中找不到，在老师的指引下，我们进行小组分组，确定专题，查找相关的文献，课堂进行展示汇报，这个过程对于知识的理解和把握确实也比传统的课堂要牢固得多。正如李老师所说的：若干年后，我们回想起大学的时光，肯定还会记得我在《探索脑的奥秘》这门课上曾经做过的报告！我相信老师这句话，也敬仰老师临近退休还致力于课程的探索、创新这种精神！这门课的课时有限，如果像传统课堂那样只有老师在上面一言谈，以老师几十年的教学经验肯定会将课程上得非常精彩，但是这样的话，对于学生能力的培养就起不到很显著的作用。所以李老师在教学的过程中有所侧重，前几次课重点跟同学们介绍神经科学的一些进展概况以及他所研究的鸟鸣神经科学这个领域的相关内容，后面几次课老师就将课堂的发言权交给了学生。每次当学生展示完，老师都会提出宝贵的意见，以一名科研工作者的严谨、认真的态度教我们如何去避免伪科学，真正做到分享的内容具有学术价值！而学生在这个过程通过自己查文献、与组员沟通交流、做PPT，也锻炼了自己读文献、作报告的能力！

我觉得这门课老师教给我们更多的是如何做人，如何做科研！在下面听汇报的老师比任何人都认真，每堂课都是以最饱满、最热情的精神面貌来对待学生，给学生提出指导意见，他就像一位长者在循循善诱，让课堂充满着轻松的氛围！

经过半个学期的课程学习，我收获了很多。《探索脑的奥秘》这门课上了半个学期，主要是分为自主学习和听他人汇报两个内容，而在此之前，老师在前几节课有讲授一些有关脑科学的知识，特别是对鸟鸣等相关领域的知识渗透，很是生动有趣，让我了解了鸟的"脑"世界也是很精彩的。接下来就是自己准备汇报内容以及听他人所汇报的内容。

在这一过程中，我学会了在网上查找英文文献，并且下载下来进行阅读，同时增加了脑科学方面的知识，巩固了之前在生理学理论课学到的内容。另外，在自主学习的过程中，我学到了在课堂上老师没有讲到的同时是自身感兴趣的相关专业知识，这个过程是主动的。而不是被动的。李老师在课程的开始和结束都提到说，"大学生更应该学会自主去学习，而不是教师一味地传授知识。"我想我自己达到了李老师的能力目标，在这个过程中乐在其中，真正将知识达到了内化。

在听他人汇报的过程中，我发现了很多有意思的小知识，也了解到了一些机理层面的生物学专业知识，听他人汇报的过程也是提升自己的过程。老师点评汇报的同学一针见血，面面俱到，我很受启发。

李老师在课程中给我们讲授脑科学与神经科学的研究热点以及研究方法等，鼓励我们选取感兴趣的方面来进行选题，进而自主获取并阅读有关资料，然后将资料转化为自己的知识，并展示给大家。和以往的一般课程不一样，李老师希望这不是填鸭式教学，而是授之以渔。

本课程的作业锻炼了我查找文献、撰写综述的能力，第一次完全自己尝试了解一个新的领域的知识，写了一篇这么长的综述，感觉之前写过的论文和综述都是"浮云"（网络用语，引申为无视），但其实也只是了解了这个领域的皮毛而已。要读懂一篇文献特别是外文文献真的需要花费很多的时间，去理解上下文的联系和研究的实质，我觉得我的阅读能力、学习能力、概括能力都提高了。

最后，还是很开心能选上《探索脑的奥秘》这门课程，它给予了我学习的主动权，这既是一种压力，又是一种动力驱使我挑战自己，也感谢老师对我们的指导和帮助。

这门课与之前上的课都不同，形式很新颖。不说必修课，上到大三下学期也上过好几门选修课了，但是每一门选修课都是像必修课一样老师在上面讲，学生在下面听，最后学到多少东西并不清楚。但是这门课感觉就很不一样，它更偏向于国外大学的教学模式，老师先讲一部分基础的内容，更深层次的东西由学生自己去发掘，找一个感兴趣的知识点自己看文献，看懂后做个10分钟的介绍，这个是更能体现出学生自主学习的过程的。不说其他的，至少我对我讲的这个题目的内容是有了解的，我想经过自己加工整合的知识再过一年也是可以记得的，但是其他科目的也许考完试就忘记了。

作为一门专业选修课，在有限的课时里我们不可能对相关知识进行透彻地学习，所以我很认同这次《探索脑的奥秘》课堂的学习方式，分专题进行自主学习整理，并将自己的所获分享给同学们，使得自己查找过的知识在大脑中形成完整的框架，加深记忆。

结束《探索脑的奥秘》这门课之后，我觉得我最大的收获应该是阅读与整理文献，形成自己的知识框架，并据此撰写综述的能力，这对我们日后进行论文的撰写是很有帮助的。我会将这个经验运用到以后的学习中，通过查阅和整理文献，更专业、更全面地了解学习自己感兴趣的知识。

我觉得老师这样的教学方式是比较能锻炼学生的思维以及自主学习能力的，跟以往课堂模式有很大的不同，以往的课堂上学生会被动地学习，被动地吸收知识，而在这门课里，学生是通过主动学习吸收全新的知识的，这样更能够锻炼学生的思维能力。我自己在课堂上也学到了很多，老师给我们学习的建议都是为我们着想的，都是很有用的。能选上这门课真的很幸运！谢谢李老师在课堂上教会了我一种全新的学习方法。

《探索脑的奥秘》这门课跟很多课程不一样，它并不是纯粹由老师讲，它多了老师与学生、学生与学生之间的互动，这门课的特色是提倡学生之间进行分享与交流，同时老师会给出一些比较好的建议，每个学生自己挑选与本门课有关的专题，通过查阅相关文献，并对其进行整理，制作成PPT，个人向全班讲解自己对这一专题的认识及理解，老师则适时地给出建议，补充我们讲述过程中遗漏的知识点或者是提出我们理解不到位的知识点。这门课给我的最大感受还是我们能在较为透彻地理解自己所选专题的情况下，还能通过其他人的分享了解到更多与脑（神经）有关的相关知识，此外，我们更多了站在台上演讲的机会，大学不应只是学习知识，更应该全面发展，而且我本身是一名师范生，所以台上的锻炼对我来说更是十分重要的。

我非常喜欢我自己选择的课题《海兔缩鳃反射的习惯化与敏感化》，这门课给了我很好的锻炼机会，我尝试着查找资料并学会理解和总结海兔缩鳃反射的习惯化与敏感化的神经机制，对海兔缩鳃反射能有比较好的理解，这让我很有成就感。并且在和大家分享时，会有种很愉悦的感觉。

我认为这堂课是一门很自由的课，以学生为主体，也很喜欢老师的上课风格，爽快幽默，很有大家之风。上完这门课，我觉得科学真的很神奇，但也感觉到了科学研究的艰辛，这堂课上，老师要求我们展示，让我深刻地体会到，作为一个学生，要了解和看懂一个研究项目的成果，并且理解之后再用自己的话表达出来是很不容易的，就算仅仅只是讲解一个过程。之前有同学对台上同学所展示的实验持质疑的态度，并说这样的实验完全是胡诌，虽然这个实验的正确与否仍有待深究，但是，就像老师说的，科学研究不一定总是对的，但这不是胡诌或者其他的开玩笑什么的，发现错误然后去纠正，这是科研必经的过程，发现问题也是一种能力。这样的对待科学的态度是我在课堂上的收获之一。我认为这样的展示形式非常好，可以让学生模拟展示自己实验成果，锻炼如何去向同行讲解清楚自己的成果，并能够勇敢面对质疑。

还有一个挺大的感触，相对于国内的综述，确实能在外文文献中学习到更多东西。外文论文能介绍更多的原始实验，有原始的实验数据，更加科学的数据分析和讨论，而国内的综述更多的只是对这些实验进行总结，并不能帮助你更好地去理解结论是如何得出的。现在意识到这一点也不算晚，相信对明年自己做毕业论文会有很大的帮助，这些都是选修李老师的课的功劳。

老师的课其实并不局限于神经生理学，当时老师谈教学，我很赞成老师的观点。教学重要的是授之以"渔"，我本身推崇的教学方法也是引导式教学。所以老师上这门课采取的是自行探索、自主学习、合作学习的方式，相对于其他课来说确实很不一样。说实话一开始我有点措手不及，毕竟要自己查文献完成一个课题的学习并把所理解的东西尽可能好地展示出来，心里确实很没底。但是展示的过程又何尝不是分享、"教学"的过程呢？所以这样的学习过程对于学生本身，我认为是效率较高、质量较好的，毕竟理解了的才是自己的。当然，完成了不代表结束了，因为尽管我们尽量地做好这个事情，还是有需要完善的地方，老师提的建议都是比较有建设性的。

我选的课题是当时自认为比较有趣的，但其实查阅文献后发现，深入的知识是挺枯燥的，而且有些眼花缭乱，在自身的知识水平还不能对看到的东西马上做出反应时，可以说越查越多，整个的学习过程对我来说甚至有点"痛苦"。不过最后有成果后发现，其实了解到的东西已经不只是我所查到的阿片受体的相关知识，还有信号转导、奖赏机制等等。而且熟悉了这些分子的知识后，理解上也没那么困难了。听取了老师的建议去查阅外文文献，发现自己的外语水平也是一个知识学习的路障，可能还要攻克一下，不然真的会错过很多。

这门课结束了，我认为我学到的最大的不是神经生理的冰山一角，更重要的是这种探索的学习方式和过程，真的，大学生就该学会自学，其实能力还是有的，就是自己敢不敢，愿不愿的问题。以后还是要多习惯这种学习方式，只有这样才能让自己的大脑不停运转。以前看到神经生理都觉得晕，现在倒觉得没什么可怕的，不过是真的博大精深，由衷佩服老师能够这一直研究过来。最后还是要谢谢老师这半个学期授给我的"渔"，希望以后能捕到很多的"鱼"。

在每个小组展示结束后，李老师用心的点评更是让我印象深刻。从每张PPT课件的制作，大到科学性的错误，小到字体大小和颜色搭配，李老师都会用心指出，并为展示的同学提出建议。而根据每位同学展示的主题与题目的契合度，李老师也会点明展示的题目是否恰当。最让我敬佩的是，老师在每个小组展示前会让小组成员将PPT提前上交，以便给出建议。这一切都让我体会到了作为一名老师的用心良苦，也再一次认识到细节决定成败。而我从老师的这些做法上看到了教师对学生成长上提供引导的重要作用，也是我未来要努力学习的榜样。

9周的《探索脑的奥秘》这门课很快就过去了，不得不说在这门课中真的学到了挺多东西，意犹未尽。一开始选课的时候对这门选修课就很感兴趣，觉得自己很幸运，能够突出重围抢到了这门课。去上了这门课也没有让我失望，老师幽默风趣，很有个性，也很厉害，而且我是第一次听到关于鸟鸣神经科学的研究分享，觉得很有趣。在自己喜欢的领域坚持下来并且能够做出一番成就，不管这成就大或小，我想都应该是一件很幸福的事情。再说说老师上课的形式，很新颖，不同于之前老师的灌输式教育，只有他讲没有我讲，李老师更多地把机会交给我们上台展示，而且展示之后老师还会提意见。这样子的教法个人觉得很好，首先因为自己要上台展示，所以会挑一个选题自己去慢慢研究，因为只有自己懂了才能说给别人听，这样子就无形中让自己掌握了一个知识点，而且还是比较深刻的那种；其次，每个同学分享的东西都不一样，在听别人讲的同时自己会有所收获。

老师教给我的却不限于知识，更重要的是能力，自我学习的能力，教我们如何去检索文件，如何做综述，如何做研究。在大学，因为教学班级的扩大，课程的增多，老师无法做到一对一或者一对多地教学，很多时候都是上完课就走了，所以一个大学老师教的不能仅仅是知识性的东西，更重要的是让学生提升自身的能力。圣明的教师给予学生的不是现成的知识宝殿，而是鼓励他们去做砌砖的工作，教他们建筑，在教学生去建筑的方面老师真的很出色。

在本次学习中，搜集、整理出自己想要的信息是最大的挑战，而阅读外文文献的能力真的大大限制了我们获取信息的渠道。这门课程给我一个动力去查找文献，并让我更加认识到了自己的不足，最后要感谢老师如此认真、仔细地看我们的作业，并给出了知识上以及展示技能上的建议！

一开始选这门课《探索脑的奥秘》时其实挺好奇，也挺忐忑的，好奇是对于脑科学这个新的领域，不过也担心被那些专业而枯燥的名词折磨。当听到老师说你们希望上课是像被逼着吃药，还是被要求吃有营养的食物或者是像品一杯清茗时，突然就对这门课充满了期待。希望这门课可以带给我不同的感受。

这门课分为前后两部分，首先是前几次老师讲的课，感觉内容就跟上学期的《动物生理学》很像，才想起在《动物生理学》这本书的编者里看过老师的名字，脑神经生理就是老师擅长的领域……之后老师又给我们介绍了很多他研究的鸟鸣方向的内容和趣事，之前很少听说这一方面的事，觉得又多了解了一个研究方向的一些知识。其次是学生上讲台演讲部分，老师给我们每个人提供了一个锻炼自己师范技能的机会和平台，从同学的演讲中学习到了很多方面的知识内容，药物与成瘾、学习与记忆、习惯化与敏感化等，而我认为更多的是学习到了每位同学不同的学习方法，她们如何在课前准备中收集国内外文献资料到整理出自己的思路做出课件，再到上台演讲，也都有自己独特的风格特点，每个人身上都有值得你学习的地方。最后是在自己准备上台演讲内容的过程中，感觉也是历经坎坷，虽然我们是最后一个上台讲的小组，但我在老师刚把任务布置下来后就开始查找资料、理清思路并着手做课件了，但每一次同学讲完从老师对他们的点评中我总能找出自己做的内容的不足之处，然后一遍遍的查找资料和修改内容，也从一开始更多的是科普的内容改成讲解与我们神经、生理等课程内容相关的作用机制上来。在演讲后听完老师的点评后再次对课件内容进行整理修改，最后整理成一篇小论文，在这过程中不断学习，不断修改，成长的每一步就是靠微乎其微的学习与进步积累而成的。

对这门课，我在很多方面都得到了收获。首先在课程开始的三节课上，老师采取的就是一种分享的形式，而非灌输脑神经科学的理论知识。老师选取了各种与生活相关的有趣现象，这些资源多来自《Nature》（《自然》）等科学平台发布的研究成果，与我们分享科学家对该问题的研究，包括其研究的思路、结果，在其中渗透一些基础理论知识，整个课堂既具有科普性，又具有专业科学性。这为我之后完成课程报告，甚至做科研提供了问题及灵感来源的源泉，使我学会更加关注这类科学平台，随时思考问题。在听取其他同学的汇报时，同学们在不同专题上的汇报也十分精彩，既有贴近生活的、应用性强的，又有对于大脑较深层研究的，很多同学的汇报都会穿插生理学、分子生物学的知识，既是对我们专业知识的回顾和巩固，又让我们对脑及神经的生理学基础理论知识上的了解更进一步。神经科学范围如此广，我能有这个机会通过这门课了解这些，也是非常幸运的。

在自己的课程汇报方面，由于之前有过阅读外文文献的经历，而且在先前的经历中深切体会到，许多研究的原始操作方法和数据、结论等都较多地在外文文献这种国际刊物上发表的文章，因此这次课程的探究毫不犹豫的选择浏览外文文献。当然，在查阅外文文献的过程中，既有开心之处，又有痛苦之处。虽然我的外语（此处特点英语）和词汇水平都相对较好，不需要一个单词一个单词的查，但大量的脑科学的专业词汇、长句也曾让我苦恼和烦躁过。但没办法，我知道只有硬着头皮，慢慢啃，任何问题都会解决。终于，当我完全了解了里面的专业术语后，对文章的理解也就逐渐得心应手了，对里面的研究方法也逐渐明朗，甚至喜欢上了这种阅读原汁原味文献的快感。另外，由于我自己选取的主题算是包含了两个专业领域的研究，我需要另花时间去了解一些声学知识、声信号的分析方式等，这也是我在这个过程中的一个困难。

最后，课程中让我印象深刻的还有李老师上课的点评，老师对每一个同学的汇报都是认真而严谨的，会从各种角度上进行评价。此外，还会关心我们的学业和深造情况，站在老师、科学家、前辈等的角度为我们提出建议。从老师的言语、对我们的教诲中，我也能看出正是因为教师自身对科研、对生活严肃认真的态度，才会一直用科学、求实来要求我们。

如何评判大学老师讲课　2015-01-06

如何评判大学老师讲课？是以学生欢迎的程度为唯一标准吗？

1. 教学是一门艺术形式

口才对于老师来说的确重要，这是天分。但是口才好的人各行各业都有，能煽情的吸引人的演讲人很多。说教师讲台上像演员也有几分道理，笨嘴拙舌的人的确不适合当老师。

2. 大学讲课内容更注重思想深度，知识的完整、递进和连贯

要想做到这些，吃透一本教材是远远不够的。好教师是不会照本宣科的，大学教授必须参与科研，只有科研做得好讲课才有深度和层次，不做科研的教师只能算是教书匠（靠口才弥补）。

大学老师在把握教学内容的基础上尽可能提高教学艺术，内外兼修，这样的授课才会受到学生的欢迎。

谈大学生的语文水平　　2020-04-15

记得当年我毕业留校时，我的一位老师对我说，尽管我们是理科出身，但语文水平对人一生至关重要。一个先天语文基础薄弱的人不可能走得太远。这句话给我留下深刻的印象，并在以后的工作中得到验证。

作为大学老师，不仅要完成教学，还要做科研。教学对口头表达要求很高，而科研写文章则要求较好的书面语言。

笔是心灵之舌。一个人的思想，不仅需要口头表达和传播，也需要以文字形式表达和传播。文字以论文、报告、著作、文学作品的形式展现，承载文化和思想，并可流传千古。

现在有些学生，不敢恭维他们的文字能力。从一般的社交书信到求职推荐，再到论文文章，存在大量的错别字、语句表述不清、语法错误、标点符号的错用等一系列问题。这些直接影响到他们的学业完成、求职、工作表现等，关系到其一生的命运。

写作能力也是一个人立足社会的重要能力，中学以前的基础至关重要，这是一个基本功。

或许计算机的兴起导致学生很少使用传统文字书写了。很多网上的资料动动手指，粘贴一下就可以了。不需要边想边写，于是思想再难以用深刻的笔触去描绘。甚至写字的能力也随之下降，很难看到一手漂亮的文字或书法。

看看我们自己的学生，凡是写作能力差的，在毕业论文或文章投稿的审查阶段总会遇到各种波折，而文字能力强的学生大都顺利。我对学生们说，我只对你们提交的文字负学术责任，语文方面的问题是你们自己的事情。我不希望在文字错误上浪费更多的时间。凡是语文方面问题多的一律退回修改后再提交。同样，评审研究生论文、基金项目、报奖材料等，如果遇到语文有问题的，大都不会有好结果。

再看看我们周围的老师们，那些写得一手漂亮文章的人，著述颇丰的人，哪一个不是文字高手？可见，书面表达的文字水平对一个人的事业有多么重要了。

鉴于语文水平退化的趋势，不得不呼吁社会：在小学、中学阶段打好语文基础吧。从作文做起！

大学教授必须上好本科基础课 2019-11-02

教育部网站公布《关于一流本科课程建设的实施意见》。文件明确了高等学校要严格执行教授为本科生授课制度，连续三年不承担本科课程的教授、副教授，转出教师系列。尽管是迟来的决策，但我为此点赞。

近20年来，随着高校晋级考核评价偏重于科研和SCI论文，很多高校的本科基础课再难见到教授的身影。越是科研多的教授越不上课，似乎成了一道"亮丽的风景"，美其名曰科研为主，一心搞科研。

很多本科生直至毕业，也没听过本校"牛人"教授的课，至多听两场学术报告而已。

这种状况导致本科教学质量滑坡，而且造成一种越做科研越名利双收，而教学似乎成了"无能"教师的本分。

大学教授，顾名思义要教授知识，教学和科研是"两条腿"，缺一不可。而现实是，一些教授从未上过本科基础课，顶多上点实验课或选修课，缺乏完整的知识体系。除了会写论文，教学水平甚至不如讲师。现在的某些大学，年轻老师没有经过任何培训，直接上本科课的情况屡见不鲜，似乎也没有人关注。教学效果好不好也无人过问，只要上课就行。从海外引进的教授基本是做科研，而不是上课。教学奖励比起科研奖励天壤之别也是教授不屑本科课的原因之一。

我们这代人，从毕业当助教、带实验课、批改作业开始，然后经过严格的教研室把关才能上本科课，把能上本科课当成荣誉。现在教研室取消了，评课也没有了，大家都在为科研打拼。提职晋级展示的是项目论文专利，谁看你上了多少课？学校评估，领导政绩考核以科研为主，科研是硬的，教学是软的，导向就是指挥棒。

如此，教学滑坡是必然的。尽管领导口头上也说重视教学，无非是开学听课，严格教学纪律，本科论文查重，期末监考，出题试卷或搞点教学比赛之类的花架子,实质的教学质量并不关心。

我认为,大学教授应是教学、科研的学科负责人。在科研方面要有自己的领域和特色,教学也要成为一流的教师。不仅亲自上讲台,还要开展教学研究,编写教材,组织本学科老师提高教学质量。只有这样的教授才是称职的。

一流的大学不仅有一流的科研,也必须有一流的教学。教授必须"两条腿"走路,缺一不可。能不能上好本科基础课,是大学教授的基本功。不上本科基础课的教授不配当教授!

希望这次教育部是动真格的,教授也该对科研观和教学观有个思考,两者并重才是教授应该做的。

大学教学教无定式　　2013-06-26

大学教学不同于中学教学。中学生为了高考,以接受知识为主。大学生有独立思考的能力,以自主学习为主。中学为了高考必须按大纲和课本讲。大学没有统一教材(选修课甚至没有教材)。中学作业以复习、巩固、加深理解为主,多有固定答案。大学作业以开放式为主,可有"无穷解"。中学以灌输知识为主(学生得到的是"鱼")。大学讲授的内容重在启发思考(学生得到的是"渔")。大学讲课方式不设前提,可以"信马由缰、胡说八道",不必拘泥于"中规中矩、有板有眼"。

作为大学老师,不论你是教授还是博导,首先是要上好课。课堂教学是每一位教授的首要职责。学生评估教师授课的质量是该教师教学成绩和水平的集中表现,应作为提职、考核的重要依据之一。

如何才能上好课?大学讲课可以无定式,但并非无章可循。根据个人体会,要注意以下问题:

(1)知识体系的完整性,系统性。要做到这一点需要多年的磨炼。要吃透教材内容,把握各章节的相互关联,这样才是讲深讲透的前提。

(2)讲课的基本思路要清晰。这堂课要讲什么?从导引、正题、关键点几方面做好准备。

(3)注重学说,但更重视学说的来由(科学家的立论过程:如何发现问题、设计解决问题的方法,严谨的实验证据,独到的分析归纳),真正领略大师的"风采"。科学家高在何处?为什么他的工作成为里程碑式的工作?

（4）根据不同课程内容特点，尽可能做到从日常生活现象入手，这样讲起来生动有趣。要放得开，收得回，逻辑清楚。

（5）要学会"侃"。讲课是一门"艺术"。"侃侃而谈，娓娓道来"比"按部就班，照本宣科"效果要好得多。过去的大师讲课靠的是内功，记得我上大学时，有的老师上课黑板一个字不写，但讲得让你痴迷，像听故事一样，耐人回味，至今难以忘怀，这样的课才称得上经典极致。

（6）合理利用多媒体。多媒体不是万能的，仅是工具而已。多媒体有其优点（图和动画，直观生动），但也有其缺陷。

总之，大学教学教无定式。每个人应有每个人的风格，只要学生接受就好。练好内功是最重要的。现在的导向是重科研、轻教学。科研强人多了，教学大师少了。尽管每个学校都喊重视教学，但拿不出实际行动。一切指挥棒都是围绕科研转。要知道教学是立校之本，科研是强校之本。没有了教学保障，不打好基础，一切都是空中楼阁。没有独立思考的学生，哪有创新的人才？教学和科研一手软一手硬的局面发展下去，将会耽误整整一代人。

本科生毕业论文查重——诚信试金石　2016-04-17

今年本科生毕业论文查重系统正式启用了。通过查重，暴露出一些问题。最普遍的是学生在论文除结果外的各个部分均有不同程度的"抄袭"行为。简单说，就是直接粘贴。

不知互联网是福是祸？在方便学生查阅文献的同时，为学生"抄袭"创造了更多机会。

我认为，这种情况带有普遍性。应该引起老师们反思：

（1）学生不懂论文怎么写，缺乏"法制"观念。学生未受过正式论文写作训练，以为随意在网上下载粘贴是"合理"行为。加之从众效应，导致彼此彼此，视非法为合法，异常为正常。

（2）老师把关不严。一些老师对学生毕业论文责任心不够，若严格审查，我想问题不难被发现，何况还有查重帮手。

解决之道，一是强化制度，严肃执行，及时纠正。二是导师认真负责，严格要求。

毕业论文对于本科生来说，是大学毕业前的综合考试。这一关如何通过决定日后的发展与成败。试想，一篇论文"蒙混过关"的学生走向社会会是一个认真工作、诚实守信的人吗？

大学生是成年人　2021-04-10

根据《中华人民共和国民法典》第十七条、第十八条规定：十八周岁以上的自然人为成年人。成年人为完全民事行为能力人，可以独立实施民事法律行为。

按照年龄规定，大学生以上大多是成年人。成年人不一定必须经过成人礼仪式，也许心智还不完全成熟，但世界观、价值观基本成型，所有行为（法律、道德、社交、生活）都要自己负责。

目前社会、家长、学校、老师对待各类学生要求"一视同仁"。只要尚未独立工作，尚未结婚就都是"孩子"，学校就像幼儿园。教育万能这一认知误区导致学校老师承受一些不该承受的负担，付出不该付出的代价。大学生自我意识很强，缺少自律，可以任性而不必付出代价。所有学校一切为学生着想，为学生负责，在对老师管理学生方面提出更高要求，给老师带来巨大心理压力。

这就给教育提出一个问题：成年人与18岁以下未成年人，学校教育有何不同？

大学老师是什么？老师的职责有无边际？学生不上课，不完成作业，不守纪律，老师该不该管？怎么管？管不了怎么办？学生毕业论文老师要负责到什么程度？批评学生的方式有何限制？不问缘由地把学生出事的责任推给老师对不对？对老师的要求与对学生的要求，有没有考虑到双方的平等、尊严和感受？

近日，某大学一位同学给校长写了封信，认为男生宿舍从去年开始不熄灯了，造成他的睡眠遇到问题，希望学校重启熄灯政策。此事在学生中引起了轩然大波。对于重启熄灯政策支持的，大多是因为睡觉习惯的差异，以及经常被室友吵醒的人。也有不少反对的，是习惯于夜猫子生活的人。立场截然对立，学校则采取息事宁人的态度。

熄灯政策一是保证多数学生充足睡眠和身体健康，二是不熄灯并不能保证都学习，有打游戏的，干其他与学习无关的事情。这需要区别对待。

作为对立双方，应该相互沟通，站在对方角度考虑问题。你有不熄灯的自由，但前提是不能影响他人休息。己所不欲勿施于人的道理不会不懂。一个睡眠质量差的大学生，住在一个吵吵闹闹环境里，确实很容易让自己处于和身边其他人长期持续性冲突的状态里。这是一个道德抉择难题：是一个同学的睡眠权利更重要，还是另外几个同学晚上学习、写代码、跑程序、玩游戏、和女朋友微信聊天的权利更重要？

试想，这样的事情会发生在政府机关或者公司吗？

学校既是试错场又不是试错场。有些不需要试错的问题无须尝试，否则走向社会将会面临更复杂的现实和教训。

大学生是成年人，要自律，应该为自己的所有行为负责。

应试教育不改，创新人才难求　2014-06-07

师范大学有一项特殊的任务：要求大学生学习教育学、心理学和教学论等课程，并安排教育实习及教学技能训练，为将来做中学老师做准备。

每年大学生都要举办各种形式的教学竞赛（粉笔字、教案、说课、讲课等）。最近现场听了本科生的教学比赛，有些感想。

（1）中学授课一切为应试准备，都是死的知识。一切以大纲为准，不允许讲不同观点。

（2）目前中学课本中有的内容与大学是不一致的，不是深浅问题，而是基本概念的理解，因此有些错误的概念到上了大学后还得纠正。

（3）上课程序化。课前提问复习、引导、正课、总结、布置作业，从板书语言到衣着教态，分时间段把握，讲究细节过程，注重技巧。每堂课都有每堂课的任务，必须完成。

我想，如果我们培养的中学老师按照这样的要求去做，还不是应试教育那一套吗？强调打牢基础，是否限制了自由探索？我们培养的学生除了会考试，怎么会有独立思考，凭兴趣做科研，去创新呢？从学生到老师，都是按照一个"流程"一个模式运作，与工厂一张图纸下的程序化、批量化生产有何不同？

师范大学培养的是教书匠，而教书匠能培养创新型人才吗？

当然，教学竞赛的好处就是使学生的演讲能力提高，这也许是师范生"能说会道"的优势所在。

毕业典礼　2021-06-24

又到了高校毕业典礼的时刻，每到这时，各学校都提前布置会场，领导们忙碌地在各校区间穿梭，走马灯似的赶场子。除了校领导和院领导，参加典礼的教师代表也都是有头有脸的人物，好不热闹。

对于毕业生来说，毕业典礼与开学典礼是进入高校的两次大型活动，形式远大于内容。领导讲话大都是照稿子念，鸡汤式的演讲除了煽情，看不出什么深刻，也没有什么值得回味的。

学生毕业固然可喜可贺，然而对于与他们一线密切接触的老师们来说，却没有这般荣誉。为什么不请一线普通教师代表参加典礼呢？这也是对教师尊重的最好证明。各院系毕业照也是领导居中，老师靠边。久而久之，除了领导，很少有教师参加毕业照了。显然行政治校的理念已深入某些人的骨髓。对于普通老师们来说，典礼是领导们的事情，与我们无关，我们只关注自己的学生。

能否从毕业典礼改革做个示范？除了校长外，毕业典礼由学校普通教师轮流参加，有助于提升教师对学校的认同感及当老师的荣誉感。领导牛人也可以歇歇了，没必要做面子形象工程。

第三节　教材

教材的重要性　2021-06-20

现在的研究生阶段虽然也开设不少课程，但是本科阶段的教材无疑是重要的基础。尽管学生学过某些课程，但对于一些基础理论掌握的程度大相径庭。

每年研究生面试时，问到大学所学课程，很多同学甚至连教材名字都记不住，可见其基础如何？给研究生上课，提到一些重要的理论，学生很难做一个全面的阐述，只是就事论事，遇到难点就答不上了，缺乏系统完整的知识体系，这样的研究生很难有所创新。基础不牢，读文献也是一知半解。

近年国家加大教材建设力度，很多好的教材都借鉴了国外权威教科书，从知识架构方面比以前的教材档次提升了许多。教材版本多样，但是由名校名师编写的教材仍然独领风骚，独树一帜。很多国内教材都是以某一教材为蓝本更新内容的，其他教材都是参照其改写的。通常高等教育出版社组织编写的教材应该是国内经典版本，尤其是985、211高校传统学科的教材。

国内的教材编写人员队伍组成很重要，它决定了教材的先进性和权威性，不是谁都可以编写教材的。一本好教材包含编写者的理念，对知识体系的领悟深度及语言的科学性、逻辑性、规范性、通俗性、流畅性，需要长期在教学第一线的教学积累。一本好的教材需要传承，需要几代人的辛勤付出。高校老师参与教材建设是百年树人的践行，比起发几篇论文影响力更为深远。我参加国内学术会议时，经常遇到一些年轻人说是读了你的教材认识了你，而不是看了你的论文。

我于20世纪90年代从我的导师那里接下高教社（高等教育出版社）生理学系列教材（共四本），先后承接了3—4版修订，至今仍是国内综合性高校使用最多的版本。每5年左右修订一次，沿袭了特色和与时俱进。现在教材进入数字化，要求越来越高，我们这一代逐渐退出历史舞台，需要年轻人承接。今年的新版本我让我的学生加入进来，力争做好承上启下，保持教材的风格和特色。

教材对于研究生及毕业生都很重要。没有牢固的理论基础，对今后从事教学和科研都难有突破。一本好的教科书影响人的一生，此话不虚。

教材选择的尴尬　2021-12-20

教材又称课本，它是依据课程标准编制的、系统反映学科内容的教学用书，教材是课程标准的具体化，它不同于一般的书籍。教材编辑的思想性与科学性、观点与材料、理论与实际、知识和技能的广度与深度、基础知识与当代科学新成就的关系必须得到保证。

从20世纪开始，我参与过本学科高教社几本教材的编写。然而不同版本的使用率却大不相同。一本覆盖面广的教材发行量大，而专业性强的发行量小，出版社转制与收益挂钩也成了教材的导向。我与北京大学、复旦大学、南京大学等高校联合编写的一部教材，汇集了国内外最新成果，编排与众不同，很多理论讲得很深入。然而时至今日，只有北大、复旦在使用，而师范院校则采用传统的版本。一方面是因为高校习惯于使用同一本教材，驾轻就熟。另外对新教材的理解需要花费时间，驾驭起来难度大。在轻教学、重科研的大环境下，很少有老师愿意选择新教材，甚至排斥。对国外原版教材也少有人研究，这就造成高水平教材在不同层次学校的选用问题。阳春白雪、和者盖寡也就出现了。

现在的教材五花八门，很多出版社出版教材从经济利益考虑也无可厚非。然而教材的先进性、系统性、逻辑性、可读性应该是教材的生命。一本好教材，对学生的影响巨大。教材编写者的学识和水平决定教材的质量，有的教材经久不衰，有的教材很少被使用。

教学不仅要传授知识，更要留给学生思考的时间，培养学生正确的科学观。一个理论的产生，一个学说的提出，都有其内在因素。科学史在教材中地位应该加强，知其然更要知其所以然。这对于夯实学科理论，为后续科研提供坚实基础具有不可或缺的作用。

现在的很多年轻教师，对教学与科研的投入不成比例，考核导向使然。教学的投入在时间和思考的付出上不能用量化指标体现。在深挖教材上下功夫远不如科研发文章那么立竿见影，导致教学质量下滑，长期下去令人担忧。

编写教材需要深厚的理论基础和多年的教学经验，而非简单的抄袭。真正的好教材需要经过千锤百炼，是凝聚智慧的结晶。大学老师除了科研，在教材建设上也应有所作为。

提升教材质量的瓶颈问题　2021-04-09

为什么国内高质量优秀教材少？这个问题一致困扰着我们。如同华为芯片遭卡脖子问题一样，我们没有原创产品，只能依靠国外。我参编的国内几部生物学教材，就遇到相似问题，深有同感。

每个学科的国内权威教材大都出自985、211以上高校，作者都是常年教学有经验的教授，对教材的理解和把握到位。而其他版本的教材，基本是照搬照抄，鲜有特色。

随着数字化教材兴起，对教材质量要求越来越高，已不满足于文字叙述，还需要配更多的图（尤其是生物学）。国外教材一直是国内编写者关注的，每当看到国外新教材都爱不释手，尤其是被其高档的装帧和精美的彩图深深吸引。国内教材考虑到成本，大多使用黑白图、普通纸印刷，效果大打折扣。一些高校老师上课时经常引用国外原版图做PPT，煞是漂亮。一张好图胜过一页文字，图的直观性显而易见。

国人翻译不成问题，写作也可以。唯有图涉及知识产权，而自己制图能力不行。高校老师不可能人人成为制图专家，自己画不了，引用又涉及版权。

最近出版社要求修订教材，我想对原书中一些图更换。参考了国外一些教材中的图，想引用或仿制，但是版权问题带来困扰。

建议国家出版部门成立制图中心，统一制图。由编写者提供思路或草图进行再创作。这样可以提升教材水平，打破模仿和版权的束缚，打造一批中国精品教材。

教学质量关乎大学办学质量，好教材对于培养学生的重要性不言而喻，一部好教材的影响力远胜过科研论文。我当年上学时的不少教材都是经典之作，凝聚了老一辈科学家的心血。后来有些教材失传了，影响力远不及那些老版本。编写教材需要一批把教材当科研去做的人，用心去写。当老师听到未曾相识的学生说："当年就是学您那本教材认识您的"，看着一代代年轻人成长，引以为傲。

第二章

科研感悟

第一节 项目

学术圈子与科研基金 2015-03-18

这里所说的"圈子"是指学术范围，不是指拉关系。做科研需要交流，需要一个同行的圈子。不与任何人交流，不参加任何学术活动，很难得到同行的认可。除了年轻的学者外，一般从事10年以上科研工作的人，必须有一个学术圈子，你的工作需要同行的了解和认可。

很多人抱怨基金申请失利，说没有人认可他们。其实这恰恰说明他们在本领域还处在圈外，同行专家应该了解本领域哪些同事正在做的工作以及进展情况。奠定自己在一个学术圈子的"知名度"很重要，这个知名度往往是靠个人多年的耕耘努力获得的。

做科研是个循序渐进的过程，需要积累，谁也不会随随便便成功。当你在国内外同行中小有名气时，基金申请就相对变得容易。因此，不要轻易改变年轻时坚持的研究方向，不能随意跟风，要有恒心和信心做好自己。

科研是集体的智慧。别人的工作对自己会有所启发、有所借鉴、有所提高。因此，除了自己埋头工作外，经常参与学术交流很重要。让同行了解你，认识你，知道你一直在努力！

论文评审、基金评审，其实就是"小同行"[①]了解你的过程。当你的报告给人留下较深印象时，你在学术圈子里自然就有了话语权和知名度。你做的研究工作越多、越出色，获得学术圈子认可的机会就越大，也越容易获得

[①] 小同行，即同一个研究方向，有宽厚研究基础的人。

基金资助。

进入学术圈子，是个渐进的过程。科研工作者要有主动性，积极参与学术交流，扩大视野，不能只做自己而不与人交流。与同行的交流获得思路、灵感，如同经常看文献一样。任何领域都有一批高手，与高手切磋，对自己水平的提高毋庸置疑。面对面的交流效果远大于背对背的交流，这也是人类社会群体性的表现。只有你融入学术圈子，成为其中的一员，你才有更多的机会。

科学基金的随想 2015-08-27

每年一度的国家基金评审结果出笼了，又是几家欢乐几家愁。获批的自然高兴，未中的又是遗憾。昨天科学网"征战2015基金"有幸被邀请作为嘉宾参与互动，从博友的提问中，看出主要问题仍然是集中在标书的评审方面。

关于基金话题，我曾写过一些个人言论，把个人的经验和教训与大家分享，总体获得赞誉更多。作为高校教师，科研是主要的工作之一，稳定的科研方向与锲而不舍的坚持是获得基金资助的基本条件。人都是从年轻走过来的，刚入科研（开展自己的领域）时的热情与动力需要在实践中逐步积累完善。现在的青年基金为年轻人科研起步提供了非常好的支持，一些年轻老师为获得青年基金欢欣鼓舞，但要冷静地对待，这是荣誉，也是挑战。如果你的第一桶金挖掘成功，必将为日后的科研奠定扎实的基础。所以不要急躁，不要急功近利，要耐得住，把第一个项目做好。如果借此来年继续申报面上项目，不知你还有多大潜力？如果同时进行两个以上的国家基金，不得不说压力巨大，弄不好得不偿失。人的精力是有限的，建议饭要一口一口吃。

有的网友对评审程序提出异议，如三位评议意见大相径庭，这很正常。因为评审人都是按照自己的标准来评议的，不同意见，仁者见仁，智者见智，无可非议。关键是自己的标书怎样写的让多数评审人认可。获批自然值得庆贺，差一点说明你已很接近。不要抱怨，来年再战。有的经历几次磨难才成功，坚持不懈定会成功，功夫不负有心人。

总之，做好自己，做强自己，不抱怨，多实干，为未来的科研打好基础，这才是正确的态度。

基金申请中的前期工作基础 2014-02-21

基金申请中的前期工作基础的确很重要，它关系到你的能力和可信度。

基金申请书中有专门一栏要求申请者提供个人科研情况（承担过什么基金，近年发表过什么文章，拟申报的项目与以往工作的关系）。如果没有像样的文章发表过，一般人不会轻易相信你能胜任基金。提出好的想法是一回事，能否实现又是另一回事。

我以往也评过基金标书，而且不止一份。试想，在如此激烈的竞争中，在条件相同的情况下，你是支持有工作基础的还是没有任何基础的？

因此，基金申请者给自己奠定什么样的基础，对获得资助有很大关系。通常坚持在某一领域开展系列研究的获得基金的概率要大些。这也是基金优中择优，鼓励长期坚持某一领域研究的初衷。因为有基础的相对实力较强，反之，没有基础或经常变换研究领域的，很难让人相信你的科研方向稳定性和不懈追求的精神。跟风与坚守是一对矛盾，只有坚持有自己特色的科研领域，才能在同行评审中获得理解和支持。各单位承担基金较多者往往是有自己领域的那些人。

对于年轻人来说，基础薄弱是一个劣势。最好在原有团队中做出一定成绩，给自己积累一点资本，再"跳槽"另起炉灶。站在"巨人"的肩膀上比站在地上更接近月亮。

基金申请书把握的度　2014-01-21

基金申请书最难把握的是度。度字，有多种解释，其中在哲学中解释为：等度是质和量的统一，是事物保持其质和量的界限、幅度和范围。这种统一表现在：度是质和量的互相结合和相互规定。关节点是度的两端，是一定的质所能容纳的量的活动范围的最高界限和最低界限。度是关节点范围内的幅度，在这个范围内，事物的质保持不变；突破关节点，事物的质就要发生变化。量变与质变相互区别的根本标志就在于：事物的变化是否超出了度。度是关节点范围内的幅度，要把度和关节点、临界点区分开来。在实践过程中，要掌握适度的原则，要学会把握分寸。

1. 现状分析

要充分了解国内外与本研究相关的进展。哪些是已取得的成果？哪些是有争议的焦点问题？哪些还没有报道？才知道自己提出的问题有无创新，自己的长处是什么，知己知彼，独辟蹊径，与众不同。让人感到这是个科学问题，急需解决，这是一个高度。

2. 提出设想

要研究什么？为什么要研究？你的思路是什么？这是一个宽度。

3. 解决问题的方案

拟用什么方法、手段解决你提出的问题。关键问题是什么？最好环环相扣，彼此照应。从不同角度获得解决问题的途径。方法不在于先进，在于适用。既有科学性，又有可行性，这是一个广度。

4. 前期基础

已取得什么成果？与本研究有何关系？是技术问题？是后期深入？所列条件是否满足本课题？最好列出一些相关文章或阶段性有苗头的数据。前一个基金完成的情况对后续申请至关重要，这是一个可信度。

创新是核心，是关键，但最难把握。题目大了，太泛；内容多了，太杂；方法多了，能否都用到或是否能解决问题？有无备选方案，一条路走不通，还有没有其他途径？经费预算是否合理？团队组成是否合理？与前期工作怎样衔接？

起码要让评审专家多数认可，给予优的评价，最好是优先资助，这是一个成功度。

申请者与评审专家是背靠背，不给你当面解释申辩的机会，成败在于标书，好的标书（表述）是成功的一大半。

申请基金靠什么？靠实力？靠团队？靠基础？靠创新？申请基金需要一个团队。多少人合适？什么样的人合适？

以前学科有大牛，实验室人数较多。只要大牛申报，十拿九稳，助手们跟着干就是了。但现在教师晋级有新规定，必须独立承担项目。于是造成人心"涣散"，原来的"大树"不能为其遮阴乘凉了，要独自去"寻食"。于是，各自为战的战国时代来临。

通常项目组成员组成有以下几种情况：

（1）大牛不愁。因为基础"雄厚扎实"，在圈子里已站稳脚跟，有一席之地。加之阵容强大，条件优越，只要申请，成功率几乎百分之百。

（2）一般教授靠自己实力和特色，需要研究生做主要成员，搭配1—2个助手。申请成功率与以往获得资助、结题评价和发表论文有关。

（3）副教授申请难度较大。需要有一定的工作积累和创新，团队实力一般较弱。

（4）刚参加工作不久的青年教师相对较难。但好在有青年基金，相比面上中标率高些。

团队人员组成通常教授博导没问题。副教授组织团队难度大，因自己资历浅，学生少，可支配的人员有限，加之限项规定，想搭起一个项目组，仅凭几个硕士生，怎能与教授博导的团队相比？而团队力量的强弱又是决定项目的重要因素之一。

前期工作也是一个重要原因。能列举近年一大批 SCI 论文的比没有什么论文的显然占有绝对优势。而项目是优中择优，锦上添花而不是雪中送炭，中标者往往给予那些基础好的，造成强者愈强，弱者愈弱的现象。项目被少数人所"垄断"也成为一种现实。屡战屡败者的信心会越来越弱，直至逃离科研。

都说基金申请书看创新思想，而这往往是最难把握的。什么叫创新？没有定义，只能靠评审人的判断（评审人由于某种原因不可能做到个个完全公平公正）。而评审人面对若干份申请书，只能比较后排队。通常看中基础好、研究方向稳定、有特色、有成果的，似乎只有这些人有资格获得项目，配得上做科研。

5. 几点建议

对申请者来说，写好申请书最重要。你的学术思想怎样才能被同行接受，需要认真的推敲：工作的意义，科学问题的提出和解决问题的途径，前期工作基础，团队的组成和必要的条件等。

对评审者来说，要认真负责看待每份申请书，要出以"公"心。

对基金委来说，完善申请（限项），评审（力争公平），验收（投入产出比）机制，创造一个鼓励创新、公平竞争的环境。最好找对口专家评议，争议机制需完善，给更多的人以机会。

国家自然科学基金项目的多少，是反映一所大学科研能力和水平高低的指标。

对某些学校而言，校领导的政绩考核与此息息相关。

最近学校召开 2014 年国家基金申报动员会。领导说，这几年学校国家基金获批数和经费数有较大的提高，但存在着隐忧：前有目标，后有追兵。

一个学校有能力获得国家基金的就那么多人。由于限项等新规定，一些已获得项目的教授项目已经饱和，不可能年年申请了。于是全民动员，深挖潜力，要求所有老师都要申报，岂不知申报数量与申报质量并不成正比。

一个学校的科研能力是有限的，达到极限后只能稳定或略有下降，这很正常。科研如同栽树，需要时间的积累。科研成果像果树结果一样，有大年小年之分，来不得半点浮躁，拔苗助长只能事与愿违。

所以，领导不必烦恼，急也没用。不练好内功，年年盼着数字提高，可能吗？"亩产一万斤"只能是个神话！

基金申报的成功率在于自身过硬　2019-05-13

基金申报成了高校教师、研究所科研人员每年的"必修课"。对于从事基础理论的人来说，基金至关重要，甚至高于文章，这其中的利害关系不说自明。有无基金，关乎科研人员的命运和前途。如何才能申报成功？这是一个值得考虑的问题。

对于"青椒"（青年教师）而言，初次申报的结果对其以后的发展很重要。有些老师将研究生期间的工作直接申报，看似有一定基础，其实不然。离开了原有团队，你原来的工作条件、环境不复存在。如何调整好自己的科研方向，抓准研究问题至关重要。你是一个独立的人了，需要开辟自己的新天地。以往的工作只能代表你的过去，并不能决定你的未来。

对于屡次申报不中的老师，需要的是认真反思，而不是抱怨。要在专家意见的基础上，找到不足，补齐自己的短板，需要智慧和坚韧。认准方向不动摇，抓住问题不放松。持之以恒，多积累成果，相信功夫不负有心人。庄稼不长年年种，但不是简单地重复。

有了第一个基金，一定要珍惜，一定要努力工作，拿出一份好的成绩单，这是个人能力和诚信的证明。若第一个基金做不好，会直接影响下一个基金的申报（申报书有上一个基金的完成情况及与本基金的关联说明）。

追踪热点不一定是优势。拿大腕的观点去写标书，并不一定代表你的主见。拿不相关的文章充数，会让人对你表示怀疑。前期基础、科研条件、团队、经费使用都要合理，让人觉得项目给你，你有成功的可能。

总之，打铁必须自身硬。有好的想法，有前期工作，有缜密的设计，有合理的安排，有凝练的本子，你才有的成功的机会。

国家基金愿意资助什么样的人？　2018-06-28

科研要的是深度，不是广度。需要在某一方向上有建树，而不是跟风追热点。基金委更愿意资助那些在一个领域深耕细作的人，因为他们专注、深入。记得多年前基金委曾经对某些项目进行追加资助，即一个项目完成的好，直接给下一个项目，旨在鼓励在某一领域深入研究。2003年以来我所拿到的5项基金都是在一个学科，一个接一个，从未换过学科。

对于基金委成果，以"科研之友"为准，必须标注基金资助号。所有论文上传文档并超链接国内外文献库。论文不在数量，而在质量；不在因子多高，而在意义影响多大；期刊不论国内国外，而在是否主流。

能在本领域最有影响力的几本专业期刊（无论中外）连续发文者，通常是这个领域的真正牛人。因为"小同行"更集中在特定刊物发文章，便于相互了解各自进展情况，而不在意影响因子，经典的专业刊物远比综合性刊物更易被认可。

而追求因子"遍地开花"者，往往得不到同行认可，因为这反映该申请者方向不确定，研究不深入。打一枪换个地方，无论你发多少蜻蜓点水式的论文也比不上一个方向的系列论文。而且学术是个累积过程，好比酿好酒，时间越久越显示你的价值。做科研好比集中精力突破一点，远胜过分散处处撒盐。攥紧拳头与张开手指哪个有效？你懂的。

年年影响因子的公布，对一些人像打了鸡血一样兴奋，仔细对照自己上一年发的文章因子是涨是落。真正做科学的人关注点一定是科学问题本身，而不是对影响因子的算计。他会为发表一篇新文章而欢喜，但绝不会为影响因子而癫狂。

国家基金申请需要扎实基础　　2018-08-31

每年国基（国家基金）申请是各高校最重视的事情，涉及学校竞争力排名和教师个人的事业发展。很多高校要求所有在职教师申报，热情很高，但中标率才是硬道理。申基不是靠大帮哄，也不是"庄稼不长年年种"，需要静下心来仔细斟酌。要靠质取胜，而不是靠量。

但凡主持过国基的老师都清楚，申报书的质量决定中标率的高低。光凭一腔热血是不够的，申请书需要在写作上下功夫。

首先凝练科学问题最关键。你要解决什么科学问题？你选定的内容是否为科学问题？预期达到的目标是什么？这些需要反复凝练。

其次查阅文献，了解国内外同行工作现状很重要。好的开始是成功的一半。哪些问题是核心问题？目前进展如何？还有什么瓶颈没有突破？用什么合适的方法去解决？对学科发展有何促进作用？

最后在确立问题的意义和价值后，需要提出假说及实施的方案（技术路线）。选用最适合的方法远比堆积先进的设备更重要。每一步实验的目的、预期及备选方案都要想好，而不是简单地测一堆数据。结果要求数据支撑，但数据是为假说服务的。数据能否让同行信服，有说服力？是否有助于阐明机制？

前期基础也很重要。所用的方法是否可靠？有无相关的文章支持？所用设备是否熟悉？若没有这些，即使理念先进（科学性），也无可行性。

从未申请过基金或未主持过基金的年轻人往往缺乏经验，申报书漏洞百出，科学问题不明确、方法不得当、前期基础薄弱、写作不到位等是申请不中的主因。立题依据、技术路线、预期结果环环相扣，逻辑清晰的标书才有竞争力。学校除了鼓励老师申报外，应该在标书写作过程加强力度，如让有经验的教师介绍申基经验，按学科召集申报人讨论，分析历年本学科中标情况给申请者标书提指导性意见，逐字逐句修改完善，做好申报前的扎实工作，而不是各自为战，顺其自然。对不中的标书要仔细研读评审意见，知道自己的差距所在，每年的小进步会使成功更近。要知道基金中标是激烈的竞争，优中择优。要想中标，只有自己做得更优秀。练好内功，写好本子最关键！

国基评审感受　2016-05-05

今年评审了若干份国基申请书。总体印象是整体水平有了较大提升，但差距进一步拉大。呈现明显的两极分化。

给我留下深刻印象的是，一些基础好的团队，年轻接班人逐渐走向成熟，说明一个学科需要承前启后，传承未来。申请书从一个侧面印证了工作基础的薄厚。凡是长期稳定的科研方向并富有成果的易于通过，反之较难。

还有锲而不舍的精神。一份去年曾经评过的项目，今年有了很大改进。标书整体质量有了明显改观，阐述得更加清晰，我给予了通过评价。但也发现一些年年报同样的课题，内容未见提升的例子。

申请书无非是清晰地表达你的学术思想，提出一个有意义的科学问题，然后设计一个科学可行的解决方案。当然申请人的学术背景，前期工作基础也很重要。论述要具体、明确，科学问题要找准，要对解决机制问题给予足够的说明。切忌空泛，测一堆数据，缺乏逻辑。

竞争变得异常激烈，淘汰愈发残酷，逆水行舟不进则退。

申请项目不是撞大运，练好内功更重要。

地方高校申基面临的困境　2021-10-4

科研需要经费，晋职需要项目，能力需要认可，申基成为必然。

纵观每年的基金申请，985，211高校几乎拿走85%-90%的项目（成百上千），而地方院校只能"捡漏"（个位数）。

近年来，由于大城市高校人满为患，地方高校也开始吸纳博士，师资队伍结构发生根本转变。然而，科研水平提升并非靠引进几个教师就能立竿见影。随之而来的是科研如何可持续发展的问题，否则新的内卷不可避免。资源不对等的状况需要调整。

地方高校基础薄弱是事实。无论是硬实力还是软实力，与211以上高校的差距不是一星半点。

地方高校短期接纳这么多博士，不仅是补充更替师资队伍，也想在科研方面有所提升，有所作为。博士新教师申基即成为这些学校的期盼。

然而，地方高校申基成功并不容易。原因如下：

1. 新教师来自五湖四海，大都是"散兵游勇"，科研方向各异，整合难度大。

2. 地方高校底子薄，初来乍到，单打独斗，缺乏人脉和合作者，软硬件条件不能满足科研需求。

3. 缺少科研氛围，与国内外学术交流有限。信息渠道不畅，甚至不参与国内学术会议，逐渐被边缘化。

4. 缺乏经验，沿袭原有科研思路，鱼儿离开了水，创新难。

5. 因学校名气，同等条件下，或许受到不公正对待。若连续申基失败，心理打击会造成部分老师对申基失去信心。可怕的是受挫后地躺平。

解决这些问题，不能靠心灵鸡汤或行政命令。需要细致的工作。能够接续原有的方向固然好，但离开原来读博学校，环境变化了，需要因地制宜，转换思路。条件不如以前，并非不能作为。摒弃等靠要，选准特色和优势项目，充分利用当地资源。保持与外界的学术联系，加强合作，尽快融入同行圈，获得曝光度和争取认可度。国家基金也应给地方高校留有一定的基金扶持名额，让地方高校的老师们看到希望。

总之，本人对高校未来的期望值是什么？科研方向是什么？有无克服困难迎接挑战的勇气和信念以及百折不挠的精神才是申基成功的信心基础。

从青基到面上基金是一次质的飞跃　　2021-2-22

很多年轻老师能拿到青年基金是一个好的开始。然而青年基金有年龄限制，并且只有一次机会。之后就得申请面上基金。而面上基金远比青年基金竞争激烈。一部分青年基金结题后拿不到面上基金的情况很普遍。没有了后续基金支持，工作难以向前推进。

从0到1，关键是0非0。任何基金申请除了熟悉了解学科前沿外，必须有自己的工作基础。年轻教师的基础来自研究生期间的工作。凭借毕业时发表的论文奠定了你的基础，也是你科研征程的"第一桶金"。

有了第一桶金，能否得到第二桶，第三桶金，就看你的潜力了。连续拿过5项以上面上基金的研究者通常都是"吃着碗里瞧着锅里"，每当他获批一项基金时，手上至少已有1/3的成果等待发表了。在结题前，已经瞄准了新的课题。这样的良性循环保证了其工作的连续性和系统性。

因此，青基的后续面上基金就成了一个转折点。若青基结题后可以拿到面上基金就是科研一次质的飞跃。

如何完成质的飞跃？提供几点个人拙见。

首先珍惜青基，尽可能保质保量完成。结题时应按计划书指标完成起码80%，这是你科研信誉的标志。其次研究领域和方向尽可能不要做大的调整。因为从0开始远比从"半山腰"开始费力。第三融入已有团队，不要单干。单打独斗的时代已经过去了。

个人勤奋，认准方向，百折不回，合作共赢是科研之路取得成功的捷径。

俗话说，树大根深，根深叶茂。从幼苗到参天大树需要呵护。

申请基金靠实力　　2020-9-24

毋庸讳言，在众多的基金当中，国家自然科学基金无疑是科研工作者实力的象征。各高校都把国家基金作为评价科研人员能力的一项重要指标，甚至是评职称的门槛。对于老师来说，获批基金不仅为个人加分，也是对自己工作的认可和前行的动力。

国基的申请尽管也存在某些问题，但比其他基金相对公平。评审由3-5

位专家完成，获得多数认可的才能中。

初次申请获批无疑给人以激励。再次申请连续获批，更是同行的认可。

庄稼不长年年。有人认为，一次两次不中很正常，不要放弃。但有一点必须说明，时间不等人。在激烈竞争的大环境下，不进则退。

现在有些人总是吐槽抱怨，说专家不公，这是把自己摆在了对立面。眼看别人一个个拿到基金，自己屡屡受挫，不免心生怨叹。这种情绪不会带来任何益处，只会使人身心俱惫。一次不中不代表下次不中。问题在于要认真对待评审意见，按照意见重新修改完善。聪明人吃一堑长一智，把一次挫折当作继续努力的鞭策。反思剖析自我，弄清原因，理清思路，来年再战。可怕的是听不进不同意见，抱残守缺，来年不做修改再投，碰运气，结果可想而知。

奋斗不是口号，要拿出行动来，做好自己才是最好的证明。

凡是连续中标者，都有一个特质，即科研方向稳定明确，工作踏踏实实，一步一个脚印，不急功近利，不随波逐流。最重要的是对所研究问题痴迷执着，善于与同行交流，听取不同意见。而自我封闭，自以为是者大多总是申请不到基金。

申基与高考有些相似，千军万马过独木桥。谁能过去，有运气成分，但最终是靠实力说话。

想想你在做什么？为什么做？如何做？自己困惑时多请教那些同行基金获得者。想清楚了再写本子。

申请基金应有的心态　2014-02-22

为什么谈这个问题？很多人申请基金，都曾遇到过波折。有人把申请失败归结于评审人不公，这是心态问题。凡事需从自身找原因。未获得资助说明自己还有不足，要认真对待评审意见，看哪些有值得改进之处，不要把别人的意见统统看作是鸡蛋里挑骨头，是找碴。没有人和你过不去，只要摆正心态，努力完善自己，相信功夫不负有心人。

评审人也是人，我相信多数评审人是公正的，如果连这一点都不承认，只要提意见就是与我过不去，就抱怨，这种心态要不得。千万不要把自己的标书看作经典，看作意义非凡。要知道在别人眼中，你的"瑕疵"是很容易被看到的。找别人缺点容易，发现自己的问题难。

我曾经在拿到两项基金后，第三次申请却连续三年不中，心里很不爽，但对评审意见里中肯的部分我还是能接受的，经过努力之后又连续四次获得资助。

梅花香自苦寒来。随着科研水平的提高，竞争变得异常激烈。如果不夯实自己的基础，不做出更大的努力，想在科研上再进一步，的确很难。

我的体会是，科研领域是强中更有强中手，不进则退。要想获得资助，需要自强。与其抱怨，不如行动。做好自己，让别人去评判吧！

怎样申请基金才能中　2014-10-29

转眼临近年底，新一轮基金申请又提上日程。对于今年申请未中的同仁又要开始准备明年的标书了。无论是遗憾还是抱怨，迎接新的挑战最重要。俗话说，"庄稼不长年年种"，屡战屡败还得屡败屡战。

申请书是申报成功与否的关键，因为基金评审是背靠背，申请人无法面对面向评审人解释，完全靠你的文字来打动评审人，如同投稿一样（不同的是没有修改过程，今年不中，只好明年重新开始）。因此，写一份清晰明了的标书，让评审人充分理解你的学术思想至关重要。

说起标书，科学问题凝练最重要。内容重于形式，不在于你以往申请过什么项目，发表过多少文章（这些充其量只能作为你个人实力的表现）。立项依据应多列些近期国际前沿研究文献，说明本研究的重要性。你要说清楚为什么做此研究，对解决科学问题有何意义，提出问题比解决问题更重要。个人成果只在个人简介中列出（与本项目前期基础有关的除外），最好列出预实验有苗头的结果，对立项很有帮助（说明你已经启动该研究并有良好预期）。在基金评审中，前期基础占据重要的份额。有的时候，别人的思想不值钱，因为只要查文献，谁都可以说我的研究多么重要。但毕竟那是别人的工作，而不是自己的思想。要通过文献分析，捋出头绪，抓住关键，选准突破口是个人科研思想的展示（有高度，有新意，有创新）。

研究方案要具体化，不宜笼统。每项设计针对要解决的科学问题，不是把先进的设备都用上，而是选准解决问题最适合的方法。要环环相扣，步步紧密相连，否则测了一大堆数据却说明不了机制，这是没用的，最好有一个框架图总结你的方法技术路线，这样评审人可以清晰地把握你的思路。

关键问题要抓准，2—3条足矣，5条以上说明你还没有抓住问题的关键。

实验室条件与本研究要对应，不要列出所有"先进"设备。因为申请项目不是显示你有多少高精尖设备。

在课题组成员组成上，要少而精，人人有责（列出在项目中具体任务），而不是把所有无关人员都列上。同样，个人文章也没有必要全列出，只列出与本项目相关的即可。凑数并不能增加你的实力，无关的文章甚至起反作用。

个人简介要说明你的学历、经历，曾经主持的项目要有结题说明，这一条很重要。你前一个项目完成的情况是为你新申请项目做诚信宣言，试想，如果前一个项目完成不好，谁还会给你新的项目呢？另外原来课题与本课题的衔接性也很重要，基金鼓励连续在一个领域不断深入的研究，这样才有可能做出更好的结果，打一枪换一个地方不足取，小题做大远比四面出击更能得到同行认可。选准科研方向很重要，我的观点是，做科研宁做鸡头不当凤尾。要自我定位，不要跟风。热门的热不属于你，冷门的冷才属于自己。俗话说，站得高看得远。我要说，做的深入，才有特色。

我本人自20世纪90年代始，共获得7项基金资助项目。在第二、三项间也出现几次不中的情况，评审意见集中在科学问题凝练不足。因此，提出好的科学问题，加上合适的解决问题方法以及不断积累的成果是申请项目成功的法宝。

发表论文与申请基金是一回事吗　2015-12-17

有人说，我发表过多篇SCI论文，可是申请项目却屡战屡败，似乎评委不公正。

发表论文与申请基金相关，但有区别。

毋庸置疑，申请基金，需要一定的工作基础，有论文当然比没有论文好。如果你没有任何论文，凭空想申请项目，成功的概率基本为零，除非你在原有科研方向转行（转行前的工作已经充分展示你的科研能力）。

论文可以从一个侧面反映申请者的学术水平和能力，也是评审人了解申请人的窗口。通过论文，可以判断一个人的科研基础（专业熟悉程度、技术掌握情况、写作水平等），但是，仅凭论文并不足以让评审人认同你的申请书，切忌把不相关的论文罗列在一起（东拼西凑拉郎配、拉大旗作虎皮之嫌）。

论文只是你解决某个具体科学问题的思路和结果，但作为一个项目更看重的是你的整体科研思路和解决方案。申请书是你的科研蓝图，是未来几年你打算做什么，如何做，还有做的意义何在？因此，项目是看你的"胸怀"，论文只是你的"肌肉"。

秀"肌肉"，看实力。但更重要的是看你的大脑智慧，想象比知识更重要。一篇论文不足以说明你有能力承担项目，系列论文方显综合实力，尤其是可以显示你的功底和科研专注方向。

如果在申请书阐明立项依据和实验方案的同时，展示几篇能显示你科研能力的论文恰似画龙点睛，相得益彰。

写一篇论文不易，写一份项目申请书更难。需要独到的科研眼光，选准科学问题并有好的设计方案。好的工匠可以制作出好的家具，但设计师的图纸更重要。匠才很多，将才难求。评项目是看设计图而不是一两件家具。当然拿到项目后必须认真对待，结题要有论文支撑。否则，失去诚信，就只能做一锤子买卖了。

万丈高楼平地起，楼要一层层盖，下层是上层的基础，芝麻开花节节高。项目最好有连续性、系统性。科学问题要咬住青山不松口，不能总是打一枪换一个地方，要做专家而不是杂家。

从科研问题谈起　2021-12-02

做科研是一个从模仿、跟踪到创新的过程。对于年轻人来说，打好基础很重要。所谓基础，包括理论和实践。

理论是创新的基础。只有站在巨人的肩膀上，才能站得高看得远。一个没有理论基础的人很难创新，任何有意义的研究都不是凭空想象出来的，要打牢理论基础，在本科生和研究生阶段，必须读原著，读科学史，只凭几篇论文是不可能做到基础扎实的，数理化和专业基础必不可少。现在的很多研究生入学后一头扎进实验室学技术，这只能培养技术员，而不是有独立思想的科学家。做科研不能仅凭兴趣和一腔热血，需要将国内外本领域研究历史、现状搞清楚，尤其是所关注的学科进展。哪些问题解决了？哪些问题尚未解决？哪些问题看似解决了，但又不令人信服。新方法和传统方法对于未解决的问题有何帮助？

实践是创新的过程，实践出真知。科学仪器只是为科研服务的工具，不是越先进的方法就能解决科学问题，这是一个误区。最适宜的方法才是最好的方法，同样的仪器在不同人手中发挥的作用不同。没有好的想法，只能在模仿、跟踪的层次上徘徊。

做到一定程度，考虑问题才会全面，思想才会深刻，这需要一个过程，这就是功底。只有经过一段时间的积淀，经过独立思考，才有可能找到真正的科学问题。

很多人申报基金，都是铩羽而归。究其原因，就是立题依据出了问题。不思考，抱残守缺，习惯于套路，没有认真思考为什么做这个，做这个的意义是什么。把申请书的重点放在技术路线和方法上，而忽略掉了科学问题本身，凝练和思考是找准真问题的基石。

科研路上，有的人从浅入深，逐次递进，越做越深入，越接近科学的真谛。有的人在同一层次徘徊，始终不得正果。两者的差别在于科学思维，但凡有科学成就者都有一个共同的特点，善于观察，勤于思考，逻辑清晰，不断修正。在已经做过的工作中不断总结反思，提出新的假说并付诸实践。从模仿、跟踪到创新，完成质的飞跃。

科研不是短跑，是长跑，需要不断调整。认准方向，明确目标，扎扎实实地推进。不急功近利，不好高骛远，脚踏实地，一步一个脚印，向着解决问题的终点迈进。

如何面对基金申请落选　2014-09-01

2014年国基放榜，又是少数人高兴，多数人愁，与高考录取相似。中标者别成为范进，落选者也别成为祥林嫂。若抱着这样的心态或许能平衡些：不就是个项目吗？庄稼不长年年种。也许有人会说，你又说风凉话了，站着说话不腰疼。落在你头上，你还会如此平静？

落选者面对评审结果失落的同时，必须接受一种更大的"打击"，即评审意见。有的人看后，认为意见可以接受，下次努力；有的人看后，认为意见不可接受，大骂评审不公（什么胡评一气、不懂装懂、排斥打压等），似乎觉得自己费了大把心血搞出来的东西在评委眼中是废纸一张，大有受到侮辱之感。于是又是晒评语，又是晒标书，无非是想让世人站在你这一边，评评理，讨回公道。其实，决定权在评审人手中，大众的意见只供"参考"而已。

我想，你应该冷静下来，换位思考一下。

（1）你自认为完美的申请书，在别人眼里是否也是精品？

（2）如果你是专家，评审别人的时候，标准如何把控？如果让你十里挑一，你该如何取舍？

（3）你的劳动是劳动，别人的劳动是什么？

（4）好的标书不是给自己欣赏的，是给别人说三道四、评头论足的。

（5）评审专家也是人，也可能会犯错误。如果让你评别人，你能保证别人都能理解和接受你吗？

（6）自己最难否定自己，也最难承认自己的不足。评价别人易，评价自己难。

（7）所谓追求公平，有时候不过是自认为受到委屈时的一种心理。当你顺风顺水时，你不会感到不公平。

今年的评审已经过去了，如同足球比赛，裁判即使错判，结果也无法更改。与其愤懑抱怨，不如做强自己。如同中国足球一样，别一输球就怨裁判。要承认自己技不如人，好好练吧。记住：莫斯科不相信眼泪，加油！

第二节　论文

做科研，发文章是目的吗？　2018-01-12

做科研就得发文章，似乎天经地义。没有文章怎么体现你在做科研？这话有道理。我不否认科研人通过文章向同行世人表达你的研究思路和工作进展。但文章是否是唯一评价科研人的标准？什么样的文章是评价的标准？

科研文章重质而不是量！教授一生应该发几篇文章？多多益善还是少而精？几天发一篇文章不可谓不高效，但价值几何？重复性工作、跟踪性工作反复发，100篇又如何？发文章是长期关注一个科学问题，严格论证后的系列递进还是追热门赶风头的凑数？投稿是以高因子刊物还是学科主流刊物为目标？SCI和国内核心刊物与科学价值是何关系？高因子一定代表高水平吗？发文章是为了科学还是为了生计，应付考核，保全饭碗？

若科研就是为了发文章获得利益，我宁可放弃，因为这太煎熬人了。不去静心考虑科学问题，整天琢磨发几篇的文章去换取头衔和好处，科研还有何意义和价值？把文章作为考核和评价的唯一依据，限时限量，其结果就是造垃圾。科研是慢工出细活，不是花钱买利益！只看重篇数、刊物，不关注内容，绩效的提法是商人的思维，不应是办大学的初衷。

综述文章也是文章　2014-09-05

综述文章也是文章，如同不能随便说别人文章是垃圾文章一样，只要是经过认真思考获得的劳动成果都应该得到尊重。

综述文章以介绍他人成果为主。如果反映学科前沿，并结合自己的工作，提出一些有见地的观点或指出未来（潜在）的方向，不失其价值。不能一概而论，将所有综述文章都说成是垃圾。如果那样的话，为什么还有综述文章一说呢？

综述文章通常由资深专家撰写，这说明站得高度的问题。但科学不是资深人的专有领域，年轻人也未必不能写综述文章。只是现在的多数国内综述文章被抄袭所掩盖，好的综述文章的作用不可抹杀。

通常一个人进入科学领域，是从综述文章看起，而非原始论文。综述可以把学科近年的进展总结归纳，使人了解学科历史、现状，知晓学科目前的状况，为开展研究摸清基础。申报课题时的立项依据以及学位论文前言也是一种综述。当然，不鼓励研究生将读书报告或文献综述直接作为综述文章发表，也不提倡在一般性刊物随意发表综述文章。

投稿综述文章应该与原创性论文同等对待，即严肃认真负责任的态度。若如此，综述文章也不会比原创论文地位低了。如果高年级研究生有了一定的学术积累，写一篇综述文章发表也未尝不可。当然，编辑部审稿也要从严，质量是关键。

只要文章不是用来凑数的，而是认真劳动所得，综述与原始论文一样，都是值得被鼓励和肯定的。作为研究生，还是要把主要精力放在原创工作上。在有一定工作积累的基础上，写出的综述也反映学生的水平和对本领域的认知程度（理论功底和厚度）。

一提综述就是垃圾，或影响因子低的刊物也是垃圾，这本身就是错误的逻辑。文章类型或刊物级别不完全代表水平高低，我想这一点还是应该认可的吧？

缺乏诚信下的共同作者　2017-07-03

共同作者，顾名思义，就是共同贡献了同一篇文章，每位作者都不同程度参与了文章的撰写工作。

大学有文理分科。学科特点的不同决定发表文章（作品）的作者署名。很多文科老师以独撰为主或老师带学生。而理科（实验为主）的文章通常由多作者完成，很少有老师独撰（综述除外）。

如果大家都坚守诚信，共同作者本应无可厚非，更不会引发争议。管理部门的评价体系与老师个人利益的密切挂钩是导致共同作者争议的根源。

对于共同的含义，有不同解读：

1. 分工协作

一个科研项目，从立项时就是几家合作。每个子项目负责人都有明确的分工，出成果时自然大家都有份。

2. 共同做实验，各自提供数据

一篇大文章涉及不同方法，需要联合作战。

3. 对文章有实质性贡献

包括学术思想的提出、关键数据的提供、文章撰写、经费提供等。

现实社会中，对共同作者的质疑主要来自以下3个方面：

（1）某些人（领导）明显不在科研第一线，但文章年年有（共同作者）。

（2）某些人与文章工作毫不相关，同事最清楚。

（3）某些人把文章作为利益交换工具（挂名给领导、学生或亲信，甚至花钱买文章）。

共同第一作者、通讯作者、同等贡献满天飞，变为人情作者或与评价考核政策相关。各自为战与集团作战不同。单兵作战很容易看出真本事，而集团作战为"滥竽充数"者提供了漏洞。辨别真伪其实并非难事。让滥竽充数者单独出列就可以。只是谁愿意做这个费力不讨好的"裁判"？

鼓励大文章，鼓励合作，自然也要鼓励多作者，但"共同"的界限变得越模糊。有些道理明摆着，只是牵扯多方利益而装糊涂罢了。

"垃圾文章"要慎用　2014-02-22

"垃圾文章"一词最近在网上很流行，主要是对以论文数量等级评价的一种不满,但不能随意夸大化。

作为科研工作者,要想让别人了解、知晓你的工作,除了学术交流会议外,就是论文。论文凝聚了科研人的付出(精力、体力、物力),是科研工作者成果的展示。论文也是一个人学术水平体现的重要载体,通过论文,把你的学术思想传播开来。

世界上有上千种科技期刊,按影响因子分成不同等级(《Science》《Nature》为绝大多数人认同),每个学科按分区也有自己的顶级刊物,所以才有SCI影响因子论英雄的盛行。好的刊物审稿严格,有分量的文章相对较多,阅读率和引用率都高,故影响因子高。许多人都把在顶级刊物发表文章作为自己的追求目标,一来彰显科研水平,二来个人利益得到提升。但是,高影响因子期刊不等于每篇文章的水平都高,甚至也有造假的例子,低影响因子期刊也不能说明每篇文章水平都低。因此,单凭刊物等级评价科研人员水平并不适宜,但目前尚无有效的替代方法。

垃圾一词具有贬义,是指废弃无用或肮脏破烂之物,垃圾文章意味着没有价值。

但现在有人把垃圾文章扩大化。喊垃圾文章最响的主要是两种人:一是学术大腕,二是没有什么成绩的半瓶子醋。前者高高在上,或许骄傲心态自居,压根没瞧得起一般科研人员;但人家水平毕竟在那,说"你不如他"也还算事实。但后者则有点羡慕嫉妒恨(网络用语,情感的一种表达)了,自己不如人,还不服气,把别人的工作贬得一文不值并不能给自己带来任何提升。有这种心态的人是大事做不来,小事又不做,眼高手低。还有人说,做科研要"十年磨一剑",听起来似乎有道理。其实这种人只想要条件,要经费,只是为发不出来文章找的冠冕堂皇的借口而已。

"垃圾"一词要慎用。说别人垃圾文章时,想没想过自己的文章是什么?如果你不是垃圾,请亮出你的"看家法宝"。任何人最初的文章都显稚嫩,谁也不是"一夜成名"。因此,把科研初级阶段水平低的文章比作垃圾,是对成长过程的否定。水平低是事实,但不能说是垃圾。至于造假文章是另回事了,不是单纯用垃圾来形容的。

别人不如你,你要谦虚,不要高高在上,轻视别人工作;你不如别人,你要虚心,不要羡慕嫉妒恨,否认别人工作;别人的劳动成果是垃圾,你的成果是什么?当你脱口说别人垃圾时,你在别人心中是什么?

要谦卑,要客观,要尊重。

解决垃圾文章之道：水平低有待提高，要不断进步。把垃圾逐步变成精品。严格学术规范，制度化管理。克服功利、浮躁心态，踏踏实实做点东西，把真正的垃圾清理出去。

第三节　期刊

投稿期刊　2021-01-26

除了申报项目，发文章也是大学老师的日常工作之一，因为这两项指标与老师的切身利益紧密相连，晋升和奖励、"帽子"都离不开它们。

每个学科都有自己传统的期刊，一些老牌期刊影响因子未必高，但同行都愿意投它，因为便于交流。做科研的都知道自己领域有哪些重要的刊物，自从影响因子引入作为评价机制，这一切似乎都改变了。

只选高因子而忽视本学科主流期刊的现象近年来愈演愈烈，只选贵的不选对的，甚至投稿按影响因子排序也是老师们的普遍做法。一些老师在投稿前首先考虑的是影响因子。《Plos One》《Scientific Report》都曾风靡一时，成为众矢之的。因其评审周期短，中稿率高而得到老师们的青睐。我不是说这两本期刊水平不高，但鱼龙混杂也是事实。中国人扎堆投稿的期刊现在被一些高校拉入黑名单，我想这绝非什么好事。

一个学科的传统期刊也就是那么几本，本来可以往这些期刊投稿的论文，因影响因子算计而抛在一边，热衷于追风式的提升自己的"影响力"，不知是为了科学还是利益？国外的同行投稿选择是优选传统期刊而不是因子高低。有些科学家一生就在几本期刊发文章，但影响力是公认的。注重因子而忽略主流期刊的后果使你的成果分散在不同刊物，不能及时被同行看到，也会降低你在学术界的影响力。

国内把 SCI 期刊分区的做法使得影响因子成为被追捧的"明星"。老师们见面不是问科学贡献，做了什么，而是问发了几分的刊物。斤斤计较，每分必争，把影响因子当作水平高低的依据，当作炫耀的资本，实在可悲。重形式，轻内涵，推波助澜助长了"四唯"，国内期刊被冷落也是必然。曾几何时，《中国科学》《科学通报》竟然比不上一般的 SCI 期刊。影响因子与奖金挂钩，一些学校的领导在制定政策时，必然会将自己常发的刊物提升而凸显自己的水平，压低其他学科，这对于其他学科是很不公平的。每个学科有自己的特点，不可能横向用分数比较的道理在期刊影响因子和分区面前显得苍白无力，同样的付出却得不到公正的评价使得一些老师们很无奈。前些年，化学、材料学、免疫学、分子生物学的期刊数量多、影响因子高，这些学科的老师受益匪浅。而边缘学科、冷门学科期刊数量少、影响因子低，想投高因子刊物无门可寻，只能哀叹自己选错了专业，这不利于各学科均衡发展。科学不应分高低贵贱，只要在自己的领域做出贡献都应给予公正的评价。如果一位老师从未在他的领域主流期刊发过文章，无论他在其他期刊发了多少文章，他的水平也不可能得到同行的认可。

想要破除"唯论文"，应从取消刊物分级分区做起，抛开影响因子，关注科学价值，这才是真正的回归科学。

国内期刊的困境　2020-08-21

破"四唯"，要求除SCI论文外，还应有一定比例的国内期刊文章，看似合理，实则不然。

国内专业期刊数量有限，尤其是国家级刊物。落到具体学科上更是千军万马过独木桥。一个学科的国家级刊物通常只有一个，一些国内期刊为了提高地位，已经变成SCI刊物。尽管各高校有自己的学报，但中文期刊为数不多仍是现实。

一般国内期刊以月刊为主，也有双月刊、季刊。每期篇幅有限，也就十几篇容量。若国内大学师生都投稿（一些高校规定研究生毕业前必须有公开发表的论文），可想而知，根本容不下这么多投稿。

国内专业期刊，大多由专业学会的理事们组成，因此稿源的录用权基本上由他们决定。而这些理事大多是被985、211高校所占据，即便投稿，也是这些理事单位优先。

高校学报多为综合性刊物（大文或大理），落实到具体专业，每期只能刊登1—2篇。而且高校学报大多数文章是本校老师写的，近水楼台也是必然。

因此，优质的国内期刊比SCI期刊数量少很多，国内期刊中稿率更不容易。

一些国内期刊在稿件审理时，难免有看人下菜碟的情况，人情稿盛行。

大牛基本是约稿，一投即中，而普通老师和研究生只能凭运气。圈子文化让跨学科投稿更是难上加难。

由于国内期刊不足，加上提职晋级需要，导致一般大学师生的投稿扎堆，质量不高但竞争更激烈。不仅审稿关难过，高额版面费也成了期刊赚钱的工具。即便发了国内期刊，与SCI文章相比，认可度也不高。

国内期刊良莠不齐的现状该好好整治了，否则国内期刊文章难以保证质量。

国内期刊与国外期刊的差距　　2013-05-20

我们中国人的母语是汉语，而当今科学流行语言是英语。这就决定了中国人要想科研成果被世界同行认可，必须发表英文论文。汉语在科学上成了中国人的"短板"，也许是国内很多好的研究成果不被国际知晓和认可的原因之一。近年国内期刊为了追求上档次，纷纷努力进SCI。不少刊物转型，只接受英文稿，而不接受中文稿。从扩大期刊影响力，与国际接轨的角度看，这很正常。但即便进了SCI，由于时间短，影响因子有限，仍得不到国人的青睐，所以有些刊物千方百计约稿"拉拢"国外大牛（某领域很厉害的人）在本刊发文以扩大影响，提高"点数"，而以中文出刊的杂志自然岌岌可危。

话说回来，为什么中文期刊不受待见？这与国内外办刊水平和国内评价体系有关。

从办刊水平看，国际主流杂志通常办刊期限长，在业内有良好的声誉，科学家们愿意投稿，"小同行"们都认可。刊物从收稿、审稿、发表一系列流程规范完善。

通常国外投稿先由编辑部进行形式审查，再决定由哪个编委送审。审后及时回复作者，限期修改，再由编辑部定夺。尤其是国外评委审稿的认真态度，这是国内不可比的。即使拒稿，也让你心悦诚服。

而国内刊物尽管也有一套稿件处理系统，但执行起来并不完善。如不能及时反馈稿件接受，审理周期拖得太久（有些编辑部抱怨审稿专家催了多次都不回应），审稿意见过于笼统或不能指出拒稿的关键理由，加上版面费大幅上调等。

作者投稿时对刊物的选择，通常注重刊物影响力和水平，投高不投低。在此原则下，国内刊物自然位置靠后。通常只是一些"边角"、不够"档次"

的文章才会考虑投国内刊物。

从国内评价体系看,国内各高校在考核老师业绩时,水涨船高。有些单位甚至对国内文章不屑一顾,只认 SCI,唯 SCI 为马首。为什么中国科学与《Nature》《Science》差距那么大(真的像影响因子那样差几十倍吗)?自己都看不起自己,如何让别人看得起你?

办刊如同经商,创品牌、争效益靠的是信誉。如果一个刊物没有好的稿源,国内刊物应该认真反思办刊思路,为什么作者不把好的稿件投给你?办好一个刊物是需要时间的累积和检验的。质量是生命!好的制度还必须有好的贯彻(听其言观其行)。还是毛主席曾经说过的:"世界上怕就怕认真二字",做人做事都要讲认真!

高校学报的出路在哪里? 2014-12-04

国内高校学报原本是学校对外宣传科研成果的一个窗口,可是近年来学报面临尴尬的境地,优秀稿源不多,学报提升空间有限。

通常分社会科学和自然科学两个版,比起 SCI 刊物和国内专业期刊,多数高校学报处于一个尴尬的境地。有的学报勉强维持,有的则难以为继。高校校报的出路究竟在哪里?

稿源多来自校内,这就存在一个问题。如果只是自己的稿源,难免有局限性,水平很难提高;如果校外稿源多,其办刊目的值得商榷,毕竟是某某校报,不是某某专业刊物。因为校报是一个综合性刊物,不可能办成一个专业性期刊,除非学校某一学科特别突出,影响力巨大。

要想提升学报影响力,一定要有魄力。办刊理念需要提升,不能让"肥水不流外人田""武大郎开店"困住手脚。校报不能也不应该成为"垃圾"刊物。要吸收国内外有影响力的稿源,需要精品,这需要有更多的财力和评审机制做保证。一个刊物的生命力在于其稿源。只有阅读你的学报人数多,才有影响力,否则一般性的文章很难立足。

在目前状况下,老师高水平的文章不愿意在校报发表,这涉及科研绩效的评价。发一篇 SCI 和国内专业期刊的文章比发表在校报获得的利益高得多。因此,校报有时成了"鸡肋"。某些高校有水平的教师宁愿投 SCI,也不愿意投自己校报,或者只是那些外投不中的稿件把学报当做最后一根"稻草"。而为了提职、毕业等凑数的文章,其水平可想而知。长期下去,学报的影响力很难提升。

校报一方面要尽可能挖掘本校潜力,鼓励本校高水平的研究在校报发表(需要学校拿出鼓励措施,试想一个连本校教师都不待见的刊物怎么会有社会影响力?),另一方面要把目光投向校外,争取更多优秀稿源,这样才会提升学校知名度。学校对校内稿源要有奖励政策,同时对校外稿源加强吸引力度。鼓励英文稿件,这样才会扩大校报影响力,与国际学科接轨。

国内高校现行的科研考核制度决定学报稿源质量,本校能力强的教授不会把自己实验室最好的成果在学报发表。原因很简单,SCI 更重要!学报文章与 SCI 文章相比,待遇可谓天壤之别。甚至只算业绩,不算奖金。试想,一个连学校领导都看不上的刊物,怎能吸引优秀稿源?

一些院校的学报实行国际化办刊,将学报交由国际出版公司打理,但这与国内高校学报名称不符,高校学报毕竟不是专业学报。也有人说多拉一些国内大牛,但如果学报的文章都以外校为主,那将失去自我。

高校学报的出路还是在学校内部挖潜,调整激励机制,鼓励本校老师、研究生投稿,在评职考核政策方面有所倾斜,适当吸收外校优秀稿源,出一些本校优势学科栏目专辑,这或许才是正道。

第四节 投稿

审稿人的责任心 2013-11-02

稿件评审是学术审查的重要一环,审稿人对刊物质量把关,对作者工作肩负重要的责任。对于稿件,应该认真对待。无论接受或拒绝,都应该提出中肯的意见或建议,这是对作者劳动的起码尊重。

比较国内外期刊,明显感到这方面的差距。国外投稿,审稿人意见很具体、明确,往往写出几页的意见,从学术性、严谨性到文字表达,都给出翔实的意见。而国内某些审稿人,往往根据个人对内容的熟悉程度、作者名气、"好恶"来评判。这就造成某些刊物对稿件的来源偏爱,甚至成为"私家"刊物。拒稿的理由往往匆匆批两句,含糊笼统,好似不愿与你理论一样。这一定程度反映出评审人对稿件的忽视,对投稿人的蔑视心态。还有的"大牛"

以工作忙为理由，一拖很长时间，审查也是敷衍了事，这样的评审人不具备资格！

拒稿要慎重，要有具体理由。要指出文章的问题，以利于作者改进提高。好的评审让作者心悦诚服，"坏"的评审让作者看不起你甚至对刊物信誉产生怀疑。

当然，投稿人更要认真，不能把一份未经深思熟虑的稿件随便投寄。这也是对自己、对刊物的不负责。

通讯作者应承担起责任　2018-11-13

通讯作者顾名思义是文章的通讯联系人，但不仅仅是通讯联系人。通讯作者应该是文章学术的把关者，应担负起学术思路、实验设计、经费支持、作者排序和文章科学性的责任。

现在很多通讯作者是实验室的老板，很多人没有亲历科研一线，只是挂名而已。一旦文章出了问题，经常把责任推给研究生或助手，这是不负责任的表现。

通讯作者通常是资深科学家或项目负责人，一个实验室每年发表的论文几乎都有通讯作者的名字，但实际上通讯作者是否真的知晓实验细节，这恐怕是个问题。

一个团队，少则数人，多至几十人。若篇篇署名通讯作者，给他带来的荣誉自不言说。但出了问题，谁来承担？荣辱与共。一旦文章出了问题，不是简单地推卸责任那么简单。通讯作者也是责任作者！

若通讯作者只是承担写作，但数据毕竟是研究生提供的。若数据不真实，写出的文章科学性大打折扣。因此把好数据关成为文章的关键！作为通讯作者要给研究生上好科研诚信第一课，讲清楚学术规范和科学伦理。

还有作者排序。通讯作者有很大的权力。若不能公正按实际贡献排名，也会引起团队内部的矛盾，打击和影响团队成员的科研热情。

通讯作者应该做学术道德的典范，如果通讯作者不严谨，甚至看都不看就署名，出了问题难脱干系。

在追求文章数量和影响因子的年代，通讯作者责任重大！通讯作者应担负起科研诚信，维护科研尊严的使命，做个名副其实的通讯作者。

谁是论文的真正作者？   2017-06-09

目前国内很多学校在读期间研究生发表的论文，研究生并非真正的作者。正常硕士生毕业前完成投稿就算不错了，博士生也只有连读生在读期间后期才能出成果。

对于1、2年级的研究生，发一篇 SCI 论文，多数是受到质疑的，凭此获得国家奖学金让人感到迷惑。有几个研究生有能力这么快出高水平文章？通常2年级刚开题，还没有什么完整的实验数据，实验进展还可能不顺，是导师或师兄（姐）把他（她）推上去的吧？这样的获奖是鼓励优秀学生还是集体造假？是树立典型还是扼杀真正的好学生？

一篇文章的第一作者，必须在文章中做出重要贡献。不说学术思想，起码关键实验数据的提供和分析工作应该由本人完成。论文初稿也必须由本人完成，否则谈不上第一作者！靠他人帮忙的论文不是其自己的努力付出而应该得到的荣誉，是"窃"来的，不会得到周围老师和同学的认可。

我们培养研究生应该注重能力，即科研思维、实验技术、论文写作，若这三条一条不搭边或缺乏，都谈不上真正意义的第一作者！

有些导师的工作就是申请经费和写文章，而忽略学生能力的培养。即便实验室文章再多，也是老师的功劳，学生无非是提供数据的技术员而已，如此青出于蓝胜于蓝成为泡影。把学生作为工具而不是科研工作者的培养模式是否该改改了。

让学生成为独立科研人不是一蹴而就的，功利环境下的早出快出人才，等于拔苗助长。除了虚报业绩，看不出什么正面效应，研究生奖学金的评比变成追名逐利的搏杀。

导师的责任在于与学生一同讨论文献，理清思路；尽可能提供实验条件；写文章时注重修改而不是替代。导师应该多给学生创造一些参与学术活动的机会，每个月没有两次组会的导师很难说尽职尽责，至于平时不闻不问，有问题对学生指责或学生写文章挂名的导师，我只能呵呵[①]了。

谁有资格成为文章第一作者？   2014-10-15

文章署名是一件严肃的事情，既要尊重作者的劳动，又要兼顾团队的合

[①] 呵呵，此为网络用语，表嘲讽和不屑。

作。按照诚信原则，作者通常由通信作者决定，依贡献大小排序。

通信作者通常是项目负责人和组织者、经费提供者，同时是学术思想的主要提出者，对文章的科学性负有不可推卸的责任。

第一作者应该由在文章中做出重要贡献的作者承担，应该参与文章的思路设计、方案制定、数据收集、初稿撰写等。若缺少任一环节，该第一作者的位置都值得质疑。研究生在数据收集和分析、图表制作方面承担较多的工作无可置疑，但研究生不是技术员，仅提供数据而由他人执笔仍不能对文章的全部负责。

一篇文章包括前言（引文）、材料方法、结果和讨论四个部分，第一作者应该对这些内容熟悉。前言是文章的立论基础及工作意义的描述，需要作者掌握本领域前沿进展，并提出科学问题（假说）。材料方法是对实验设计的总体介绍（实验材料、分组、统计学运用等）。结果是客观真实报道实验原始数据及统计学数据（图表）。讨论部分是文章的精华，通过所作结果与同行工作的对比，按照逻辑分析得出合理的结论（发现、表明、证实、提示、暗示等），找出规律性，即使不能确定，但有踪迹可循。

一篇文章从雏形到发表，经历复杂的过程。仅提供数据，只占文章一部分。研究生、技术员都可以提供数据，但充其量是原材料而已，真正升华到文章，需要更多的后加工过程。画龙点睛不是谁都能做到的。好比一道菜，原料固然重要，但做得好吃与否，取决于厨师的厨艺。

第一作者是荣耀也是责任。第一作者不是礼物，不能随意"赠与"或"冒名顶替"，要名副其实、实至名归、当之无愧。

通信作者对文章负主要责任。在排序时，要做到公平公正。要仔细核实数据细节，确保准确无误。责任重于泰山，否则一旦出现伪造数据，难辞其咎。投稿前对文章写作认真检查，并通知所有作者，无异议后方可投出。cover letter（投稿信）一般由通信作者来写，并负责答复编辑部，签订出版合同，付费等事宜。

参考文献怎么参考？　　2017-06-05

论文参考文献是论文中的重要环节之一，关乎论文的质量和论文作者的严谨。有些研究生论文列出上百篇文献，但真正关键的文献找准了吗？引用正确吗？

一个科学工作者的论文反映其学术水平，参考文献的引用非常重要。

　　参考文献主要在论文前言和讨论中出现。前言中的文献以背景介绍和立题依据为主，通过文献引用，能否客观地列出本文相关的重要文献（不能有意回避，也不能曲解原意，更不能凭空想象），反映作者驾驭领域的视野和能力。讨论中的文献主要是将结果与已发表的工作进行比较，从而说明你的工作价值（哪些与同行相似，哪些不同，哪些是验证，哪些是创新），并得出科学结论，文献参考的价值体现在你的理论功底和做事态度上。

　　参考文献不是随随便便列出的，需要对文献的思想准确把握，对文献的内容与你的工作进行比较，提出你的观点。引用文献必须与文中引用处对应，文献需严格审核。

　　参考文献不是多多益善，也不是可有可无，应该从历史到现在（注重后者）全面把握学科发展脉络，提出你的论文立题依据和研究意义（价值），这才体现文献的参考价值，才是用对了文献。

第三章

研究生培养

第一节　培养理念

怎样与研究生谈人生　2019-01-14

导师的言行实际上就是人生示范，它如同做科研一样，人生同样需要试错和领悟。人生是不同的，但是道理是相通的。

导师除了完成科研外，还要关心学生的思想、心理问题，说明这是个有爱心、负责任的导师。但是导师除业务指导外，是不是可以做学生的人生导师，这还值得商榷。

师生之间的年龄、阅历、性格、世界观、处世方式不同，或许交流会有障碍。其实研究生与导师都是成年人了，走什么路是他自己的事情。你可以谈人生，听不听由他！老师的话不一定每个学生都能听得进去。

每个人的经历不同，感受自然不同。人生是不可复制的，因此你的人生不是他的人生。其实，人生就是一个吃苦、经受磨难的过程。只有自己经历了，才知道何谓人生——自己品味远胜过别人说教。

我的观点是，与学生什么都可以谈，但别刻意去谈，尤其不要灌鸡汤式的空谈。同时，不一定逐个谈，方式也可以多样，如发博文也是谈。研究生是成年人了，这意味着价值观基本形成，因此不容易改变。除非经历大的波折，才有可能改变人生。

老师的经历或许不适合现在的学生，但作为老师不能教学生欺诈，这是起码的做人底线。

现在的导师压力大，同样，研究生压力也大。除个别涉及品行问题，师生矛盾的冲突往往与实验进展、论文有关。说到底，都关乎各自的利益。导师要靠学生完成项目、论文；学生需要论文发表获得文凭，而这些又限制在一定时间内。时间紧，任务急，必然带来问题。所以从入学始，导师就要抓紧每个培养环节，而不是等问题成堆才去解决；研究生也必须明白自己的目的，要主动自觉。

最后需要说的是，教育不是万能的，没有教育又是万万不能的。

研究生做人做事在于悟 2013-12-18

研究生是成年人，为人处世不需要导师教，每个人有自己的处世准则。至于学生毕业去向，导师只能根据自己的能力，尽可能提供帮助。导师没有就业分配权，学校也没有。现在完全是市场经济，一切按市场规律办事。吃喝拉撒睡、疾病道德等更不是老师所能管的范围，只能提供力所能及的关怀。何况老师也是凡人一个，本身也会遇到一些问题。

好的研究生，我相信多数科研做得好，其他能力也不会太差。一个人有本事，不相信会找不到工作，"天生我材必有用""条条大路通罗马"。

导师的工作在于给学生提供科研的舞台（项目、经费、条件），思想不全是导师所能提供的。做出好的结果也不是导师一厢情愿的，取决于学生的天赋。王德华老师说过，"好学生不是老师教出来的，是你老师遇上的幸运"。老师不是家长，也不应该承受这难以承受的责任，老师不是万能的。

"一日为师，终身为父"的观念已经过时了，还是"师傅领进门，修行在个人"。作为研究生，一切做人做学问，在于悟，研究生的主动性和自觉性更重要。遇到悟性高的学生一点就透，反之，你教一百遍也茫然。世界上的很多事情都在那摆着，如何选择在于自己把握。好的榜样在那里，不好的榜样也在那。人间指南满天飞，如何做，自己定。

学步，走路，攀登 2013-09-02

新学期开始了，一批新生走进了研究生行列。研究生入学后，应该冷静思考一下未来的三年应该怎样度过。

作为研究生，想想为什么选择读研？怎样读研？

读研的目的，每个人或许不同。有想提高个人层次的，有想做科学的，有想有个文凭未来求个好职业的……无论你的想法如何，都无可厚非。但是既然入了这个门，还是"既来之则安之"，面对现实。

学步是读研的第一阶段。通过课程学习，了解熟悉本学科基础理论、专业知识、学科前沿和领域现状，为将来的论文奠定坚实基础。这需要阅读大量专业书籍和文献，吸取营养。构建完整知识体系。

走路是读研的第二阶段。在掌握理论的基础上，要学习方法和技术。因为只有理论，没有实验是不可能完成论文的。理论可以开拓你的思维，产生idea（想法），而idea（想法）的实现需要扎实的实验技能做保证。有了理论又有了技术，你才能正常走上科研之路。

攀登是读研的第三阶段。学会走路只是"万里长征第一步"，在开题后，就要全力以赴进行论文实验。在这个过程中，遇到的问题会更多，磨炼一个人的意志，也是一个研究生最关键的阶段。从基本的数据积攒到对数据的筛选、鉴别、分析、整理，逐渐接近真理。最后是论文的写作和发表，还要经过反复修改和评审，才能收获最终的成果。攀登永无止境，正所谓过了一山又一山，更高的山峰在前面。

一路走来，所看到的不仅有风景，更有亲历的一切，也许这就是人生的宝贵财富。

研究生主动学习的自觉性　　2020-12-15

研究生以自学为主，导师的作用以提供平台（知识、实验）为主。

自学能力源于内在的动力。说大了，为科学而献身。说小了，是为自己今后在世上立足奠定基础。只有明确人生目标、坚持不懈的学生，为了探索真理孜孜以求的学生才有可能成为优秀的学子。

读研不能依赖听导师讲什么，应该按照导师列出的专业书籍文献，老老实实地钻研，打牢理论基础很重要。舍不得花时间读原著，习惯于网上收集一些别人摘录的东西就以为了解了专业，这不是主动的学习。任何学科的建立与发展都有其扎实的理论基础，这一点恰恰是很多学生忽略的。站在巨人的肩膀上，而不是站在一般知识的平台上才有稳固的基础，才有可能找准科学问题进行有意义的创新和实践。

自觉是一种自律。不依赖他人要求，不是做给导师看。要有追根寻源，刨根问底的态度，完整准确地把握知识的来龙去脉和精髓。博采众长与专业深攻并不矛盾，精读与泛读要把握好。方法只是手段，如何运用适当的方法解决问题才是根本。写作、英语、动手能力需要自己练就，珍惜时间就是珍视生命。

研究生当自强。没有人给你指出一条容易成功的路，没有人随随便便成功，命运永远掌握在自己手中。

导学互动 30 年　大学生　2013-05-08

暑去秋来，又有不少研究生新生怀着憧憬和期待踏入校门。作为一名工作 30 年的导师，我迎接和送走一批又一批的学生。目睹他们的成长过程就像化蛹为蝶的蜕变过程，令人思绪万千。

从入学的第一天起，三年的时光如何度过是每位新生需要认真考虑的问题。研究生与本科生的最大区别在于学习创造知识。不论你将来是否从事科研，但读研本身就是一个科研思维与技术的训练过程，对今后的人生意义重大。

从专业文献阅读到仪器使用，从学术讨论会到开题报告，从实验过程分析整理到论文撰写发表，这其中经历困惑、磨难、成功，有汗水，也有泪水。在这些过程中，导师的"导"与学生的"学"是一个双向互动。导师指导的针对性和时效性固然重要，但学生学习的主动性和自觉性更不可或缺。

1. 指导的效率在于因材施教

导师的作用是以"导"为主，贯穿研究生培养的各个环节。保姆式的"言传身教"并不可取，根据每个人的情况"因材施教"才更有效。小潘是一位头脑灵活的学生，阅读文献理解很快。记得刚入学的第一次读书报告，她竟然把英文的原始数据论文解读的头头是道。记得那是一篇电生理实验文章，她从作者的思路讲起，为什么做这个实验，有什么意义，再到实验设计原理（如何做），实验结果分析和结论的得出。要知道，通常新生的读书报告，我只会让他们选择一些综述类文章，了解该领域现状和取得的进展。而数据论文考虑到新生的基础和能力，读起来有一定难度，尽可能安排高年级学生讲。这篇论文是讲述美国华盛顿大学 Perkel（珀克尔）教授实验室的电生理工作，通常的新生因为没有电生理实验的基础，对文中的图表解读难度较大，至少需要半年才能读懂它。我感觉她是一位非常有潜力的学生，便有意给她加码，开"小灶"，选择一些最新且有难度的文章让她做读书报告，如让她讲一篇发表在《Science》（《科学》）上的文章。因为这类文章通常要看许多背景资料和补充数据，方能对文章有比较全面而深刻的认识。这样既调动了她的积极性，让她知道导师欣赏她的能力，又给其他同学做出表率，只要努力也可以尝试选择一些高难度的文章，起点高，进步快，带动影响了其他学生一起瞄准学科前沿，经常上网查阅最新文献，形成"比学赶帮超"的氛围，她后来成了导师有力的助手。在国家自然科学基金的申请中，我有意让她写申请书，锻炼她的课题设计能力，经过我修稿后一举中标。通过对这个学生的培养，我意识到对于个别能力强的学生也不妨一开始就"加码"，这对于尽快进入状态和开展后续的论文工作都可以起到积极的作用。

小王是一位喜欢做实验但思考能力稍弱的学生。在实验室里，他喜欢跟着师兄师姐们学习技术，但理论基础相对薄弱，文献阅读较少，谈问题缺乏思路。对这样的学生，一方面要鼓励他做实验，同时帮助他分析数据，厘清思路，不但知道做什么，还要知道为什么这样做。有一次他在实验中观察到神经细胞的一种发放，我问他所记录到的是自发放还是诱发放，他一时说不清楚。我就点拨他，还记得我给你们上电生理学课讲过的原理吗？通常神经细胞有自发放和诱发放两种形式，自发放是神经细胞自身的一种特性，不需要额外的刺激，而诱发放需要刺激诱导，另外二者的表现形式也有明显区别。经过一番分析，他终于明白了他所记录到的是自发放。于是我又给他推荐神经生物学的几本书和一些与他工作相关的同行文章，让他了解如何判定神经发放，后面的实验进展就很顺利了。在实验中养成既动手又动脑的好习惯，让学生体验到了科研工作的乐趣。我认为导师对不同学生要有不同的培养策略，善于发现每个学生的长处，因势利导，才能收到好的效果。

2. 做一个主动自觉的学生

导师指导是外因，学生学习兴趣是内因，外因通过内因而起作用。小陈是一位来自粤东山区专升本的学生，基础相对薄弱，但他很努力，做事认真，非常踏实。他自知底子薄，但坚信努力就会成功，而且有远大抱负。他学习非常刻苦，无论理论课学习还是做实验，我布置的任务他都会主动自觉完成。

记得当年我在做一项蝌蚪发育过程性别诱变的研究，由于种蛙是从外地买来的，很快就抱对交配产卵，受精卵分化到变态需要一个多月的时间，需要对发育各时期的变化指标连续跟踪。从受精卵开始至两侧鳃盖完成的早期胚胎发育划分为25个时期，为了得到卵裂最初几个阶段的胚胎照片，掌握每个时期的形态学特征，大约每隔10分钟观察一次，需要24小时拍照。小陈竟然2天2夜没睡觉，连续在显微镜下观察拍照，终于得到蝌蚪发育各时期特征的第一手数据。望着那一张张漂亮的照片,他的所有疲劳一挥而去,体验到了"丰收"的喜悦。接着在蝌蚪发育实验基础上,他又对激素诱导性别做了一系列实验。我原来只是要求他做完胚胎发育过程就可以了。可是他主动提出若能观察性腺发育将会获得更完满的结果,不仅能看到激素诱变的现象,还能从组织学方面提供证据。这说明他有强烈的科研探索精神和追求真理的欲望,具备了一个科研工作者的素质和潜力。后来他连续整理3篇系列论文"中国林蛙早期胚胎发育观察""中国林蛙胚胎后期发育观察""中国林蛙幼蛙性别诱导后性腺的组织学观察",并于毕业后发表。

他后来到香港中文大学读博士,面试时面对来自北京、上海名校的各路竞争者,他陈述的硕士生阶段工作和提供的实验数据及论文,以实实在在的工作和扎实的实验技能打动了导师,最终被录取。我认为,不论你入学前基础如何,入学后都是从零开始,只要你有目标,有追求,功夫不负有心人,别人能做到的,你也会做到,通过努力就能获得成功。不经历风雨怎么见彩虹?学生学习的主动性和自觉性至关重要。

3. 做一个有独立思想的学生

小耿是一位有想法,动手能力强的学生。她来自一所985高校,入学前曾在中科院做毕业论文,属于基础扎实,能力较强的学生,各方面条件都很优秀。在开题准备过程中,通过文献分析,她发现国内对非鸣禽的发声调控研究较少。于是提出运用电生理学和声谱分析相结合的方法,分析正常家鸽鸣声的声学特性并与刺激家鸽中脑诱导的发声模式做比较的实验方案,这是一个有点难度的课题。我鼓励她开展这项研究。她从查阅文献到预备实验的完成只用了不到半年的时间,开题后基本就独立工作了。

在实验中,她善于思考,对研究的内容有独到的见解。过去我们做实验时,只是用较强的阈上刺激诱发鸣叫反应,结果只能定性地判断是否能引起鸣叫。她在实验中尝试使用增压、减压实验,即随着刺激电压的增大和减小,家鸽单次鸣声持续时间呈线性递减和递增,发现最适刺激电压时鸣肌对鸣管的协调效能最佳。而且令我吃惊的是,不到两年,她论文完成,并发表于《动物学报》,提前完成毕业论文,成为那届研究生的佼佼者,不仅获得学院研究生学术报告唯一的一等奖,还被授予"南粤优秀研究生"的称号。

另一位学生小李,在做断鸣管神经实验过程中,得到一个意外的结果。根据以往的研究,切断不同侧鸣管神经,多数鸣禽表现为左侧优势,即断左侧和断右侧鸣管神经对发声的影响不同,断左侧影响更大,因此两侧神经对鸣叫的控制能力有所不同，左侧占优势，这与人类语言左侧半球优势相似。但小李在实验中，发现所用的鸟断右侧神经比左侧神经对发声的影响更大，即呈现右侧优势。难道做错了？经过认真检查实验程序，对数据仔细分析，冷静思考后，他意识到这有可能是一个新发现。不是所有鸟类的神经支配都是左侧优势，也有右侧支配。于是他又做了几例实验，得到右侧优势的确凿证据。通过这件事，体会到遇到与预期结果不符的情况时，不是简单地放弃，而是继续积累数据，确认结果的正确性，并最终获得成功。试想，如果当初放弃，岂不是到手的鸭子飞了？只要尊重客观事实，用于探索，就会有所创新。有时候，机遇往往偏爱那些有准备的头脑，对待任何实验结果，尤其是与常识相反的结果，不能盲目放弃，要认真分析，去伪存真，坚信自己是正确的。

虽然研究生是成年人，但不一定有独立的学术思想。硕士生不能只做实验，出数据，让导师去完成论文。研究生不仅仅是"数据技术员"，还应有自己的独立思想。论文发表涵盖了科研训练的全过程（并非简单的功利）。从看别人做，到学会自己做，再到评价别人工作，开辟自己的工作。好的研究生不是急于找导师要课题，或等待导师的分配，导师让我做什么就做什么。而是自己提出问题，与导师沟通，做这个可以吗？而且你必须有自己的想法，回答做什么？为什么做？如何做？当然，不经历发表论文的训练，还不能算是一名合格的研究生。只有发表论文，才是获得同行认可的成果。可见，研究生发表论文是检验研究生培养质量的重要标准。

"昨夜西风凋碧树。独上高楼，望尽天涯路。""衣带渐宽终不悔，为伊消得人憔悴。""众里寻他千百度，蓦然回首，那人却在灯火阑珊处。"这是王国维用以表现"悬思—苦索—顿悟"的治学三重境界，我认为同样适用于研究生的成长过程。祝所有的研究生新生把握好自己，为自己的研究生求学之路做好人生规划。

青出于蓝而胜于蓝　2014-02-25

导师指导学生，天经地义。学生发文章，通常导师做通讯作者，也属正常，只要导师认真负责。学生的投稿文章，一般都是在导师要求下完成的。导师要对论文初稿进行修改完善，提批评性意见，最后导师同意后方可投出。

如果学生背着导师私自将研究生论文投稿，这种行为属违约。只要你的论文选题是在导师实验室完成的，利用导师实验室条件和经费，知识产权当然属于导师单位（即使你已毕业）。

如果导师对学生论文指导不力，学生自己独立完成论文并投稿发表，这种情况，导师挂名通讯作者，似乎有些胜之不武或"占便宜"之嫌。

有些学生思维清晰，有自己独立见解和技术，导师确定题目后独立完成。在某种程度已超出导师预期，做得很出色，甚至有些成果导师都很难做到，这是青出于蓝胜于蓝。

好学生可遇不可求，遇到这样的学生是导师的幸运，而不是你指导有方。

对待研究生，应因材施教。鼓励有能力的学生做难题，放手一搏比处处看着更能发挥学生的潜力，相信学生会做得更好。超越自己的学生是老师的骄傲！

长江后浪推前浪，老师的阅历和辉煌只代表过去。时代在发展，科学在进步，老师随着年龄增长而"落伍"很正常，应有甘当人梯的胸怀。

学位论文是根，学术论文是叶　2021-03-23

关于硕士生毕业前是否将发文章作为学位申请是否成功的前置条件引起热议。随着清华大学新规出台，支持者、反对者都有，各说各的理，好不热闹。当然也不排除蹭热度的媒体或网评。清华毕竟是清华，其一举一动牵动全国高校，具有风向标作用。若换成地方学校出此规定，我相信绝不会掀起如此风波。国内各类高校导师的年龄、职称、经历和地位的不同，导致对清华规定的看法自然也不同。相似状况的导师大都认同我的观点，而年青导师分化较大，争议也大。我认为这是每个人带研究生的价值观所决定的，培养的研究生是具有从事科研能力的人还是出文章的工具，对此认知完全不同。

近年在"四唯"（唯论文、唯职称、唯学历、唯奖项）的大环境下，以文章论英雄成了人们心里的普遍认同。无论是提职晋级、毕业学位，还是人才引进，似乎成了"共识"，这也是研究生培养中过于看重文章的原因。

首先界定一下概念：学位论文以《中华人民共和国学位条例》为准（可自行查阅），而学术论文可简单理解为发表的文章。

完成学位论文是研究生毕业前获得学位的唯一条件，硕士生要想获得学位，必须通过课程和学位论文答辩，缺一不可。学位论文与学术论文（文章）不能混为一谈。前者是对学生几年学习成果的全面考核，包括理论基础、研究背景、立题思维、方法运用、结果分析、讨论、结论等完整的格式要求，具有系统性、完整性、全面性。而后者仅仅是对某一具体问题研究的公开报道。二者的差异在内容、篇幅、格式方面十分明显。以往甚至有将几篇发表的文章罗列在一起作为学位论文的，这是对学位论文的曲解和误判，很不严肃。几篇文章等同学位论文在相当一部分老师中认同，说明他们对学位论文的理解存在误区。我不否认学术论文的价值，也不反对在读期间发表文章，但是否可以替代学位论文或作为前置条件是另一回事。答辩只能依据学位论文，而不是发表的文章！答辩委员会才是学位的最终裁决者，而不是期刊审稿人！

通常把公开发表在国内外期刊上的文章称为学术论文，这是科研人员工作的一部分和评价的依据。当然博士生也应划在准科研人员之列，因为他们是科研的后备军。但硕士生需要慎重对待，硕士生是学生，是被培训者，主要任务不是发文章。少数硕士生优秀者、本科生，甚至中学生发文章的例子也有，但不具有普遍意义和推广价值。

学位论文好比树根，而学术论文则好比树上的枝叶。没有根哪有叶？大学老师都是从研究生阶段走过来的，研究生期间打下的底子成为日后科研晋级的阶梯，基础不牢不可能行稳致远，硕士生的基础与后续博士阶段进展密切相关。因此，那些过度强调硕士生毕业前发论文的人似乎忽略了二者关系，甚至误以为学术论文就是学位论文，于是才有了"我都发了好几篇SCI、核心期刊文章了，难道还拿不到学位？"的逻辑。过分强调学生毕业前发文章，给催生造假提供机会，而挂名、发一些不相干或水平低的文章只会把学风搞坏。同理，把量化的影响因子作为申请博士学位的硬性规定显然也不合时宜。博士生也在成长中，文章从低分到高分需要一个过程。毕业时与工作几年后的差别需要时间来检验，过早的达到顶峰未必是好事，很多学校的年轻老师工作前后所发论文的反差说明了这一点，关键是底子的厚度（潜力）决定未来的高度。

试想一下，如果研究生与导师无利益关系，研究生要学位，导师要业绩，共同的媒介——文章，加之学校、主管部门的政策导向，就不会有要不要毕业前发文章的讨论了。学位水平达到了，必定有学术水平的支撑，文章就是个副产品而已。水到渠成，发表只是迟早的事。逼迫不是提升质量的良策，甚至适得其反。

俗话说：树大根深，根深叶茂。导师把精力用在培养学生上，在提高质量方面下功夫远比催发文章有意义。少一点急功近利，多一份责任与担当，求真务实才是研究生的培养正道。与其一味施压，不如遵循教育规律、科学规律，踏踏实实做好工作。

年轻导师上岗前培训很重要，老教师"传帮带"很重要。很多年轻导师为了提职或完成项目，急于招生做助手，然后就是让学生赶紧进实验室，赶紧做实验，出数据，赶紧发文章，弄得身心疲惫，欲速不达。与有经验的资深导师相比，年轻导师也许把自己的经历当作培养研究生的经验，重结果而轻过程，其思维具有局限性。这种凭激情做事是不可能持久的，也是引发师生矛盾的因素之一。"功利心+浮躁"会毁掉一代人，这绝非危言耸听。

讨论问题是好事，但必须针对问题的本质、核心、内涵来做理性辩论。片面理解、断章取义、主观臆想的评论毫无意义。不能把清华规定简单归结为取消文章，不要文章。不研读全文，只抓住片言只语就加以评论，这完全是对研究生学术论文与学位论文的误解。《中华人民共和国学位条例》及其实施办法中并没有把发表文章作为学位申请的前置条件，因此清华大学规定只是正本清源，重申而已。前置条件与培养质量也没有必然因果关系。相信清华今后研究生考核与学位论文要求只会更高，绝不会放松管理。

如何科学化科研管理，该不该给科研人员规定量化限时指标，凸显更深层次矛盾，这也是未来改革的重要议题。

研究生淘汰制势在必行　2021-09-07

当前，作为研究生培养的一项基本制度，研究生学制与研究生培养目标、培养质量密切相关。在我国，研究生年限一般为3年。但实际情况是，出于各种原因，往往有些硕士生不能按期毕业，多数博士生则需要4—6年方能毕业。这种情况越来越普遍，也导致导师和学生的压力与日俱增。

据统计，目前我国博士生3年的毕业就业率只有20%~30%左右，4年毕业就业率也仅有50%~60%。

延期毕业虽然在保证研究生培养质量方面有一定作用，但是在校时间过长无疑增加了学生的培养成本，在投入、住宿、奖学金、生活补贴等方面，给学校和导师带来更大的压力。同时，大量研究生延期毕业会对高校的就业率产生很大影响。更重要的是，这种风气还会助长个别研究生"混日子"和拖延行为，不利于研究生集中精力尽快完成学业。

如果追究研究生延期毕业的原因，我们会发现，虽然目前高校对于研究生的论文要求越来越高，一些学校甚至要求博士生文章必须达到一定的影响因子，从而大大提升了毕业门槛，但研究生自身表现欠佳，甚至达不到毕业水准，依然是导致其毕业延期的重要原因。

事实上，在博士生阶段，学生延期毕业的行为多缘于论文进展不顺，在这方面，导师和学生都有问题。而在笔者看来，如果一名博士生在4年内还拿不到学位，延期的意义也就不大了。

从这个角度上说，提高学生读研的风险，在国内高校实行研究生淘汰制势在必行。目前，一些国内高校取消8年未获得学位的研究生学位，这是值得提倡的。

而为了避免研究生遭到淘汰，导师应从入学起就负起责任，每个环节都要加强。博士生导师的资格也应该强化监督，对于个别对学生采取"放羊式"培养的导师，应该禁止其招收研究生，以免误人子弟。作为研究生，则要端正读研动机，加强个人能力；对自己是否适合读研应有自我评估，而不是盲目硬撑。

研究生是学习做人做事　　2018-09-05

研究生学什么？有人说学知识，有人说学技能，有人说是为未来打算。

这些似乎都有道理。但从毕业后就业情况来看，研究生选择的岗位与所学的专业不一定相关。

很多研究生毕业后的去向差别很大，除了少数读博外，大多数研究生工作与所学专业关系不大。有出国的，有在高校科研所的，有当中学老师的，有当公务员的，也有改行创业的，真是三百六十行，行行都有。

俗话说，"三百六十行，行行出状元"。一个人进入社会后要成为为社会做贡献的一分子，找到发挥自己才能的位置最重要。

说到底，读研只是为个人职业生涯奠定基础！

在社会立足做出成绩，就是体现个人价值。做事做人紧密相连。

做事指知识架构、能力和态度。作为一名研究生，学什么专业不重要，重要的是学会认认真真做好一件事。

做人与做事同样重要，做事的态度决定一切，是认真，是敷衍，与导师关系，与同学关系，与周围人关系影响人的一生。

但凡事业有成者，首先会做人，其次才是做事。

因此，考上研究生只是再深造的开始。学会做人做事，相信毕业后无论做什么工作都能做出成绩。

思维能力、动手能力、为人处世能力、心理素质缺一不可。刚入学的研究生要有自己的人生规划，学会做人做事，就是成功人生的起点。

拥有良好的阳光心态、坚忍的意志品质、顽强的抗压能力、主动的学习能力、积极的沟通能力，在研究生阶段得到全面提升，加上人生奋斗目标，必将成为有用人才。

研究生培养随想　2016-12-12

研究生的培养从入学抓起，接触专业、阅读文献、读书报告、开题、实验、论文、答辩，每个环节都需精心安排。导师的作用在于"导"，如同雕刻一般，细节之处见功夫，璞玉变成精品需要精雕细琢，研究生培养既不是放羊，也不是一味施压。

研究生是成年人，但在学术方面尚处于"幼"年。学术道德第一课必须讲，导师必须做表率。求真务实更重要，做一个诚实守信的人是做科研的基本要求。做学问若把追名逐利当成目标，各种学术不端行为就会发生。老师品行会影响学生一生。拔苗助长不是爱学生，是把学生当成赚文章的工具。

学生的情况各不相同，悟性有快慢差异，动手能力与理解能力、抗压能力也各不相同。帮学生选一个适合的题目很重要，组会和论文中期汇报有助于及时调整。论文进展遇到不顺很正常，但导师要了解学生的情况，及时沟通。

当导师累不假，导师只有认真对待学生，在学生遇到困难时排忧解难，提供指导性意见，因材施教，营造小环境是导师的责任。学生也要主动与导师沟通，但毕竟论文完成主体在学生。学生的主动性、自觉性、悟性和良好的心理素质是论文完成的关键。

学校不仅提供研究生学习和生活的基本条件，在制定政策时不要施压于导师和学生。创造宽松的学术氛围，引导师生专心科研是学校学院层面应该考虑的问题。

研究生的学习动力来自自我　2015-10-28

现在的研究生们想的与导师想的不一致：导师关注的是科研进展，期待学生在自己的课题领域做出成绩，有所建树；学生关注的是社交活动、毕业、就业等与切身利益相关的问题。只有少数想做科研的同学还能耐得住寂寞，在实验室做实验。这种环境不是导师能左右的，有时导师也很无奈。在短短的一年多时间里，怎样做才能既满足科研要求又调动学生积极性，是个两难问题，关键在于学生如何对待研究生生涯。学生们已经是成年人，不是导师强化管理或灌心灵鸡汤就能改变的。

需要导师在指导方法上与时俱进，也需要有研究生管理制度上的约束。但归根结底，研究生本人的志向和素质最重要。

好学生可遇不可求。研究生如何把握自己最重要。研究生应该是为研究而"生"，导师应该是为研究而"导"。如果师生各自的想法不能协调统一，不能同舟共济，导师再努力也是白费。

管理者不能一味地以SCI论文压导师和学生，把科学研究变成定时、定量的考核。把指标层层分解，强行摊派在每个导师和学生头上，这对导师和学生双方都是一种折磨。本来一种探索性的事情被指标搞得兴趣全无，科研热情荡然无存，都想逃离科研。把科研变成一种逐利工具，为了交差，弄虚作假的行为应运而生，这样的环境怎能培养师生的科研乐趣呢？

科研条件和科研环境固然重要，但决定因素是人而不是物。实干出成果，水到渠成。如果师生整天都掰着手指算计着文章，科研休矣。

研究生读书的意义　　2020-11-10

研究生除了读文献外，更应该系统地读几本本学科的原著，这对于一个研究生今后的科学生涯至关重要。

记得我对早年的研究生都有要求，必须认真读几本原著。课程中分给每位学生一个专题，在认真读书后讲解某个理论学说，这对于研究生夯实理论基础必不可少。现在的研究生，老师规定的必读书目基本不看，而是从网上搜索一些片段做个PPT（课件）就应付了事，对理论的理解只是停留在概念或浅表层面，缺乏系统性，认知依然停留在本科教材水平。

没有正确的理论指导，只注重技术培训和论文发表似乎成了现在研究生的培养模式。一些研究生甚至对所开课程不屑，马马虎虎，应付了事。我翻看十几年前的学生作业，与现在的学生作业相比，几乎没有任何长进，甚至退步，这不是好的兆头。

研究生是创新型人才，不站在巨人肩膀上，只是热衷于追踪"前沿"，赶时髦，即便出了文章，创新意义也不大。如此，论文数量增加了，但是创新的东西越来越少了。不打牢学科基础，一切都是海市蜃楼。

现在的年轻导师，很多都是靠文章上位的。自身的理论基础并不扎实。写文章的技巧、技术的掌握并不代表学识的厚度。对于学生不是让他们一入学就急于看文献、学技术、做实验，而是先从理论基础做起，磨刀不误砍柴工。科学研究应该是抓住一个科学问题展开，逐级深入，长期积累，方有可能做出原创性的工作，会讲一个故事远比发几篇文章更为重要。

研究生不是技术员，应该是有独立学术思想的人。不盲从，不随波逐流，不急功近利。忽视读书（原著）的结果会导致科研后劲不足，对实验设计和实验数据缺乏依据和分析，而基础不牢，科研就难有突破。

没有坚实的基础不可能攀科学高峰　2019-10-28

本学期给研究生上课，早就给学生布置了作业，包括专题题目、必读书目、文献等，并提供了书籍、文献以及专题要求，让学生提前做好准备。在上课前一周要求学生提交PPT，以便了解学生学习准备情况，便于课上开展讨论。

结果将近2个月过去了，本以为学生会认真读书思考的，只有2名学生提交了PPT，多数学生尚未准备好（可能还没有准备）。对于现在的研究生，感觉与往届学生相比，差距很大，学习态度和读书热情日益下降，学习的主动性和自觉性越来越低，似乎都愿意听老师讲，而不愿意自学。

研究生不同于本科生，理论基础要高于本科生，否则接下来的论文如何能够创新？从已交的两份PPT来看，内容基本上就是大学教材的那点东西，或者从网上下载的，并没有按要求认真读原著。对科学问题的认知仍停留在本科生水平，相当于复习而没有深入学习。研究生学习不应满足于以往的本科知识，而应该踏踏实实地读原著，对一些原理有更深入的理解。要肯花时间，要耐得住寂寞，要多学习。

现在的研究生与以往有很大差别，读研的目的也不单纯。他们对知识的渴求欲望似乎降低了。在论文实验中也仅仅热衷于学习方法技术，掌握操作，尽快出数据，发文章，争取早日达到毕业要求而已。对理论基础不重视，实用主义盛行。

研究生的现状与导师队伍的变化是一致的。研究生学习能力的问题不完全是研究生本身，而是导师现状与科研大环境使然。在"唯 SCI"导向下，出文章成了成败唯一标准。越来越忽视基础理论。

为此，我将我的课延迟一个月，再给学生一次机会。希望他们通过专题准备，在读书、思考、逻辑、演讲、综述等能力方面都有所提高。或许学生们认为我过于苛求，但不打牢基础就不可能攀科学高峰，也不可能有真正意义的创新。研究生应该懂得，研究生不是掌握某项技术，发几篇论文就是成功，理论基础对今后的发展更为重要。

研究生为什么不提问　2021-06-28

本科生是学习知识的，研究生是创造知识的。发现问题，提出问题，解决问题应该伴随研究生成长的全程。科研入门到成为具备独立科研能力的学者，需要不断质疑才会有所创新。

然而，现在的很多研究生似乎失去了提问题的本能。既无兴趣又无能力。为什么会这样？

1. 应试教育与"唯论文"

从小学到高中，一直到考大学，考研，都是应试教育。不是说应试教育一无是处，然而习惯于标准答案的长期训练导致好奇心和兴趣的磨灭。题海战术、权威刊物使学生不再有批判性思维，而是唯书本，唯权威，转而唯分数，唯论文。知其然不知其所以然，拿来主义比刨根问底容易。立题依据只是把某个理论（学说、观点）当作招牌，而不是深厚的基础。方法是现成的，按"实验指导书"重复去做就是。发文章不需创新，只要写作"规范"就行。

2. 读书不够

研究生虽然也开设一些专业课，但真正有效的不多。很多导师甚至不愿学生花时间看更多的书，而是关注学生是否早进实验室做实验、出数据。因此，技术训练强于理论学习，基础不牢，尤其是不读经典的原著，自然提不出问题。

3. 锻炼机会的缺失

研究生组会坚持好的对于研究生讨论氛围有一定帮助，很少或不开组会的研究生基本是自学自研。导师给个题目自己摸索，没有一个良性小环境也是导致学生不问问题的根源之一。有时请其他教授作报告,也不留有充分的讨论时间,或者老师们提问,学生没机会。久而久之,学生以为听报告就是带着耳朵当听众就够了。

4. 独立思考没了

读了文献只会追踪,提不出问题只会模仿,照本宣科,依葫芦画瓢,青出于蓝而难超越蓝,缺乏独立思考才是培养研究生最大的问题。

导师与研究生应该是合作伙伴关系。在讨论科学问题上是平等的。导师借助学生完成实验,学生从导师那里吸取学术思想,二者各有优势,各有不足。建立起一个小团队(上下届学生与导师),创设一个学术交流小环境,使得师生双方都受益,共同提高。

让学生成为科研的主人而不是科研的工具,科研可持续发展才会有好的氛围,基于问题的研究才会深入。

研究生毕业前发文章是个事吗?　　2015-05-13

硕士生毕业前要不要发文章?这个问题争论已久。赞成与反对的呼声旗鼓相当,各执一词。

赞成者多为有项目、有团队,成果颇丰的导师,不乏认真负责的导师,或新导师力图证明自己,把研究生论文作为标志性成果或是研究生培养全过程的重要一环。反对者情况则较为复杂。大牛不是不要文章,而是要高水平大文章,对小文章根本不关注;而不负责(疏于指导)或能力低下(缺少经费条件没发过 SCI 文章)的导师只是为自己找借口而已。不要求发文章吧,混文凭的增多。要求发文章吧,造假的增多。但多少能筛出几粒"金子"。

我认为一个关键的问题是个人诚信的缺失。导师是否负起责任,学生是否努力做科研本来是不需要讨论的话题,但现实似乎都成了问题。社会大环境给高校带来的负面影响使得文章成为制约师生的不二"法宝"。

靠个人诚信显然是保证不了研究生质量的。导师不但要敬业,还要有能力;学生不但要努力,还要有头脑。这两个方面的契合才能使研究生培养目标得以实现。否则,要么累死学生,要么累死导师,文章只是目标实现的"副产品"而已。

强行要求文章,只会在压力下鼓励造假。重赏之下必有勇夫,同样重压之下必有窃贼,如挂名文章,没有任何实质贡献随意挂名搭便车,甚至干脆把其他人的工作"汇总"到学生身上,使其成为第一作者;抄袭剽窃,弄虚作假,只会使学风更坏。

谁最在意或刻意追求文章?把文章当回事的人,把文章与个人利益挂钩者。

管理者!一个学校的研究生主管部门希望用研究生发好文章、多文章、快文章来对学校表明"真抓实干"的绩效。那叫不出文章就下台。

导师!因为部分导师有提职晋级、申报项目、奖励和业绩考评的压力与需求。甚至出现个别导师为了追求文章数量和质量,不惜压学生,让学生延期毕业的怪现象。那叫无利不起三分早。

学生!识时务者为"俊杰"。知道评奖学金与文章挂钩者,可将本科阶段实验整理成文章,一入学就投稿发表,在低年级同学中占得先机。那叫投机导向。还有规定必须有文章方能毕业时,学生才会感受到压力而发奋。那叫不用鞭子不奋蹄。

管理者、导师、学生们都在算计着文章与个人的利害关系……文章成了获得功利的工具。

真正做科研的师生们把精力集中在研究对象上,反而不那么关注文章,因为迟早会发表的(那都不是个事),那叫不用扬鞭自奋蹄。然而在现实中又有几位能做到如此平静呢?绝大多数硕士生的文章是在毕业后发表的,硕士生若真的能在毕业前发表文章实属佼佼者或幸运者。而现实一些成为投机者或造假者,是喜悦?是悲哀?文章质量是否应该比数量更重要?

与其在发不发文章上吵来吵去,不如做点扎扎实实的事,抓源头和出口。

1. 把好研究生入学关

控制规模,严格筛选,宁缺毋滥。此关不严,放入一些"混"子,是毕业时的"麻烦制造者"。

2. 把好导师资格认定关

无项目、无经费、无实验条件的老师不能做导师,指导过的研究生(3届以上)仍无文章发表者不能继续做导师,年轻老师可在团队学科带头人指导下先做副导师,待条件成熟后转为正式导师。此关不严,不合格导师岂能培养出合格学生?

3. 把好学生中期考核关

中期考核不过关,劝其退学,要坚决实行淘汰制,不要等到毕业时。此关不严,当断不断,必受其乱。

我认为做好这三件事，会大大提高研究生的培养质量，文章真的不是个事了。

且谈研究生科研"烂尾楼"   2014-01-06

研究生科研"烂尾楼"现象是一种普遍现象，指第三年毕业季研究生工作已全面铺开，有进展或接近尾声，但由于学生们忙于找工作而使论文质量无法保证或留"尾巴"的情况。对此，导师们也很无奈。

1. "烂尾楼"的产生原因及后果

博士生毕业要求必须有SCI论文发表，且课程少，学制灵活（可3—6年），因此很少出现"烂尾楼"。

硕士生通常学制三年，课程较多，很少延期。若不能按时完成论文，就会出现"烂尾楼"。

硕士生第一年课程学习占据了大部分时间，根据培养计划，要修满32学分，这其中有"雷打不动"的政治课、外语课，也有专业必修课和选修课。每周除去上课，还要参加组会、阅读文献、做读书报告等。第二年开始进入论文阶段（开题、讨论方案、开展实验、累计数据、分析整理）。第三年总结实验，撰写论文。因此，导师能安排学生论文的时间只有1—1.5年。第三年的上学期是出现科研"烂尾楼"的高发期。这个时期很多学生开始找工作，思想难以集中。许多招聘会都是在"十一"前后开始的，直到年末。一些学生在这期间离开实验室，导致实验中断，产生"烂尾楼"。

对于想做科研的学生，不必担心。"烂尾楼""易感"学生多为"混"文凭者（60分万岁、工作拖延、对科研不感兴趣等）。

"烂尾楼"的后果不言自明。谁都不希望半途而废，半截子工程谁都不愿意接手。烂尾楼是对资源的浪费，投入的"打水漂"及机遇的丧失。

2 "烂尾楼"解决之道

研究生是科研的主力军，我想多数导师们对此应该有共识。导师申请的课题要靠学生完成，导师的科研抱负要靠学生实现。没有学生，导师的项目无法完成，而学生通过参与导师的项目学习本领，完成学业。

导师都希望一入学就能"掌控"学生，希望学生尽早进入实验室接触研究课题，熟悉本领域情况。现行的研究生培养体系存在诸多问题。应从国家、学校、导师、研究生几方面做起。

（1）导师是研究生培养的核心。应给导师更多的自主权，不能一年级"想抓抓不着"，三年级"想管管不了"，只有二年级"管得着"，还得看碰上什么样的学生。

（2）强化研究生管理。论文是研究生完成学业的标志，规定论文达不到学位要求，即使找到工作也拿不到学位或延期毕业（因找工作耽误论文，责任自负）。

（3）国家应对单位招聘期限定在每年3—8月份，防止用人单位早下手抢人以"扰乱"军心。9—12月是"失控"期，即便学生想好好做实验，但看到别的同学都去找工作，怎能让他们"心无旁骛""淡定"做实验？

（4）学校课程可以精简，学分也可压缩。研究生与本科生的最大区别不是学习知识，而是创造知识。通才培养是本科生阶段的任务，研究生应该是培养某一领域的专才。专才的科研领域通常比较狭窄，理论课重点补充本专业的专业知识和最新文献。应加大读书报告的比例，通过具体的文献学习使学生尽快进入角色。有些公选课既然不能取消，可否采取灵活方式，甚至三年级选学也无大碍，这样"腾"出更多的时间做论文。对于完成论文来说，只需要掌握与研究直接相关的技术即可，没有必要开设过多的技术课。技术可通过老生带新生的"传帮带"完成，而不是靠课程。调整培养计划，将3年压缩为2.5年（导师自己心中把握），先紧后松留有余地。将论文框架提交时间提前至10—11月份。有了论文框架，导师可以把握进度（进展情况，还需补充什么，距离学位论文还差多少等），有针对性进行指导。第二年最为关键，也是导师发挥作用的最佳时间段。学生这时可以全身心投入，导师要把握好这一年。导师要鼓励学生在学期间出成果。鼓励研究生"小题大做"，具体完成一个"小故事"，而不是做"大课题""面面俱到"，这需要开题时师生双方的充分讨论。学生自己要做好个人计划，提高主动性和自觉性，养成"今日事今日毕"的好习惯。研究组的学术氛围和风气更重要。学生在什么样的氛围中就会有什么样的行为。在一个科研氛围浓厚，"比学赶帮超"的环境里，"懒人"也会被推着向前。而一盘散沙的环境里，想做科研的也会失去动力。

"清华大学不再要求博士生发表论文"看国内研究生培养　2019-04-23

日前，清华大学发布《攻读博士学位研究生培养工作规定》（以下简称

《规定》），《规定》不再以学术论文作为评价博士生学术水平唯一依据，并且不再将博士在学期间发表论文达到基本要求作为学位申请的硬性指标。"清华大学不再要求博士生发表论文"如同震撼弹一般，但我认为大可不必过度解读。

博士生是高端人才，从理论基础到创新能力都有高标准、高要求，这与博士称号应该是相符的。作为一名自然科学领域的博士，若没有发过一篇有影响力的文章（滞后发表例外），实在无法证明你的学位含金量，当然毕业论文的评价更重要。

从科学发展史来看，西方发达国家无疑处于领先地位。改革开放后，大批留学生出国深造，部分归国者成为中国科技的翘楚。SCI引入中国不过二三十年，但国人SCI数量很快由赶超到实现跨越，这些发展有目共睹。但问题是，中国科学在世界上的位置究竟如何？有多少是领先水平的？数量与质量不是一回事。尽管量变可以转化为质变，但仍有漫长的路要走。

国外一流大学，哪个要求博士生以发表论文作为学位的要求？不要求发表论文并不等于不要论文，也不等于不要高水平论文，这应该是更高的要求！实际上国外博士生鲜有没文章而获得学位的，少数技术创新者除外。更注重的是科学问题本身，而不是发几篇，发什么期刊或因子多少？

之所以国内要求博士生发表论文，甚至硕士生毕业也要发表论文，并与奖学金、毕业、学位挂钩，其根本在于国人"争第一"的思维。唯"四唯"、学术不端、科学伦理等之所以成为热议的话题，说明目前尚无办一流大学、培养合格博士生的有效策略。

试想，若完全取消发表论文，那又凭什么去评价人才呢？有什么更好的评价体系吗？如何避免人际关系左右科学评价？质量考核无可行标准，只有唯SCI说话了。

有压力才有动力，反映的是若没有压力就没有动力。这恰恰是做科研的初衷出了问题，难道科学是因为压力产生的？

学位比科学重要，学校排名比潜心学问重要，今天比明天重要导致的急功近利，考核评价的数字化取代质量化带来的现实才是问题的关键所在。

因此，博士生毕业前发不发论文不是实质问题，而如何评价博士生水平才是问题关键！导师、评审论文者和答辩委员会成员才是真正的把关者，而不是交由期刊因子来评判！

期刊、因子评判也是一种不自信，以因子论人才也是一种不自信，是缺乏判断力的表现。

取消硕士生发论文规定是回归学术初心　2021-03-30

近日，围绕是否将发表学术论文作为硕士生能否毕业的前置条件而展开的讨论如火如荼，不同观点激烈碰撞，火花四溅。

不可否认，在当前的学术环境中，论文的数量和质量，尤其是SCI论文的发表量是评判学者学术水平的重要标准。但是，一些年轻学者或许并不清楚，这方面的实践时间其实并不长。事实上，直到20世纪80年代末，SCI考评机制才被南京大学率先引入。至于SCI刊物发文数量逐渐增多，各高校相继出台SCI论文奖励政策，则是更靠后的事情。

这就牵扯出一个问题——在硕士生毕业前不要求发表论文的那个年代，高校对研究生科研能力的培养是否受到了影响？对此，或许可以从我的亲身经历中找到答案。

1985年，我在职攻读硕士研究生，其间没有发表过任何文章，但读研的过程使我的科研能力获得了很大提升，并为我后来的发展奠定了基石。1988年毕业后，我在国内发表了自己的首篇学术论文。我的第一篇SCI论文也于1990年在国外学术期刊上发表，正可谓厚积薄发，磨刀不误砍柴工，这些都离不开我在求学期间打下的坚实基础。

当前，高校中的中青年科研人员，几乎都是在"四唯"环境下成长起来的。在他们中的很多人看来，"以文章论英雄"似乎天经地义。因此，对高影响因子文章的热情与追求就成了顺理成章的事。加之浮躁的学风、急功近利的导向，使得不少人迷失了方向，忘记了科研的初心到底是什么。

依据《中华人民共和国学位条例》，培养研究生是使其在本门学科上掌握扎实的基础理论和系统的专门知识，具有从事科学研究工作或独立担负专门技术工作的能力（硕士）；在本门学科上掌握扎实宽广的基础理论和系统深入的专门知识，具有独立从事科学研究工作的能力，在科学或专门技术上做出创造性的成果（博士）：这是国家对研究生质量的总体要求。条例强调培养过程和塑造过程，不能简单理解为发了文章就可以拿学位。现在国内很多高校的导师几乎没有仔细研读条例，这实属不应该。

无论在什么时代，导向都会起到风向标、指挥棒的作用。如今，很多问题出现的根本原因，恰恰是我们在导向层面忘记了"初心"。短视和急功近利的行为不利于科研的长久可持续发展。在做什么样的科研、培养什么样的人、为谁培养人等问题上，如果不能达成共识，那么争论细节就会变得毫无意义。

研究生导师制的转变势在必行　2021-10-02

研究生与本科生不同。本科生是学习继承前人的知识，为走向社会打牢基础。研究生是创造知识，更多的时间用于独立科研。研究生在导师指导下完成学位论文，国内外皆如此。长期以来，研究生与导师的关系更像是师徒关系，沿袭的是一对一机制。一对一的好处在于，导师对学生的个别指导落到实处。相处好了，师生可以成为忘年交。

随着时代发展，由统一考试招生到保送、推免、申请—考核制招生，带来一系列的新问题，师徒制也开始暴露出弊端。因关乎个人利益，导师间为了招生名额争得不可开交；个别导师因招生人数过多指导不到位，"放羊式"培养，而一些年轻导师拿到项目却苦于招不到学生；师生相处不和谐，中途换导师成为难题；师生冲突，他人无法介入调和；师生矛盾激化导致学生不能毕业等。师生双向选择的自主权加大了，相互关系也由此改变，如招生时双向选择确定的导师，学生入学前后可以放导师的鸽子，造成导师利益受损。期中考核淘汰走过场，延期导致毕业前师生矛盾集中爆发。在矛盾不可调和的情形下，要么导师"开除"学生，要么学生肄业走人，没有转圜退出机制。

师徒制又会导致导师间各自单干，只顾自己的"一亩三分地"，搞小圈子，缺乏大视野和集中力量攻关、解决重大科学问题的格局。"内卷"① 成为必然，不利于学科整合，影响科研做大做强及可持续发展。

师徒一对一的机制已不适应新时代的研究生培养需求，需要进行改革。有利于培养人才应该是制度改革的唯一出发点，实行学科导师组制可以尝试解决这一问题。

科学研究是一项艰苦细致的探索性创新活动，也是一项高智商的工作。需要具有共同兴趣、理想、志同道合的一群人来完成。研究生与导师是命运共同体，为了彼此的利益应该相互合作。

现在的科研与以往不同，培养模式也应与时俱进。学科变得更广泛了，信息爆炸性呈现，新技术、新方法层出不穷，一个人的聪明才智远远不能适应科学的发展。在科学发展的今天，学科内部的整合显得愈发重要。单打独

---

① 内卷：网络流行语，很多高等学校学生用其来指代非理性内部竞争或"被自愿"竞争。

斗式的科研已经过时，合作共赢的时代已经到来。导师之间应该更好地相互学习交流，这有利于年轻导师的快速成长。一些学校博士生指导小组和硕士生指导小组的做法值得被提倡。

现在的师生关系早已不是传统的"一日为师，终身为父"了。因此，师生之间的角色应重新审视。将一对一的师徒制改为导师组制有利于社会进步，科学发展。导师能力和资源有限，指导研究生需要实验室和大型设备，小农封闭式的自给自足科研意识已经过时。大成果需要团队，需要合作配合。学科交叉，方法通用，申报项目、奖项需要开放式合作才能完成。师傅带徒弟的研究生培养模式应该由一对一变为一对多、多对一和多对多。这样更有利于学科整合，发挥团队力量，减少不必要的矛盾和内耗，提升人才培养质量。尤其是在研究生阶段性考核时，导师组的作用就显得十分重要。与其遇到问题时让导师一个人头疼，不如来个学科组"会诊"，利用团队互补优势将问题消灭在萌芽状态。

入学时可以按方向招生，暂不确定导师。待学生与导师组接触熟悉后再确定导师，给师生双方一个彼此了解，相互磨合的机会，这样再确定导师时就容易相处，不会出现重大矛盾了。导师组联合指导也可以发挥学科优势，学生受益更多。毕竟不同的导师思维方式，研究问题的思路及个人经历、特长有所不同。

实行学科导师组制成功与否的关键在于导师之间能否合作顺畅、关系和谐，最重要的还是能否实现人的整合。学科带头人能否为了学科发展是否做到凝聚人心，出以公心，公平公正对待组内每位导师，正确处理好工作和利益分配关系。现行的考核体制似乎与此相悖，更多鼓励的是个人主义而非集体主义。若导师间不能和谐相处，导师组制也会形同虚设。

相应的量化考核政策需要协调配套，正确的导向才能保证导师组制的实施。应摒弃个人英雄主义，提倡合作共赢。明确导师与组的关系和各自责任与权利，如文章第一作者与合作者的贡献认定涉及导师间利益分配；硕士生毕业前的小论文发表涉及导师项目验收；组内研究生生活补助标准可否统一；组会制促成团队形成的措施等。理想化的导师组制应该是，整合学科，凝练方向；目标一致，分工协作；人尽其才，和谐相处；命运相关，荣辱与共。导师组不但具有良好的学术氛围，而且应是具有人文关怀气息的团队。

导师组制并非完全废除导师制。导师组在学科方向、研究生招生、开题、中期考核、毕业论文质量把关等重要环节上发挥作用，而不是弱化导师的指导权。最终是将学科导师与集体的优势最大化，让导师和学生在学科组的环境下更好成长。

由于校情差异，985、211大学实行导师组制可行性更大，在一般地方高校可能不大行得通。另外文理科特点也有所不同，尤其是那种更多依赖个人天分的学科（艺术、美术、文学、数学、哲学），在改革时不能盲目搞一刀切。

学术规范是研究生的第一课　2016-01-25

学术违规案例近年来层出不穷，有科研管理体制问题，也有个人素质诚信问题，但导师同样负有不可推卸的责任。

研究生是高层次人才，首要任务是做科研。一些单位对研究生毕业要求必须有论文发表，写论文是每个研究生入学后都要面临的问题。学术规范应该是导师给学生开设的第一课，如同医生誓言一样庄严神圣。建议把论文答辩时的"诚信宣言"放在入学第一课，这才更有意义。科学讲求实事求是，诚信是做科学的前提。

写文章流行一句话：天下文章一大抄。若这成为写文章的"指南"，可想而知是什么局面了。不少研究生从入学科研综述起，就没有受到任何规范性的指导。一些导师以工作忙为借口，疏于对研究生学术规范的指导（不规范的导师除外）。对于学生提交的综述不看不问，胡乱给个成绩就算了事。于是，一些学生也不把综述当回事，期末临时应付。在学生看来，写论文不过如此。到了毕业前写文章时若仍以此态度对待论文，抄袭事件自然就发生了。如果导师从入学抓起，恐怕这类事情很少发生。

什么是抄袭？简单说文中出现一模一样的文字就是抄袭。最恶劣的莫过于全文抄袭。也有部分抄袭甚至隐晦抄袭的。有些学生从网上拷贝文章，拿来主义，直接粘贴；或者从几篇文章"断章取义"，拼盘而成；为了掩人耳目，还故意不列抄袭文献。殊不知，要想人不知，除非己莫为。现在的查重系统越来越普遍，只要任意把一段话搜索一下就可以找到抄袭之处。鉴别抄袭并不困难。只要网上有的，你能找到，我也同样。

有人把抄袭与引用混为一谈。抄袭一定是主观故意，而注明出处的引用则是为自己的观点作证，二者间有本质的区别。

抄袭的坏处就是让人偷懒，投机取巧，把抄袭的"成功"当作人生榜样会教坏一代人!

英雄可以不问出处,但文章一定要问出处(文章的内容、作者及贡献)。

写文章是一个训练过程,从模仿开始到熟悉写作,需要导师的指导。有些导师觉得给学生改文章还不如自己写,于是越俎代庖,亲自执笔。这样做使学生失去锻炼机会,以后只会出数据而不会写文章。"笔拙"也可能导致更多的抄袭,写文章也是科研的基本功之一。

第二节 师生关系

平等尊重的新型师生关系　2014-05-19

师生关系,剪不断理还乱。中华民族历来有尊师重教的传统。孔夫子被奉为圣人,单独为教师设节可见一斑,但这或许只是表面现象。师道尊严延续了几千年,在今天的中国,或许有了新的含义。现在的老师地位如何?在学生心目中的形象如何?现在的学生与过去的学生相比,又有哪些变化?

应试教育对师生的影响深远,甚至彻底颠覆了师生关系。老师不再把教师当成神圣的职业,学生也不把老师看成启蒙者和人生导师。经济社会不能不讲经济,我花钱买你的知识,你就得为我服务。我既然为你服务,就不能讲什么奉献。

导师和学生的关系日渐疏远,矛盾冲突日渐频繁,我们的教育到底出了什么问题?

在亚洲,同属东方文明,甚至文化一脉相承。但日本和韩国的师生关系与中国的师生关系有强烈的对比,我们很多传统的东西在中国失传,却在邻国"发扬光大"。

在高校,学生与导师的冲突时有所闻。双方的不信任是何时产生的?

"一日为师,终身为父"的情形不再,在市场经济蓬勃发展的今天,老师和学生变成老板与打工仔,变成利益的角逐者。"理想很丰满,现实很骨感"使现在的老师变得庸俗,使学生早熟了很多。天真纯情被势利成熟取代,热血和理想被冷血和现实取代,淡泊明志、宁静致远被追逐名利、急功近利取代。当教育变为功利的时候,所有高尚将不复存在。

每个时代的人都会打上时代的烙印。过去的就过去了，不可能退回到怀念的年代。既然师生关系不可能是父子关系、师徒关系、上下级关系（有尊重，但不平等），那么，师生关系应该是平等的、相互尊重的，这或许是师生关系的基本要求。说到底，师生关系是一种特殊的人际关系。

诚信，互相信任是平等尊重的前提。净化心灵做好自己才可能回归正道，不能让"天下熙熙皆为利来，天下攘攘皆为利往"成为人生信条。"君子喻于义，小人喻于利""君子之交淡如水"，做君子，别做小人。老师多奉献，学生知感恩。

导师和学生，永远的主题　2019-08-04

导师和学生是一对挚友还是一对冤家？这个话题从古至今一直为人们所津津乐道。

成为挚友，是缘分，更是机遇。一个好的导师，不仅教你知识和能力，还教你做人，更是你一生的楷模。成为挚友的师生情谊是人生的宝贵财富，师生情谊永远值得回味。

成为冤家则实属人生不幸，这既有导师的责任，又有学生的问题。根据不同情况，一言难尽。

作为导师，不仅要有较高的学问，更要有好的人品。教会学生做科研只是一方面，而做一个什么样的人更重要。

师生一场本是一种缘分，如何相处是一门艺术。看师生关系如何，只要看毕业后与你的联系如何便可略知一二。

我当年的研究生导师对学生像对自己的孩子一样，在科研、生活各个方面给予我无尽的关爱。既严格要求，又循循善诱。从一入实验室开始，就从一点一滴的小事严格要求。记得当年每天第一件事就是实验室卫生，实验物品摆放整齐有序，实验后必须清理干净，否则不允许做实验。这对于生理学研究生养成良好的规范至关重要。刚开始做实验时，手把手地教，亲自示范。对实验数据要有完整的记录，对现象要认真观察，不放过任何细节。对论文字斟句酌，引述文献准确无误，这对于从事科学研究极为重要。我的导师从不催发论文，只要求你认真做实验，实事求是。做好实验，论文发表只是副产品。科研的本质是探索，而不是为了发论文。这对我一生有重要的影响。做科学，必须先学会做人，不能有任何投机取巧，追名逐利。

随着年龄的增长，我也从一个懵懂学生变成了导师，开始带自己的学生。我和我的学生当时就像兄弟（子女）一样，至今保持密切的联系。我建立一个微信群，和所有的学生保持联系。他们毕业后每取得进步，我都为之骄傲。学生们毕业这么多年，一有机会就回来看我，使我感到很欣慰。学生永远是老师的骄傲！当然，也遇到极个别的学生，毕业后就不再有任何联系。

作为学生，读研是自己人生的选择。每个学生有自己的个性，这很正常。导师要经常和学生沟通，而不是高高在上。导师不能为了自己的利益强迫学生做一些不愿意做的事情。师生关系不是老板和员工的关系，更不能把学生当作个人的附庸（出文章的工具，干私活的伙计，报账的跑路人）。导师永远不应与学生争利益，当学生遇到困难时，要学会倾听和疏导，而不是给他们施加压力，给学生创造一个温馨和谐的环境是导师的责任。

总之，师生关系是重要的人际关系。相处得好，对双方都有益处；相处得不好，则是一场悲剧。从导师的角度，毕竟是长者，言传身教，有更多责任和义务。对学生而言，要学会自律、尊重和感恩。不论时代如何变化，导师和学生都要做好自己的本分。

师生关系的真谛　2017-09-10

每年教师节，师生关系就成了热门话题。不谈社会对老师的评价如何，单就师生关系来说，本来就是人际关系的一种。

人际关系依据人与人之间年龄、经历、价值观、利益关系而有所不同，师生关系的好与不好也在于此。

师生关系包含一种特殊的成分，即传授与教育。老师的学识与人品是赢得学生爱戴的关键因素，不能说老师付出就一定要求学生回报，也不能要求每一个学生都对老师有好印象，念念不忘。

顺其自然，相处几年，能达到互相欣赏的有之，毕业后成为陌生人的更是大有人在，至于成为仇人的则并不是双方的选择。

师生各自扮演的角色应该是相互尊重和理解，只有相互尊重和理解，才会惺惺相惜，互相欣赏，友谊长存。奉献不求索取回报，是当老师应有的心态。学会和谐相处，自然会有好的师生关系。学生问候看望老师是学生发自内心的自然流露，而不是道德的约束。

做学问要求真，师生关系也要求真，排除任何利益因素，回归人际关系的本来。懂得感恩是为人的重要品质，取决于个人修养。收不到学生祝福的老师与从不记得老师的学生永远体会不到师生关系的真谛。

一句深情的祝福，一张小小的贺卡足以让老师感到欣慰，也祝福我的学生们生活幸福。

谈师生互动　2018-01-28

师生互动可能是很多老师和学生面对的问题，而老师的感触更深。

好的师生关系是一起讨论学习、课题、论文，稍带情感交流，但现实是师生缺乏真正意义的互动。

本科上大课，老师讲完就走，课间、课后与老师讨论的很少，小班讨论课互动还好些，而研究生与导师互动在课程阶段也是如此。据我观察，研究生主动与导师联系只是在入学选导师和毕业前提交论文两个时间节点。一是要入学，二是要毕业。平时除了申领药品、实验材料之外，基本很少找老师。导师从交作业、读书报告、开题、实验进展、论文整理几乎是主动在"催"学生。平日学生不主动，一是不紧迫，二是没进展怕老师说，三是混。否则为什么不主动互动？敬业的导师主动找学生是对学生负责，一学期不见学生的导师不配做导师。

师生的目的性，需求不同是互动的动因。只有一方需求另一方时，主动才会发生。反之，则不着急，等待对方主动。

如果师生双方都为了一个目标的实现而努力时，相向而行，互动才有可能。而这种情形出现概率太小了，好学生可遇不可求才成为奢望。

教学科研对于师生不是为了完成任务，也不是获得什么利益。若只考虑利益需求，互动只能是互相利用。师生间应相互尊重，相互信任，才能互动。

正常的师生互动是和谐的保证，也是科研的保证。

师傅领进门，修行在个人　2015-06-14

古有拜师学艺，今有寻师考研，师生相遇是缘分。有句古话说得好："师傅领进门，修行在个人"。研究生与导师的关系亦如此，没有过时。

（1）研究生与导师的关系是一种特殊的人际关系。研究生与导师接触的机会和频率远远高于本科生。老师与本科生通常只有一学期一门课的接触时间，是一对多，甚至上完课都不可能认全本科生。而研究生和导师类似师徒关系，一对一（对学生而言），每周甚至每天都要与导师接触。据此，正常师生关系不应太冷淡，应比本科生关系更近。当然接触多了，双方彼此了解也多，优缺点都会显露。

（2）研究生是成年人，有自己的行为准则。尤其是现在的独生子女，独立性很强，不可能对导师什么都"言听计从"，往往是"洗耳恭听"，之后怎么做是另外一回事。因此，导师千万不可抱有"你是我的学生，必须听我的"，还加上一句，"我让你做的是为了你好"，你不听就"打压"制裁。此时，研究生处于劣势，若心理承受力差，很容易出问题。导师不能"强加于人"，学生也不可"阳奉阴违"。研究生要自立自强，不能过分依赖导师，要有主动性和自觉性。

（3）导师的指导作用不可否认。爱岗敬业是导师的职业操守，"师傅领进门"不是招进来就不管了，更不是导师疏于指导，"放羊式"培养，是不负责任的推辞和理由。学生以学为主，对导师要求的作业必须完成，不能随意拖延，要主动与导师沟通。"修行在个人"很大程度是要求学生主动，搞清楚是你拿学位还是导师拿学位。

（4）内因起决定作用，外因仅是条件。学生读研动机和动力是决定成败的内因，导师接受和提供条件仅仅是外因。外因必须通过内因而起作用。所以，学生不应因不能按期毕业而指责导师（前提：导师无过错）；导师不必为学生不能如期毕业而自责，尽职尽责对得起良心足矣。

（5）孔子弟子三千，只有贤人七十二，说明成才率不可能百分之百，再好的导师培养出的学生不可能个个优秀。而好学生往往对于导师来说是上帝的恩赐，可遇不可求，这是对"修行在个人"的最好诠释。

（6）师生关系既然类似师徒，还是应该有角色分工的。导师的作用是"引导"而不是压迫，学生的角色是"求问"而不是索取。导师任何时候代替不了学生，学生不可能脱离导师而成功。导师对学生认真负责，学生对导师尊重平等，双方相向而行，同心协力，教学相长。学生超越导师才能推动科学进步，此乃青出于蓝而胜于蓝也。

（7）严师出高徒。前提是师生和谐共处，相互信任。导师水平高，点拨到位；学生有天分，悟性极高。严师往往有高追求，投入热情高，对学生期望值也高；高徒必须有当科学家的大志，还要有足够的耐力和过硬的心理素质。严师与高徒不是一般的师生能够达到的，现实中导师的"严"并非为所有学生认同，过于"严"往往是师生矛盾激化的催化剂。

（8）因材施教。不同学生特点不同，要看导师如何导。孺子可教，笨鸟先飞，响鼓也用重锤敲。若学生真的觉得导师不配做你的师傅或者对导师的研究方向不感兴趣的话，还是早一点退出为好，"鸟择良木而栖"，没必要"死磕"导师，两败俱伤。

师生关系也可比喻为导演与演员的关系。导演赋予你角色和舞台，告诉你应该怎么演，但演员的领悟和表演才华才是最终戏剧成功的关键。

师生关系的演变　2021-08-08

师生关系，随着时代不同，各自的角色也不同，很自然发生着深刻的转变。从过来人的角度看，谈点个人想法。

我当年读研时，处于改革开放之初，那时导师基本都是各高校教授中的佼佼者，无论是学识还是人品，在学生心目中的地位可以说是权威。对导师除了尊重，还有一种形同父子的情结，"一日为师，终身为父"的理念是我们那代人的价值观。对导师的依赖，听老师的话，按导师的要求去做错不了。

后来我当了导师，与学生保持着亦师亦友的关系。导师关心学生，学生对导师也是完全的信任。导师对学生的要求能够被贯彻落实，大家都为一个科研目标而努力，相处融洽，与学生形成命运共同体。

2000年后，人们的思想观念发生了变化，加之以论文为导向的政策，使得师生都为论文而拼搏。浮躁、急功近利的风气日渐上风。师生因实验进展，发表论文开始出现不和谐。

2010年后，师生年龄差达到代沟水平，学生对导师也不同以往看待，在其心目中失去了光环。有些学生对导师不尊重，有些导师把学生当工具，师生矛盾日益显现。随着新一代导师的更换，学生自我意识增强，个性化越来越明显，师生价值观开始发生冲突。一些老导师开始感到现在的学生不听话，越来越不好带了；一些新导师缺乏经验，给学生的压力大，而学生对导师的抱怨也开始增多。导师对学生的期待值越来越高（聪明、手巧、悟性、能力），学生对导师的期待值也越来越高（指导有方、建议有效、写作帮手、生活关怀）。

2015年后，师生关系出现极端的情况越来越多。随着考核制的强化，年轻导师提职晋级的压力越来越大；而扩招导致生源质量下滑，研究生毕业要求水涨船高。急功近利的导师与混文凭的学生形成巨大反差。学生想尽快达到要求获得学位，导师想利用学生多出成果。多元化价值观和个性化利益诉求南辕北辙，师生眼中对方的形象与内心的期待渐行渐远，这是师生关系紧张的根本原因。

学生对待导师从仰视—平视—俯视，导师对待学生从指导—讨论—争执，是师生关系转变的分水岭。

导师做好自己的本分，学生做好自己的本分。不忘科学初心，心往一处想，劲往一处使，相互尊重，我想师生关系本应该是和谐的。

谈教学相长　2020-05-28

《礼记·学记》："是故学然后知不足，教然后知困。知不足然后能自反也，知困然后能自强也。故曰教学相长也。"意思是教和学两个方面互相影响和促进，使双方都得到提高。

作为导师，与研究生相处的最大收获莫过于教学相长。遇到一些有独立见解、钻研刻苦的学生是老师的荣幸。作为导师，不能什么都尽在掌控之中。如果学生的论文都是由你把控，只能说明学生不如你；反之，如果学生写的东西，你感受到了挑战，或需要查阅文献去弥补自己的不足，这就是一个教学相长的过程。承认自己存在不足是提高，也是重新学习的开始。老师不可能什么都知晓，尤其是在一些新的学说和观点面前，与学生并肩合作探讨问题，也是学习提高的过程。向学生学习并不屈尊，传授与学习是相互促进的，尤其是研究生，对自己的课题往往有时比导师了解得更多。倾听学生的诉说或看学生的文字，也是一个接受新事物的过程。在相互交流中，师生都得到了提升。"谈笑有鸿儒，往来无白丁。"与有思想的学生沟通实在是一大乐事。未来是年轻人的，向学生学习也是一种时尚。学生的成长进步是老师的期盼，而超越导师的学生才是国家的希望。

"老板"的称呼让师生关系变了味　2013-09-02

华南地区受历史文化因素的影响，习惯称呼客户为"老板"。但这一称呼泛化到各个领域、各个阶层，甚至卖菜的菜贩也称买主为"老板"。

师生，原本是指老师和学生。不知从什么时候开始，研究生也称导师为"老板"。或许因为有的导师给学生发生活补贴，难道仅仅几个钱就会带来称呼的改变吗？还是某些导师的行为导致学生眼中的导师变成了老板？这其中有令人深思的地方。

导师是教授者,学生是学习者。师生关系比做师徒也许更恰当。"老师""老板",一字之差,折射出的是学生心目中老师的形象。最好的师生关系是"一日为师,终身为父",若老师有几个这样的学生,会感到骄傲和自豪的;反之,学生毕业"如释重负""老死不相往来",这说明老师只配做老板。

不知学生称呼老师为老板时,老师做何感想?是欣然接受,或是默认,抑或是反感?

学生称老师为老板,是出于感受,或是戏谑,抑或是畏惧?在称呼老板的同时,是否把自己置于打工仔的地位?

学校不是职场,老板的称呼似乎意味着学生视老师如同求职面对的老板,可以"炒"(开除,解除)或"被炒"。

老板的称呼改变了传统意义上的师生关系,变为赤裸裸的金钱雇佣关系。老板对应的是打工仔,是一种雇佣关系,"你给我钱,我为你打工,你不给钱,就是剥削我"。

研究生的主要任务是学习,是接受训练,而不是挣钱。若想挣钱,别读研究生,况且一旦认定师生关系是老板与雇员关系,那么研究生就会对导师分配的任务有选择权,可干可不干或讲条件。

导师和学生关系是一种双向选择关系。师生关系的确立是建立在相互信任的基础之上的,离开了这一基础,师生关系就变了味。

还是回归师生称呼的本来面目。学生叫一声老师,远比叫老板来的亲切、实在。

从研究生论文致谢窥师生关系现状　　2015-05-24

研究生毕业论文最后有一个致谢。最近几年不知什么原因,致谢抄袭蔚然成风,甚至出现一个导师被多个学生致谢雷同的情况,这样的致谢让导师情何以堪?无语。

致谢本应该是学生发自内心地对导师辛勤指导的感谢。过去看过一些好的致谢,真的让人感动。如若不是,让老师看了心里添堵,就失去了致谢的必要。

随便翻开论文致谢页,满目套话。要么是高大上的吹捧,什么"高尚人品、高瞻远瞩、高屋建瓴、大师风范、上善若水";要么言不由衷的奉承,什么"学识渊博、精辟见解、指点迷津、茅塞顿开、春风化雨",这让导师们如何消受得起?还不如干脆点:"感谢某某导师对我的指导"完事,反正没什么话可说,又不得不谢,走个形式而已。

刚结束的答辩会上有老师问学生,"三年的研究生时光你对导师印象最深的一件事是什么?"第一个学生蒙住一般,用论文中的书面语言重复表达,引起哄堂大笑,而后面学生几乎没有人能做出满意的回答。于是导师说:"别难为学生了,不想谢就算了"。还有的导师干脆说:"我从来不看论文致谢"。以往毕业答辩通过后的师生喜悦庆祝场面再难以见到,平淡得如同交作业一般,师生关系之淡由此可见一斑。

现在的学生真的不是很单纯,他们的想法更实际,对导师的付出很快便忘却了(对父母或许也一样)。好也罢,不好也罢,都随风而逝。也许社会的快节奏使得学生在这一刻来不及停留驻足回味,也许没有什么值得留恋的东西,正如读研时光飞逝一般,新生活在向他们招手,而研究生阶段也许只是他们的人生中的驿站而已。

作为导师,默默祝福学生毕业的同时,内心涌起别样滋味……

有效交流的前提　2020-07-04

开题讨论、论文答辩、组会等是研究生经历中最常见的交流活动,有意义的交流对于研究生的成长必不可少。

研究生与导师的联系应该最为密切,类似于师徒关系。除导师外,就是指导组了。指导组一般由学科同行组成。但各学科导师人数的不均衡,造成不同导师组的效率不同。人数多且有梯队的学科组相对好些,而单打独斗的导师面临更多的是单兵作战。

俗话说,三个臭皮匠,顶个诸葛亮。但现实中开题、答辩时的导师与学生并非都是有效交流,更多是走过场,交流过后师生双方似乎都不满意。比如开题,将某一学科的导师和研究生安排在一起,每个学生 10 分钟汇报,然后是导师们评议(主要是来自其他导师的意见)。听取不同意见的出发点是好的,但实际效果不佳。

(1)事先师生(学生与导师、非导师)间没有交集。只凭现场 PPT 报告,很难了解学生的全部思想,因而问题多为即兴式的质疑(没听明白),这样的讨论完全是双方不知情的随机对话,搞得大家精疲力尽,效果可想而知。

建议事先将纸质版文件发给老师们。

（2）另外每个导师的准备不同。不可否认，导师间存在个体差异，水平、态度、能力决定提问题的深度。不痛不痒的问题、脱离实际的问题、装腔作势的问题对学生没有任何实质帮助，想从其他老师那里听到有意义的评论实在难。不打无准备之仗，方能保证讨论效果。

（3）交流的目的是相互学习。通过报告会，可以知己知彼，看到彼此的差距。但如果差距过大，交流也就失去了意义。对手间应该是水平、能力差不多的，抱着学习的态度而来，如同棋手博弈分级一样，只有相同级别的对手交流才会彼此受益，否则是鸡同鸭讲。

与懂你的人说话是有效社交的前提，研究生交流亦是如此。

杂谈导师与研究生　　2019-01-26

导师与研究生真是个剪不断、理还乱的话题，根据个人经历闲聊几句。

（1）有大学，有学位点，就有导师，有导师就要招学生。学生考取研究生，就要选导师，双向选择是导师与研究生结缘的开始。

（2）研究生与导师都是成年人（请注意是成年人之间的关系），因此不是未成年人与成年人之间的关系，不存在强弱之分。既然是成年人，就意味着心智已经成熟、价值观、世界观已经形成。成年人必须对自己的言行负责，有责任和担当，必须在法律框架下行事。师生间身份、性别、年龄、地位不对等，但人格是平等的，需要相互尊重。导师不是保姆，也不是老板；学生不是小孩子，更不是打工仔。严格来说，师生更贴近同事。

（3）导师一方有更大的主导权。导师负责录取、上课、选题、实验条件、论文修改发表、答辩、推荐等，但不负责学生的生活。导师的作用主要体现在学术指导方面。学生一方当然也不是被动来接受教育的。学生是自愿来求学，学本领长知识的。从学习理论、掌握技术、实验过程，到写作论文都是学生的"本分"，应该自觉与主动地去参与，去投入。"师傅领进门，修行在个人"。成年人若还不清楚自己应该干嘛，那才是悲哀。

（4）研究生阶段，导师的主要作用是导，而不是教；学生的角色不是学，而是悟。只要导师认真负责，基本上算是合格的。导师不懈怠，学生不懒惰。为了科学，双方心往一处想，劲往一处使，就能保持正常的师生关系。都以学术为目的，师生关系不会太差，而一方或双方以功利为目的，师生必然起冲突。师生各司其职，其乐融融；师生一方不到位，有可能出问题；导师不导，学生不悟，才是最糟糕的。

（5）好学生可遇不可求，不可能每个学生都优秀，是金子总会发光。璞玉需要雕琢。导师不是神，人无完人，学生对导师要求不能过高。导师好与不好，学生好与不好，因人而异，很难说。严厉、和蔼、严肃、温和、开朗、寡言、内向、外向，这些属于性格。承担项目、发文章、学界影响力等属于做学问的范畴，而最重要的是人品。何谓人品？大家都明白。优点、缺点不可能集中在一个人身上，师生之间相处得如何在于磨合，不同导师、不同学生间相互评价标准也不一致。是性格、学问、人品，还是其他？

（6）师生一场本身就是一种缘分。师生关系属于两人关系，每一对都会不同。相处三年，必然有感情成分在内。双方各自感受可能是一样的，也可能是不一样的。毕业后形同父子的关系，亦师亦友的关系，同行合作的关系，形同陌路的关系，相互仇视的关系都有可能。世上没有无缘无故的爱，也没有无缘无故的恨。大千世界，本就如此。

研究生与导师沟通很重要　　2021-01-31

研究生实行的是导师制，即一对一培养模式。我们当年读研究生时，与导师沟通顺畅，情同父子，从导师那里学到不少东西。但现在导师们普遍吐槽（挖苦、抱怨），多数研究生平时与导师主动联系的很少，似乎是怕见导师，刻意与导师保持距离。往往需要导师签字或临近毕业才着急找导师，让导师签字或帮助改论文。

也许现在的年轻人自我意识强，但是优秀的学生毕竟有限，可遇不可求，多数学生还是离不开导师的指导的。导师都希望自己的学生各方面能力强，但实际情况并非如此。学生只是块璞玉，需要精心雕琢。对于认真负责的导师，最烦恼的事情就是平时苦口婆心，有些话反复唠叨，但到了关键的时刻，似乎都白说了。读书报告、实验开题、工作进展、毕业论文，虽然都有要求，但按照导师要求按时完成计划的不多。你不找他，他从不主动找你。开题不找你，实验不顺不找你，组会不发言，论文都是到了截止日期前才找你。等到问题成堆，导师也很头疼。这种情况普遍存在，这并不是一个好现象。

这在某种程度反映了学生的不自信，怕导师提意见，怕导师批评，但总绕不过毕业关。一旦毕业延期，师生矛盾不可避免。

研究生与导师平时的有效沟通是否顺畅，影响学生学业完成与否和论文质量的高低。导师想帮你，也得你先提出的问题，导师才能对症"下药"啊。导师不了解学生问题，怎么有针对性去开展指导？

我一直主张研究生是成年人，应对自己的行为负责。年轻人要自立自强，有理想，有追求。既然读了研究生，就要培养兴趣，刻苦钻研，持之以恒，读研本身就是修行。

凡是与导师主动沟通的学生，优秀的占多数。与导师疏远的学生往往表现一般，这或许是个规律。

也有一些学校的导师对学生采取"放羊式"管理，甚至学生提交的论文迟迟不看，压着不改还不允许学生投稿，这是导师的责任心问题，负责任的导师不会采取这种方式。

师生互动，教学相长。导师虽然忙，但心系学生。研究生要珍惜与导师相处的时光，自觉主动地接受导师指导，这也是缘分。

导师不导，学生不学的几种表现　　2021-04-01

研究生培养与本科生培养的最大不同在于师生一对一，也就是说导师指导学生，学生在导师指导下独立完成学位论文，这表明师生关系的密切。双方性格、人品、智商、情商、责任心、领悟力的差异必然导致种种矛盾。如何调解，考验双方的智慧（前提：双方都是成年人）。

导师在年龄、经历、学识、经验等方面占据优势地位，毋庸置疑，这是由双方身份决定的，双方的责任义务必须明确。我理解的师生关系应该是合作伙伴关系，不是老板与打工仔的关系。在这个前提下，不同观点的讨论才有意义，如平等、尊重、理解、合作等，否则就是鸡同鸭讲。

现在研究生与导师的关系早已不是师道尊严那会儿的"一日为师终身为父"了。双方利益的博弈远非"不单纯"那样简单。是把学生当工具利用还是把学生当人才来培养？是把导师当保姆还是把导师当老师？不同的价值观在师生出现矛盾时的处理方式会完全不一样。

导师不"导"，学生不"学"是指双方中的某一方出了问题，与大环境功利主义导向有关。列举如下，或许以偏概全。

1. 导师不导的表现

（1）责任心问题。对学生放任自流，从入学到毕业，全程采取"放羊式"管理，只提供机会，不提供帮助，还美其名曰：尊重学生的独立人格和自主性。

（2）能力问题。导师在某些方面能力欠缺，甚至不如学生。事倍功半，指导不到位。就知道要求学生、催促学生、训斥学生，对学生出现的问题无针对性良策，还总抱怨"学生为什么不听我的话？"。

（3）人格问题。导师一切说了算，看起来很严厉，其实是霸道，控制欲强。顺我者昌，逆我者亡。不听话就不让毕业，师生矛盾激化的案例大都与此有关。

（4）水平问题。导师不学习，不进步，不与时俱进，凭经验，还死要面子。做事讲究"程序""规则"，走形式，装出很负责任的样子。出了问题，把自己摘得一干二净。

（5）理念问题。把学位论文与学术论文混淆，只关注学生发文章，不注意学生全面科研能力的培养提升。抱有发文章有利益，各得其所，至于学生毕业后是否具备独立从事科研的能力则与其无关的思想。

2. 学生不学的表现

（1）读研目的不纯。为了文凭而读研，为了找到更好的工作而读研。学习主动性、自觉性都差强人意，兼职打工大概率出于此类学生。顺则蒙混过关，逆则各种问题纷至沓来，把责任推给导师和学校，却从不反思自己。

（2）学习方法不当。沿袭过去应试教育听老师上课的学习方式，习惯于被动学习。喜欢跟风，人云亦云，缺乏独立思考，做事没有计划性。

（3）唯我独尊。自我意识很强，受不得半点委屈。我行我素，要文凭不要付出，要自由不要约束，要表扬不要批评。平日找他他不见，毕业天天把你烦。

（4）学校规定毕业前发文章才有答辩资格，学生把全部精力用在实验方面，急于做点工作就赶紧发文章，毕业走人。忽略了读书，读原著，毕业时成了"技术人才"，但理论功底薄弱、写作能力欠缺、逻辑思维混乱，限制了可持续发展。

理论基础、实验技能、写作能力、逻辑思维是研究生都应具备的，缺一不可。发文章只是上述方面得到培训后，水到渠成的副产品而已。优秀的学生不愁发不了文章。倒是受"强迫"学生发的文章质量难以保证，除了给学校增添"业绩"的那点数字外，实在看不出有任何价值。

导与学，师生双方都要反思。导师方面，遇到特别优秀或特殊情况的学生那都是你的运气，功过不在导师。虽不能做到仙人指路，点石成金，但起码做到不教你诈。对于多数学生而言，能给他带来终身受益的东西才是导的意义。即导不导？如何导？导的效果如何？研究生方面，遇到好导师还是差导师那都是你的缘分，如何相处是你的处事方式决定的，要珍惜好导师。即学什么？如何学？学的效果如何？

解决之道在于给师生双方创造一个可静下心来做科研的宽松良好环境。克服浮躁、急功近利，把科研当作事业去追求，而不是利益。在条件、待遇得到保障的前提下，心无旁骛做科研，不跟风，不随波逐流。考核政策也要调整，不逼着出结果，这样才能有所创新。

第三节　导师

如何做导师　2015-05-04

导师经历的成长过程：从老师传承，到自悟，到形成自己的风格，到代沟的形成，到被历史淘汰。这是规律，人人如此。

回顾自己做导师的历程，从20世纪90年代初获得导师资格起，我开始招收研究生。幸运的是，当时我的导师和教研室一批老师们还在，从我的导师和其他老师身上，我学到很多知识和优良的品格。在我指导研究生的过程中，不仅承接了老一辈留下的实验室"遗产"，也潜移默化地有上一辈老师的影子。我也在用导师指导我的做法来指导自己的学生，当然自己也在尝试探索自己的培养风格。由于那时年轻，我很容易与学生打成一片，亦师亦友，不仅学业上言传身教、亲力亲为，而且与学生之间容易沟通、共鸣，因此最初几届学生带下来，有一种成就感。这些学生与我的感情可谓终生朋友，有的成为大学教授、骨干教师、企业佼佼者，至今仍保持联系。

进入21世纪后，各方面情况有了很大变化。一方面需要导师不断获得国家自然科学基金资助，以作为培养人才的经济基础（这一点我做到了，而且从未间断），另一方面要求SCI论文作为绩效评价（这一点我也做到了，每年都有）。学生的情况也发生改变，加上研究生扩招，就业压力增大，读研的目的也变得复杂，由传统的学术型变为功利型，不那么单纯了。就业也与导师的因素不大了（市场化使导师的推荐权淡化），在功利的驱使下，有少部分具有天分和努力的学生仍然可以做科研，但多数学生在压力下选择"逃避"，混文凭走人。老师的投入得不到"回报"，加之代沟的形成以及师道尊严的丧失，使师生间的"隔阂"逐渐形成。

作为导师，有责任心不等于有能力，水平高不一定换来认可，智商加情商决定一切。随着年龄的增长，要看能否与时俱进，但有些观念一旦形成，很难转变。不可能要求近60岁的导师仍具有30岁的心脏和精力（导师黄金年龄段35~55岁，我已超过）。随着身体的"衰老"，眼花缭乱，落伍是必然的。学科的发展已变得面目全非，新思想、新技术的出现，使得我们难以跟上时代的步伐了，只能哀叹心有余而力不足。发挥余热，为国家再培养几届学生，放手让学生们在科学的海洋中自由遨游，也许是准"退役"导师们最后的拼搏，不要期待我们在"影响因子"上与年轻的导师们一比高下了。

一时拥有不等于天长地久。一个人的能力和精力有限，而时间是无限的。"长江后浪推前浪，一代新人换旧人"是不可抗拒的。能做到各领风骚十几年就不错了。看到几十位博士、硕士们都过得比我好，还有什么比这更大的回报呢？问心无愧足矣，用不着太自责。学生的情况各异，好学生可遇不可求，那是你的造化，是上天的恩赐。

做导师，尽职尽责就行了。没必要给导师赋予什么"灵魂工程师""伯乐""父母亲""人梯"等高大上的称谓（如果学生毕业后对老师的印象评论则另当别论），让导师背负沉重的精神负担。导师就是普通人，不需要特殊关照，但需要尊重。导师（老师）自己对社会的责任应该记清，言行规范是必要的，毕竟是育人（不是栽树）。

什么是合格导师　2020-05-07

研究生导师怎样做才算合格？我个人理解，应该具备以下几点：

1. 对学术问题有孜孜不倦的追求

导师在未成为导师之前，应该有一个明确的科研努力方向，对科学有浓厚的兴趣，并在某一领域取得某些进展。包括在主流学术刊物发表过科学论文，承担过科研项目，否则也不可能获得导师资格。

2. 有稳定的科研方向

在取得导师资格后，才有可能招收学生。有了一定学术积累和项目经费，还要有一个施展才华的实验平台（理工科）。稳定的科研方向非常重要，不能打一枪换个地方，总变来变去。立足于长远，对某一科学问题向纵深推进。

3. 对学生尊重

导师也是普通的大学老师。作为导师，就要把学生当作科研伙伴而不是劳动力。学生对老师的适应程度决定合作的持久性与和谐关系，因此导师必须对学生负责。除了学术之外，还要尽可能学会沟通，以组会形式保持密切的关系。若能与学生亦师亦友，科研空闲与学生做一些互动的文体活动，相信小团队会逐渐发展壮大。要有青出于蓝而胜于蓝的胸怀，不要怕学生超越自己。

4. 以身作则

研究生虽然以自学为主，但导师的作用不可或缺。导师对科学的严谨态度，做事的认真程度，潜移默化地影响着学生。要求学生做的事，导师必须先做到，只有树立起"权威"，才能让学生从内心佩服并愿意合作。不能与学生争名利，更不能把学生当作私人工具。在学术不端问题上，导师不能破例。

总之从人品、追求、态度、价值观等方面做好表率，这样的导师才是合格的导师。

老师眼中的好学生　　2013-06-26

有学生问老师喜欢什么样的学生？

老师喜欢有独立思想的学生；坚持己见，据理力争但不偏执的学生；求知刨根问底的学生；努力学习，按时完成作业的学生；工作认真，阳光开朗的学生；悟性高，头脑灵活，踏实勤奋的学生；有责任感，敢于担当的学生；诚实守信的学生；思维敏捷，认真读书，细心的学生；有理想，有抱负的学生；懂得感恩，有礼貌，主动沟通的学生；敢于挑战，承担难题，坚韧不拔的学生；善于合作，乐于助人的学生；上课开会积极发言，善于提问题的学生；实验动手能力强的学生；逻辑严谨，文笔好的学生；英语好的学生。

当然，不同的老师有不同的性格，师生缘分也很重要。但符合上述条件之一，我相信是多数老师眼中的好学生，无论是本科生还是研究生。

拷问导师的良心　　2015-12-18

今天是学院每年一次的博士生工作汇报会，以往都是学院统一安排，可是今年学院另反常态,让学生自行报名参加。结果可想而知,报名者寥寥。把一项正常的活动随意安排成自由论坛,本身就极不严肃,而让学生自觉汇报,无疑是放纵。

博士生汇报是研究生培养的重要环节。要求导师和学生到场听汇报,既是对学生工作的检阅,又是导师间交流的机会,也体现一个学院的学风。严谨求实还是敷衍了事,是真抓实干还是嘴上空喊,事实胜于雄辩!

现场汇报的学生不足在读博士生的三分之一,很多导师和学生缺席,其中包括多位学院学术学位委员会成员。汇报的部分同学内容空洞,思路不清,提不出科学问题,甚至不如硕士生水平。这样的场景令人震惊!号称建设高水平大学的学校,竟然视博士生汇报为走过场的儿戏,还有什么资格吹嘘?

时下不少学生抱怨导师不负责,学院导师如此做法怎能不让人相信这一切是真的?

导师是学生的榜样。若导师都不把学术当回事,只是一味追求 SCI 论文,那么,研究生还有什么做科研的兴趣和动力?难道说导师只会逼学生写论文不成?导师纵有千条理由也不能成为缺席的借口!导师,你再忙,也要听学生汇报。

一些导师常说学生不努力,可是你导师只管招不管指导,甚至毕业拿不到学位。一些导师抱怨没有生源,抱怨学生退学,扪心自问:谁考你的研究生?你有何能力和水平指导学生?跟你学什么?

汇报的学生水平差异极大。看得出,凡是讲的好的,导师都是认真负责的。而"胡说八道"的,我想问问导师是怎么指导的?每周交流几次?学生的水平与导师的指导水平是成正比的,导师的付出才有学生的进步。如果导师只管招而不管培养,采取"放羊式"管理,好比种庄稼,播完种就等着收获,那才是真正的误人子弟!

三流学校就是三流管理,只会做表面文章。别再出台什么研究生管理措施,没论文不能毕业,也不看看这样的导师?学生就是导师的一面镜子!

有人说过,导师以学生为荣。当学生表现精彩时,最希望听到别人问"他的导师是谁?"而不是学生"出丑"时,导师躲起来或者在背后骂学生。

导师,请珍惜这一称号,名副其实否,扪心自问!不管你水平如何,起码要对得起良心!在学生面前做个榜样,别让学生瞧不起你!

博导的尴尬   2021-12-08

博导是高校教授中的最高层级，可谓 ace of aces（王牌中的王牌）。

改革开放之初，我国教授稀少，能成为博导者，一定是学识渊博，德高望重的老教授。那时的博导是需要教育部学位委员会审批的。后来有了博士点申请制后，教育部开始下放权力，博导资格由博士点所在学校自行审批。博导的数量随着招生数增加而扩大，但招生指标仍然由国家统筹安排。

我当年申报博导，由于本校没有与我专业相应的博士点，只能申请外校博导资格，等学校获得博士点后再转回学校。调入新单位后，只需履行认证资格，但也在非本专业的博士点招生，直至学院拿到一级学科博士点后才回到学院招生。因此，我招的学生有外校的、本校的、外院的、本院的4种类型，学位授予单位也不一样。

进入21世纪后，一级学科启动，越来越多的学校增加了博士点数目，也增加了具有博导资格的教授人数。然而招生指标仍由教育部学位办控制，因此出现了博导数量远超出招生指标的奇葩现象。为了争得招生指标，博导之间竞争日趋白热化，一些学校不得不在每年制定下一年招生计划时对博导重新排队，以确定招生资格（二次确认）。

1. 问题来了

（1）博导数量只增不减，远远赶不上招生指标的增加，有些博导甚至成为摆设。

（2）博导一旦评上，就是终身制。

（3）新老博导博弈，造成论资排辈。

（4）招生指标分配凸显内部矛盾，人际关系因素。

2. 现在高校博导出现了地位分化

具有博导资格并且至少指导过一届完整博士生的才算是名副其实的博导，然而现在的博导五花八门。有评上博导资格但从未带过学生的（名片荣誉），有只带过一届就再也不招生的（能力不足），有年年有指标（不止一个）的帽子头衔者（牛人），有每隔几年才能招到1名的（普通教授），有具备能力却拿不到资格无法招生的（新引进的年轻人），有临近退休还不放弃的（舍不得），还有把博导当作利益权力的（工具垄断）。

还有的尴尬情况如有指标但招不到合格生，招的学生中途退学，招的学生有问题又没法退，多年不能毕业成为导师"包袱"，这些都是浪费资源和精力。只想多招，不想如何带的导师其实都是不负责任的。

博导是岗位，不是荣誉。做不到位的博导（指导不力、学术不端、空有虚名等）不仅不会获得荣誉，甚至会毁誉。同样是博导，在师生眼中的形象和口碑大不相同。

博导不是利益，是责任。当你招生时，要考虑对学生负责，要将其培养成具备独立从事科研能力的科学工作者，而不是你的论文打工者和业绩提款机。

建议学校制定博导年审制，几年业绩不达标或接近退休年龄的要取消博导资格。有资格即可招生，使博导资格与招生资格统一起来（不是两层皮），避免造成人为的矛盾冲突或利益交换。

一个学校的发展，需要一代又一代的年轻人接班传承。老博导要有甘为人梯的胸怀，急流勇退，有责任与担当，而不是只考虑自己。新博导要打牢基础，虚心向老博导学习，不急功近利，做出扎扎实实的工作。学科发展是承前启后、前人种树后人培土的历史进程，需要有长期规划和措施。

博导是岗位，在岗是博导，离岗就不是，责、权、利是统一的。尽可能让年轻有为者挑大梁，学校才有未来。

导师自省　2017-06-11

回顾20多年的导师生涯，可谓酸甜苦辣咸，五味杂陈。学生中成为大学教授的有，国外的有，国内各行各业中坚的更是大有人在。

当年我读研究生那会儿，科研水平与今天不可同日而语。偶尔翻看自己的研究生论文，也不禁笑了。科学发展与时代进步有目共睹，我们不能拿现在的标准衡量当时，即便要还原到当时，我们也算优秀，否则也不可能成为大学老师。

对于20世纪50年代出生的我们这代人，注定存在"先天不足"。由于经历了太多的历史变迁和折腾，对世界观形成影响很大。但是作为大学老师，大多数还是不忘初心、尽职尽责的。

科研不是仅凭一腔报国热血，而是要靠实力！

20世纪90年代，高校科研条件大都比较简陋，所带研究生能在国内核心期刊发表论文就已经不错了。进入21世纪，伴随科研条件改善和归国人员剧增，SCI 成为科研上水平的标志。

作为导师，需要与时俱进。但是随着年龄增长，体力和精力大不如从前。看看现在学校的年轻人，他们已逐渐取代我们。长江后浪推前浪，是不可阻挡的历史潮流。

年近花甲，退休之日渐渐临近。人的科研顶峰大体在 30~50 岁之间，天才除外。7 个国基（国家基金）反映了我的努力，没有不作为。个人的科研高峰期已过，看到学生的成长最感欣慰（我的学生已经接班，有了自己的国基、学生和实验室）。好学生可遇不可求，学生的成长离不开导师，但导师能为学生做的，不是具体知识的传授，而是你对科研的态度。

时代变迁，师生代沟日益增大。不是当年与学生一起在实验室摸爬滚打，更多的是凭经验和老本在维系。于是萌生一个念头：谁都是从年轻走过来的，谁都有退休离岗的那一天，与其"顽强拼搏"，不如识时务，在努力站好最后一班岗后体面地离开，让位给后来的年轻人。

导师的蜕变　2015-12-19

导师，人生的引导者。研究生入学跟你学习，你以什么样的形象面对学生，对学生一生的影响至关重要。"近朱者赤，近墨者黑。"我们这一代，接受的是正统教育，知道"荣辱"二字。但现在的教育，实在不敢恭维。是世风日下，还是与时俱进，不敢妄言。

正直、诚信、认真、求实、负责的导师不仅教知识，更重要的是为人师表。人品重于学问！

目前关于师生关系的争论，不完全是学生的问题。因为导师的许多品行在学生心里自有评价。学生不看你表面的光环头衔，对学生好不好，做得怎样，学生心里有数！如果导师对学生说的与实际做的不一样，那在学生心中的形象大打折扣。

一个导师，从研究生入学到毕业，3~5 年的时间，你与学生在一起讨论的时间多少，对学生倾注的多少，决定学生与你关系的密切程度大小。

导师的投入换回学生的回报。天底下没有无缘无故的爱，也没有无缘无故的恨，因果效应。

现实中，能认真做导师的不多了。导师招生已经演绎成获取自身利益的工具，与学生的关系变成我花钱雇你（甚至不花钱），你给我干活发文章，我捞名、项目加奖金，学生的付出换来文凭，真是成了名副其实的"打工仔"与"老板"关系。

看看吧，现在某些教授们，整天嘴里念叨着 SCI 高影响因子，而真正和学生一起讨论科学问题的有多少？每周一次组会能坚持的有多少？认真审阅学生论文的有多少？而招生争名额，评奖抢指标时，个个都是"勇士"。学生进展汇报时，不是外出开会就是忙其他。

好学生可遇不可求。学生出成果有的并非导师功劳，但通讯作者一定不可少，导师"窃取"学生成果的不是新闻。导师的工作变成了跑关系、跑项目，再就是"享受"学生成果。上课偷工减料，应付了事；学生工作进展，不闻不问；发表学术论文，只要挂名。唉，真是苦了学生。

见怪不怪的是，一些有大把经费或有行政头衔的导师，原本没看出其高超的水平，可是一旦有了经费或头衔，水平犹如"绩优股"一夜暴涨，论文滚滚而来。这样的教授成了学校的学科带头人，成为学生崇拜的成功者。后果是什么，不得而知，于是高校成了培养精致利己主义者的温床。

导师不导，还是学生不学？

导师的类型　2020-05-16

导师的类型与每个人的能力、水平、性格、人品密切相关，选中一位好导师会让你终身受益，若遇到不合格的导师，那就悲催了。

（1）能力指学术能力。方向、项目、成果最重要。稳定的方向决定你的科研深度，项目与文章反映你在学术界的影响力。在指导学生时，开题和论文这两个关键阶段能否给学生带来提升？

（2）水平指在学术圈内（小同行）的影响力。与学生讨论能否给学生启迪？若能经常参加学术会议，并做报告，说明具有起码的同行认同。当然，能在学术团体任职，更说明实力。

（3）性格因人而异。有开朗的，有严肃的，有幽默的，有随和的，有内向寡言的，也有暴脾气的，人都愿意与好性格的人相处。

（4）人品最重要。是否热爱科学，从他的工作态度和上班时间可见一斑。是否经常开组会，是否经常进实验室与学生交流，是否学术严谨，是否有担当，是否与学生争利，是否言行一致，是否把学生当工具，是否关爱学生，学生毕业后是否与他保持联系，口碑如何，这些都可以从一个侧面反映导师的人品好坏。

至于年龄、性别与上述无大关联。

选对导师很重要。

导师的累　2016-05-25

最近参加多场校内外研究生论文答辩会，听到不少老师说现在带学生太累了，这是导师们的普遍心声。我认为喊累的导师多数是认真负责的，想做一些事的，对科研是有追求的。导师的想法概括起来无非以下四个方面：

（1）科研进入深水区。通常导师有自己长期形成的相对稳定的研究方向，工作基础较好，已取得一定成果。想要继续深耕，难度越来越大。易做的都已做完，剩下的都是难啃的硬骨头。好比登山，矮的山峰已被征服，只剩山尖。别说学生，导师对科研也时常感到困惑。

（2）师生难以心往一处想。导师期待高，学生想毕业，二者交集难，科研"烂尾楼"越来越多。

（3）好学生可遇不可求。真正想做科研的学生不多，有独立想法的更少。因此，即便有好的实验条件保证，学生也不会利用。阅读文献和逻辑分析能力不足，找不准科学问题，对实验数据缺乏分析能力。能领会导师意图的高悟性者更不多见，导师苦口婆心换不来学生的心领神会。

（4）导师为学生发表论文甘当阶梯（保姆）。学生数据完成后，不会写文章，多数由导师代劳。试想，导师面对文字不通，图表、逻辑混乱的论文，忙于多个学生的论文批改润色甚至答复意见，能不累吗？

结果就是，导师年年想着搞经费，发文章，应付考核，还得为生源发愁。一批一批的学生周而复始，这个"老板"真的很难当。有的导师说，现在的导师没有尊严。学生也不轻松，要毕业得有文章，在当下激烈竞争的环境下，出文章也变得越来越难。

导师　导思　导失　2013-06-28

导师，学术向导，把握学生科研方向之人——学生的指路人。作为导师，首要职责是"导"而不是"教"。没有教出来的好学生，只有悟出来的好学生。教只能继承（鱼），悟才会创新（渔）。

导师的类型依据个人情况有所不同。有专职型导师，有兼职双肩挑导师；

有学术型导师，也有官场商场型导师；有牛导师，也有一般导师。学术型导师教你学会做科研，官场型导师教你学会诈，老板型导师教你学会骗。有坚持每天坐班的导师，也有一年到头见不到面的导师（失）。

导师，不仅具备导的资格，而且有导的能力。要"高瞻远瞩"，熟识本领域最新动态，把握科研方向。作为导师至少要爱岗敬业，否则就是失职。引导的作用大于指导，这才有可能培养出"青出于蓝而胜于蓝"的学生。避免管得过死或不敢放手，另外放任自流更是不负责。

导思，是指引导学生学会正确逻辑思维，这很重要。不会思维、独立思考的学生是不会成才的。做得再好，不过是一名技术员。导师具备"导思"能力，是学生的福分。

导失。科学探索无止境，只会越做越难。因此，导师也有找不到"北"的时候，导师迷失使学生困惑。

吾师，悟师。学生对导师不能一味地服从和盲目"崇拜"。导师不是神，不是什么都懂的"万金油"。要学会从导师的言行中悟出点什么，才是"师父领进门，修行在个人"的真谛。吾爱吾师，吾更爱真理。

问题导师之我见　2020-09-14

研究生与导师是一对矛盾体。不管你同意与否，导师起主导作用，这是不争的事实。

从导师角度，你的人品、能力、责任心这三条都不可或缺。

首先是人品。若导师把学生当打工仔，当摇钱树，唯我是从，"顺我者昌，逆我者亡"，学术不端，无诚信，与学生争利益，不能为人师表，那么学生不被逼出"问题"才怪。

其次是能力。你的学识有多少？功底有多厚？能力有多强？帽子头衔背后的是硬实力。为人处世如何？情商如何？这是软实力。若能力不足，很难令学生信服。

最后是责任心。这其实也包含了前两者。人品正，有能力才能实现责任心。靠灌鸡汤是不行的，要有干货！有的老师对学生说"不逼你一下，你不知道自己有多优秀"，对此我不完全苟同。优秀不是逼出来的，是以自身素质为前提，是金子总会发光的。所谓"逼"，只不过是激励一下而已。导师的作用就是激发学生的潜力，尊重学生，把学生放在平等地位。工作要讲求方法，放任自流不是宽松，严厉要求不是严格。你的用心良苦，要让学生体会到，好心还要有好报。将心比心，你的责任心与学生的感恩心是对应的，责任尽了与责任到了是两码事。

我们常说，教师的职责是"传道授业解惑也"。真正做到了多少，我们需要扪心自问。

研究生心目中的好导师　　2013-12-22

最近网上讨论导师的比较多，从导师的职责到为人。

我认为导师对学生的学术负责是最基本的要求。导师的学术水平、性格、做人准则各不相同，难以有一个绝对标准。不同学生读研目的不同，自然对导师的感受也不相同。

1. 学者型

导师最好有一定学术地位，有留洋、承担国家级项目、发过 SCI 论文的经历。院士、杰青（国家杰出青年科学基金）最好，起码在某一领域有建树。每周开组会，做学术报告，讨论科学问题，分析数据，改写论文，点拨到位。

建议：适合智商高，有科研志向抱负的学生。饶毅、施一公等大牛或许是某些学生心目中的偶像。提醒一点：大牛必有大脾气、大抱负，跟这样的导师肯定"吃苦受累"甚至延期毕业。但只要坚持到最后，"胜利一定属于我们"。这样的导师践行了"传道授业解惑"的真谛，能够培养出成功型人士。

2. 领导型

导师兼有行政职务，可以利用手上资源为学生谋利益，甚至毕业找工作。

建议：跟这样的导师，学生自由度较大，混文凭一族最喜欢，属于实惠型。

3. 慈父慈母型

学术水平一般，但对学生生活关心，嘘寒问暖，和学生打成一片，如同家长般，或像大哥大姐一样，富有人情味，保证发放科研补助金，关心吃喝拉撒睡，找对象，安排工作等。

建议：适合情商高的一族。跟这样的导师不像学者型导师那样受累，可以相对轻松完成学业，这样的导师可以交朋友，平庸但现实。

理想型的导师是上述三者（学术、地位、人品）兼有，但鱼和熊掌不可兼得，世上有几个符合上述标准的导师？

作为导师，除了对学生学术负责外，对学生的人生观和生活给予必要的指导和关心就足够了。如果不能对学生学术负责，即便你可以是慈父慈母，但未必是合格的导师。慈父慈母的标准与好导师的标准哪个更高，还需说明吗？

当老师的应该有"宁可学生负我，我不负学生"的胸怀。只图奉献，不求回报。反之，学生呢？你为老师做了什么？

研究生学术不端，导师应负相应责任　2013-07-13

教育部、国家发展改革委、财政部印发《关于深化研究生教育改革的意见》，根据《意见》，在研究生培养模式方面，加大考核与淘汰力度，实行严格的中期考核和论文审核制度，建立学风监管与惩戒机制，对学位论文作假者取消学位申请资格或撤销学位。研究生发生学术不端行为的，导师应承担相应责任。

导师的责任至关重要。近年随着研究生扩招，有的导师每年有5~10名研究生的现象越来越多。研究生数量增加了，培养质量却下滑了，研究生不是本科生（一只羊是放，十只羊也是放），研究生培养质量下滑导致研究生学位"含金量"降低，对学校的声誉影响极坏。

研究生招的过多导致导师（尤其是"双肩挑"导师）无暇顾及每位研究生，无法进行有针对性的个别指导。有的导师一年都见不到学生几次面，这样的"指导"如何保证质量？还有的导师招的学生由手下年轻教师或博士生带，成为名副其实的"包工头""批发商"。

一些学校在研究生招生指标分配方面，采取根据导师经费情况来确定招生人数。看似合理，从某种意义上体现了"按劳分配"，但是应该有"封顶"（因为人的精力和能力有限），科研项目经费数与招生名额并不成正比。何况目前高校科研经费除了国家基金外，其他渠道获得的经费与导师科研水平并不挂钩（与其社会活动能力成正比）。科研经费与成果应该看其投入产出比，否则就是浪费纳税人的血汗钱。

明年起，读研开始缴费。这对于某些学校来说，生源（尤其是调剂数量较大的专业）将是问题。这就要求提高研究生培养质量，靠学校声誉吸引学生。

为保证研究生论文质量，建议全部匿名评审，对所有导师学生一视同仁。

这样那些多招学生的导师就会考虑是否还争抢招生名额了（其实原来多招生，无非是多拿工作量和酬金而已，反正研究生都能"稀里糊涂"毕业），让"滥竽充数"者现原形。

学生发文章弄虚作假，导师应负连带责任。归根结底，是导师的"放纵"导致的。俗话说："子不教，父之过"，难道导师不应为研究生弄虚作假负责任吗？

谁是博导？ 2021-08-26

博导是大学老师的一个岗位，与职称无关。国外博士都可以当博导，然而国内通常是教授的另一种身份象征。

教授加博导似乎比普通教授高一个层级，不是博导的教授比博导教授低一个级别。因此，很多教授对博导求之不得，这也成为其一个人生目标。

现在的情形是大学博导的人数远远多于博士生招生数，甚至几个博导才能得到一个博士生招生指标，竞争异常激烈。

有些教授评上了博导，几年招不到一个学生，这样的博导徒有虚名。然而每年大学都要评博导，真不知为何？难道博导比教授更有荣耀？

博士生导师应是本学科学术造诣较深的教学科研人员，其学术水平在国内本学科领域内处于前列，在某些方面接近或达到国际先进水平，一般为教授职称，也有特别优秀的副教授、讲师担任博士生导师。有培养研究生经验，至少培养过两届硕士研究生。能坚持正常工作，担负实际指导博士生的责任。

多年前，一些当领导的千方百计要在大学弄一个博导头衔。得到后并不招生或很少招生，只是在名片上标上博导而已。

既然是一个岗位，应该因招生设岗，而不是空有其名。若3年招不到学生，就应该取消。若培养质量达不到要求，也应该取消。有人说，招不招学生没关系，只要有头衔即可，这是虚荣心作祟。

博导泛滥造成的不良后果远超出博导的设置，对于老师们来说也是一种浮躁风气。

随着时代的发展，博导岗位设置也应与时俱进，动态化管理。博导资格与实际带博士是两回事。名副其实的博导必须有博士生在读且加强考核，否则就是形同虚设，助长投机和浮夸。

第四节　学生

我是谁？我来做什么？　2020-12-21

研究生，顾名思义是来做研究的，不是混文凭的。

我是研究生，就要按照研究生的标准严格要求自己，这是一个研究生的行为准则。

研究生培养有其规律。第一年以课程学习、打牢专业基础为主。课程设置考虑到专业方向和学科特点，一些必读的书目和文献一定要认真对待，一丝不苟，专业英语一定要尽快掌握，保质保量完成课程学习。没有坚实的理论基础，不可能出创新性成果。

进入开题和实验室后，要针对研究的问题选择合适的方法，掌握相关的仪器设备操作，并对实验数据进行逻辑分析，学习图表制作统计方法，这些对于研究生都是必不可少的能力。

毕业前，完成论文写作也是一项重要的工作，要独立完成，尽可能做到规范，写作能力也是研究生的必备能力之一。

作为研究生，你的志向理想与你的学习态度密切相连。时刻提醒自己：我是谁？我来做什么？不彷徨，不随波逐流，不懈怠，合理安排时间，以积极、主动、自觉的心态面对学习、实验、论文。你是在为自己打拼！

我想这些自我约束，加上与导师的沟通及融入团队，对于攻坚克难，顺利完成研究生学业是必不可少的。从青涩走向成熟，把握人生是最重要的。

什么是合格的好学生　2020-05-08

研究生是人生中成长提高的重要阶段。自学为主是研究生学习区别于本科生学习的重要标志。不论你是出于什么动机，从收到录取通知书的那一刻起，你的命运就完全掌握在你自己手上。因为你是成年人！

做研究生，不仅是完成论文。当然毕业论文是获得学位的前提，从这个意义上说，顺利完成学业应该是合格的，但要做到好就不是如此简单了。

做过导师的人我想都有一个共同的认知，好学生可遇不可求。哪个导师不希望自己的学生各方面都很优秀呢？谁也不希望自己的学生平时不抓紧，工作拖延甚至失联，改论文时焦头烂额，不能按期毕业，到头来把一切责任推给导师。

合格的好学生应该具备以下条件：

1. 有明确的人生目标和追求

这是做事认真还是混文凭的区别所在。有了人生目标和追求，才会有学习的动力，才能主动自觉。若是抱着混文凭的想法，与本科时的60分万岁是一脉相承的，难以做到优秀。

2. 读研是自己的事

首先读研是你的选择，其次你能否拿到学位也是你的事，导师只是一个指路人、协助者和点拨者。千万不要把导师当成保姆，好像毕不了业是导师的责任。

3. 善于与导师沟通

师生是命运共同体。关系处得好，双方都受益；处不好，双方都苦恼。尽管导师在年龄、经历、经验上占优，但导师并不是万能的。导师也是普通人，也希望能和学生平等和谐共事。若学生能主动与导师保持沟通，对自己的学业只有好处。那些导师不找就不主动的学生，甚至导师多次联系而学生不回应的，哪个导师会喜欢呢？尊重导师就是尊重自己。

4. 性格即命运，态度决定一切

阳光心态，心理素质好，开朗豁达，善于合作，而不是遇到问题就抱怨，就推卸。

5. 最关键的是个人能力

学生好不好，不在于导师。一个导师指导过几十名学生，不敢保证个个都是优秀的，只能说大多数是合格的。"师傅领进门，修行在个人"，你的聪明才智在导师提供的平台上发挥几成，就看你自己了。

"问题"学生之我见　2020-09-13

"问题"学生，这是个敏感词，相信很多导师都遇到过。

研究生能够通过入学考试和面试被录取，一般来说，智商不差。绝大多数研究生通过2~3年的学习，能够完成学业，顺利毕业。导师会感到欣然，并给学生送上祝福。

但导师们总会遇到一些"问题"学生，令导师们头疼，甚至留下终生的遗憾。

"问题"学生不是针对大多数研究生，没有任何贬低学生的意思。作为导师，都希望自己的学生个个出色。然而，现实中，学生出问题的占有一定比例。

有些学生把考研当作跳板，这类学生学习目的不纯，功利性强，以为有个高学位就能找到好工作。缺少认真学习的动力，一遇困难就抱怨。总想做个容易的课题，能毕业就行，缺少远大抱负。入学后基本按着学校安排走，很少主动思考，很少与导师交流，性格也存在一定缺陷。在学习过程中，很少主动谈个人想法，进展迟缓，直到问题积累严重时才求助导师。平时投入比多数学生少，甚至在研究生期间打工挣钱，没把精力放在学业上。到了毕业写论文时，各种问题就暴露出来，如实验数据不足、写作能力不强、逻辑思维欠缺等。个别学生情商低，自尊心超强，容不得批评，听不进不同意见，与人交往不畅，师生关系紧张。一旦不能如期毕业，很容易出现各类心理问题，甚至导致极端事件发生。

轻微的问题也不少。学生缺乏学习方法和独立思考，学习不求甚解，得过且过。顺利时还好，遇到困难就打退堂鼓，如中途申请换课题等。写作能力差是普遍性问题，导师在修改论文时，发现某些学生的写作令人很不满意，要花费大量时间批改，很伤脑筋。

作为导师，责任重大。导师应当担负起应有的责任，如果导师把学生当工具，"压榨"学生，难免师生关系紧张，遇到刚烈的学生，后果可想而知。还有的导师采取"放羊式"管理，平时不管不问，毕业时把一切问题归责于学生。这两类导师都不称职。

合格的导师面试时对学生性格、心理情况要有所掌握。从一入学就要对每一个学生因材施教，发现问题苗头，及时解决，而不是积弱成疾，到了毕业时矛盾爆发。导师对每位研究生要心中有数，因势利导，防患于未然。在学习方法、理论基础、实验技能、写作能力、与人沟通、为人处世等方面都要做好指导和表率。比如，文献阅读课后可布置学生写综述，便于发现写作问题；组会时听取学生汇报后发现学生逻辑问题，对学生的不足给予针对性指导意见；选题时把好关，实验设计尽可能考虑到预期，做到可行性强；多鼓励学生参与学术活动，给他们提供施展才华的舞台；平时督促也很重要，不能放任自流，该鼓励时鼓励，该批评时批评；对学生一视同仁，不能歧视；

要与学生交朋友，维系组内和谐，营造团结氛围，让师生彼此感到像家庭一样温馨。

导师的能力就在于把普通的学生培养成心智健全的优秀人才，使学生各方面都有所提升。好学生可遇不可求，那是导师的幸运。多数学生还是需要导师操心，费一番心血打造的。

当然，研究生是成年人，世界观、价值观已经形成。师生间通过磨合，彼此信任和谐的关系需要双方共同的努力。相互尊重，亦师亦友，教学相长，在做事中学习做人。

师生的目标是一致的，请珍惜师生的缘分吧！

读研是一种选择、经历和磨炼　2017-03-30

读研对于年轻学子而言是一项重要的人生选择，但是经历读研后的每个人感受是不同的。

当初之所以选择读研，或许抱着美好的愿望，或许凭着一腔热血，或者暂缓就业的压力，或者……

可是一旦被录取，进入研究生阶段，每个人面对现实，许多憧憬理想都会发生改变。只有少数意志坚定的人可能按人生目标一步步走完硕博全程，实现当科学家的梦想。

1. 有思想准备的人

这部分是真正选择读研与个人前途挂钩且努力奋斗、百折不挠的人。他会从入学伊始就给自己定下目标，并为之努力拼搏，最终实现个人理想。

建议：导师下功夫培养，学生自强自立。

2. 准备不足的人

这部分是大多数。考研时志向远大，想法很多。但对自己估计不足，即个人能力优长与短板缺乏了解。做事顺利时尚可，往往一遇到挫折就容易退缩，甚至自暴自弃。做事没有常性，缺乏计划性，随波逐流。

建议：导师因材施教，循序善诱，该鼓励时鼓励，该批评时批评，学生要努力啊。

3. 不知为何读研的人

少数同学即使熬到毕业，也从未感受到读研的乐趣，更谈不上其他了。这类学生的选择错了！

建议：导师无能为力，学生好自为之。

做适合自己的。不要盲目，随大流，要有自己的主见！做任何事情前要有自我评估，一旦选择就义无反顾，努力前行。

读研有风险，选择需慎重！

生物学进化法则：优胜劣汰，自然选择。人类社会亦如此。

你问过自己是否适合读研吗？ 2017-03-22

今年的研究生招生面试又要开始了。每年这个时候，调剂申请雪片式纷至沓来。但作为考生，你究竟准备好读研了吗？报考时，是看重学校名气？导师声誉？专业兴趣？就业领域？这些都有可能。但是，你问过自己是否适合读研吗？

你对自己如何评价？优长短板是什么？

考研选择学校和专业时，多数考生是盲目的。调剂不过是第一志愿落选后的第二选择。这时不管什么专业，只求被录取，具体情况以后再说，有点饥不择食的味道。

一旦进入研究生学习阶段后，面对现实，发现一切似乎并不是想象的那么美好。枯燥乏味，紧张劳累，压力竞争逐渐使入学时的愿望热情消退。

熟悉专业、阅读文献的过程会使你感到知识的贫乏和陌生。

选择开题、撰写报告的过程会使你感到茫然、困惑和无助。

面对困难挫折，你是否会选择放弃？你是否具有坚持到底的勇气和信心？

你的逻辑思维能力（对文献的观点能否准确把握，对数据分析能否推出合理结论），口头表达能力（读书报告、进展汇报、论文答辩的表现），实验动手能力（对实验动物的手术，仪器使用，设备的操作，各种软件、统计方法的掌控），与人沟通能力（师生相处、同学相处及其他人），文字写作能力（语法，用词，句子通顺，可读性）及应变能力（心理适应和调节，有效利用时间，特长，悟性）等方面的弱点会逐一显现。

恕我直言，研究生最终走向学术生涯并获得成功的只是极少一部分。需要天分、努力加上机遇。而多数研究生读研只是接受科研基本训练而已，学会做一件完整事，讲一个完整小故事。当然少数研究生也许不适宜读研。选择读研，要做好充分的思想准备和心理准备。

学生考研选导师　2015-02-22

1. 有远大理想，宏伟抱负

瞄准科学院、985名校、名专业、名导师。最好硕博连读，国外博士毕业后成为大"科学家"。

个人自信，多为保送生或能力超强的牛学生。要读就做大牛导师的学生，不服从调剂，不达目的不罢休，哪怕弃保或重考。

2. 有理想，有一定抱负

第一志愿科学院985名校。若万一落选，调剂到211院校。能硕博连读可以考虑，先读硕士再说。毕业后再考名校或国外博士。尽可能选好导师，但服从调剂而一般院校就不考虑了。

3. 现实型，走一步看一步

导师是谁无所谓，只要能考上就行。服从调剂，跨专业也可。

学生考研，多数是抱着提高充实自己的目的。因此往往是选择高于本科的学校或专业，以此"脱胎换骨""再上新台阶"。

导师选择学生恰恰相反，多数想招本校优秀生或外校高才生。在有选择的情况下，没有导师愿意录取低于本校的考生，至少是与本校平级学校的考生，高于本校的考生则是众导师争抢的"香饽饽"。因此，一些学校出现对调剂生的"歧视"条款，如211以上考生优先录取，奖学金优厚，而"考研基地"的学生不要等。

考生与导师是双向选择。但事实上在不同情况下，双向选择的表现形式不同。如同打牌时，谁握有一手好牌谁占优势一样。

学生，尤其是调剂生，可以充分利用国家调剂政策，在复试录取前，有权"脚踩几只船"，即便A学校（C导师）面试通过，也可换B学校（D导师）。

导师在面试时选择权最大，尤其是差额录取时。

机会是留给有准备的人的。考生又要面临复试了，选择导师很重要。这是复试前的"准备"。与导师联系有助于导师了解你，增加自己的竞争力和选择权。

在选择导师时，学生在意导师的身份吗？导师是教授还是肩负行政职务的领导？是校领导，还是院领导？是硕导还是博导？甚至许多学生选择导师的依据仅仅是导师的身份。这么做让他们忽略了对他们影响更大的一些因素，比如导师的品格、学识、个性、研究方向、课题、指导学生时间以及实验室、团队等是否符合自己的期待。

研究生应该具备的能力　　2014-01-09

关于研究生理论和实验技能有许多不同的观点，有的说理论重要，有的说实验能力重要。

我认为，一个合格的研究生二者同样重要。好比一个人的两条腿，必须等长，不能一短一长，所以不能片面强调一方面而忽视另一面。研究生不是空想家，也不是技术员。

好的理论指导实践才有可能有好的创新。理论是行动的指南，没有正确的理论指导，即使实验室设备齐全，也是摆设，做不出好的工作。

好的技能是实现理想的必要条件，"巧妇难为无米之炊"的道理不说自明。

作为一个研究生，在考研之前，尽可能在理论上充实自己。入学后还要尽快熟悉本领域研究进展和现状，发现问题比解决问题更重要。在本科阶段重视实验课，加强实验技能的训练，课外科技活动、毕业论文等都是锻炼的机会。尽可能接触所在学校实验室的仪器，培养动手能力。

在做实验的过程中，不仅学技术，还要知道所获得的数据意义，这一点非常重要。

人类的认识过程是感性—理性—再感性—再理性不断升华的过程。从现象入手，提出假说，步步深入，逐步揭开机理是科研必经之路。逻辑思维是读研最重要的训练，没有逻辑就会混乱，即使得到一大堆数据也理不出头绪。统计学也是理科研究生必备的基础，有无显著性差异是下结论的重要依据。

因此，理论和实验综合发展才是研究生成长所必须经历的。

顺便说一句，读研是一件苦差事，要有充分的思想准备。考研之前问自己，是否具备了读研的条件（不只是看了基本教材，通过四六级英语而已）？自己还存在哪方面不足，能弥补的尽量弥补，而不是等上了研究生再说，只有清醒的认识自己的人才知道前进的方向。

我的研究生在开题前，不是让他们找我问"老师，我要做什么？"，而是我问他们，"你能做什么？""这个问题你怎么看？"

为什么研究生差距这么大？　2020-04-30

最近连续评审研究生毕业论文，看了不同学生的论文后，我不禁想：同时入学的研究生为何到毕业差距这么大呢？

说实话，要求每位研究生毕业论文都能达到优秀的程度，那是不可能的。但就论文本身的可读性来说，语文水平的巨大反差简直是万丈鸿沟之别。写得好的，你会叫好，甚至心底涌起爱才情结：这么好的学生要是我的学生该有多好！写的一般的，还可以提修改意见。但遇到差的，你会骂娘！你会问这种学生是怎么考上来的？从小怎么学的语文？

不少导师吐槽（抱怨），看到某学生论文，看着看着就血压飙升，气得吐血。逻辑不通，语言文法混乱，逗号一逗到底，一句长话读完让你背过气去。东拉西扯，东拼西凑，随意粘贴，这样的论文怎么能看下去？简直无语。

这种学生写出如此"烂"文，有主客观原因。主观上不刻苦（学习态度，模仿抄袭，不求甚解）、不努力（该看的没有看，该做的没有做）、不认真（对自己、对他人不负责），更谈不上什么远大理想。读研无非是暂缓就业的权宜之计，混个文凭就是人生近期目标。客观上没有把握时光，浪费了大好青春。

研究生是成年人！对自己的言行必须负责。你读研是你自己的选择，你对自己应该有自知之明，自己的长处和短板在哪里应该清楚。平时你认真读了几本原著和文献？与你的导师沟通怎样？是否做事拖拉？是否觉得什么都无所谓？如果你有侥幸心理，我相信毕业论文只是你人生滑铁卢的第一步，今后的道路少不了曲折。

学生写论文是自己的事，千万不要把责任推给导师。要知道导师只负责学术把关，语文问题与导师无关。初稿最好与同学交流一下，相互看看，有比较才有鉴别。

导师帮学生改论文是职责，但你提交之前也要自己看看是否达到研究生学位论文水平？导师只负责"锦上添花"，绝不负责"雪中送炭"！毕竟毕业论文是你的！

逻辑与文字对于研究生是不可或缺的能力，薄弱的有机会补，问题在于你自己想不想补？

少壮不努力，老大徒伤悲。态度决定一切！

博士生是学生还是学者　　2021-03-17

博士生是学生还是学者？这个问题国内外有不同释义。

国外大学的博士生培养模式与国内不同。国外的博士生先要通过课程考核，方能获得博士资格，继续完成学业。通过这一过程，博士生已达到博士具备的能力，在参与学术活动时以学者身份交流讨论。而且博士学位的获得需要指导组几位老师的认可和严格的审查与答辩机制，确保货真价实。

而国内的博士生基本上是导师安排，指导组形同虚设。导师指导能力与学生领悟能力都很重要。研究生考核答辩走形式，真正具备学者水平的不多。究其原因，与博士生入学及考核机制有关。面试做到慧眼识人最关键，一旦入学，导师与学生的磨合就显得十分重要。师生关系融洽还好，要是出现不可调和的矛盾那就悲催了。大多数博士生很少按期毕业，答辩前必须有规定的论文发表，否则不允许答辩。

由于生源不同，博士生水平参差不齐，差异较大，甚至个别博士生连基本的写作能力都达不到要求，怎么能与学者挂钩？

学生是以学习为主，学者以研究为主，并具备本领域独到的见解和能力。二者完全不同。要想完成学生到学者的蜕变，需要很多条件。博士生本人对科学的热爱程度以及扎实的理论实验功底是判断其成为学者的要素，在这方面，国内的博士生还有很长的路要走。

硕博连读是个改进。5~8年的时间有机会使学生转变为学者，这与学生本人和导师的共同努力有关。因此，国内的博士生大多还是学生，只有具备独立从事科学研究的能力时方可称其为学者。

第五节　　招生

从博士生面试想到的　　2013-07-01

一天下午，我参加了学院对博士生的面试。今年学校给我们15个招生指标，去除硕博连读4名，还有11名。报考的20人左右，上线的刚好11名。在复试前，大家议论是否有淘汰，学院的意见是，为了完成招生指标，尽可能全录，否则对明年的招生指标有影响。面试以考查考生心理素质、外语能力为主（专业笔试已进行）。从考生的表现看不尽理想，多数考生难以对一段专业英文做出准确的阅读和翻译（高估了他们的英语和中文水平）。在问及考研的目的时，多数是为了今后提职晋级。可以想象这样的学生今后在科研上的潜力。

近几年博士生招生遇到的问题是招生指标难以完成，以往大家都在争指标（20多个博导，十几个指标，看似每位博导不足一名），但事实是，有指标的导师没人报或考不上。像我们这样的省属院校，除了自己的硕士生外，很少有外校（对等的院校）考生报考。而每年报考的学生中，历届在职毕业生占了绝大多数。

在职生的问题在于是否有足够的时间保证研究。多数在职生本单位都有教学或其他工作，很难保证全身心投入，因此在三年期间能完成博士论文（要求发表SCI）的很少，甚至有的七八年都不能毕业。这无疑增添了培养"成本"，拖延了科研任务的完成（通常博士生配合导师完成项目）。

另外，很多在职生长期脱离科研（忙于教学、行政、家庭），再"回炉"时需要重新调整和适应。为什么本院的优秀硕士生不愿意继续攻读博士生？这涉及很多方面：就业压力、婚姻、读研的艰辛、读研的待遇、向往更高的学校等。

建议提高硕博连读比例，这有利于科研工作的延续。就效果看，自己的硕士生相对比较了解，有一定培训基础，趁热打铁，更容易做出成绩，而外校考生入学后需要一个适应和再培训过程。

博士生招生应坚持宁缺毋滥的原则，否则为了完成"计划"的招生只会增加不必要的"痛苦"。

机会只留给有准备的头脑　　2014-02-22

又到了研究生报考时节，这几天陆续收到一些考生的调剂申请，说明立志读研的学生已开始行动了。

调剂是因为报考第一志愿学校的考生在得知成绩后心里不托底，做备选准备。但问题在于，广撒网式的投寄简历成绩单风险很大，一般接受调剂的学校专业通常面对一大批调剂申请，并优中择优。建议考生不要脚踩多条船，最好与某一导师联系，了解导师的意向后下决心，并以个人诚信面对招生单位。

虽说报考志愿是个人权利，但一旦确定，不能摇摆。谁也不喜欢朝三暮四的考生。你有选择导师的权利，同样导师有选择你的权利。机会有时稍纵即逝，一犹豫可能就会失去，导师选择的对象相对更多。

选择导师最好上网了解专业，导师科研方向和近年科研业绩（项目、文章、招生情况等），一旦确认要坚持不懈，保持联系、切不可犹豫不决。

网上与老师联系要注意礼节。对老师的信件要及时回复，要有称呼和落款，并要注意语言的运用得体。如果通信带给老师负面影响，对录取决定可能是致命的。即便你的成绩突出，但为人表现可能成为决定因素。智商和情商都很重要。

机会只留给有准备的头脑。

研究生生源问题　2021-04-15

当今全国研究生招生过百万，招生学校、研究机构千余所。但每年各学校、各学科、各导师的招生呈现出极大不平衡，分配不均。有的学校充足生源任挑选，有的学校调剂都招不到人；不同学科专业也泾渭分明，热门专业门庭若市，冷门专业门可罗雀；有的导师报考人数几倍于招生数，有的导师则无人问津，真是几家欢喜几家愁。

出现这种状况的深层次原因值得思考：

1. 名人名校

崇尚名人名校是国人的普遍心理，院士、"帽子"、985、211，这些光环是无形的广告。一些来自中小城市、农村的考生当然希望通过考入名校，拜名师达到提升自己的目的。低一级学校的本科生、硕士生也希望考入高一级大学获得人生晋级的阶梯，为自己的未来谋得更多发展的机会。"马太效应"导致报考名人名校的学生扎堆，竞争激烈。而普通高校则长期处于"饥饿"状态，第一志愿考生严重短缺，只能靠调剂生维持。

2. 资源不均

中国的985、211高校不过百余所，大都位于东部沿海经济发达地区。北上广一线城市的高校占有明显的地域优势。名校历史悠久，大师辈出，自然底子雄厚，条件好，人才积累多。而中西部名校少，名师自然也少，条件也稍差，竞争力远不如东部高校。新成立不久的学校或地方高校自然不在考生的首选之列，只能通过调剂捡上一级学校的漏。

3. 专业热度

追热门也是人的价值取向。热门专业就业好，冷门专业出路窄，考生自然趋热避冷。以生物学为例，分子、细胞、生化远比动物、植物、生理专业热度高。新兴学科比经典学科热；应用学科比基础学科热，如临床医学与基础医学对比，这种情况导致国家一些急需专业招不到优质生源。

4. 导师因素

有"帽子"头衔的，有大牛团队的，有充足经费的，有大量成果的，有科研行政"双肩挑"的，这些导师基本不愁招生，其根本原因还是在于资源。资源包括科研资源（项目、经费、实验室）和人脉资源（行政或学术）。作为考生都希望自己选的导师是个牛人。而普通导师项目经费少，成果少，资源不足，名气不大，职称偏低，自然选的学生少。导师的口碑当然也是重要因素。

生源问题关乎国家发展战略布局和人才储备，应该引起有关部门重视。招生政策也应做必要修改，使各学科均衡发展。

博士生招生　2021-02-09

博士生招生指标已经成了各高校一大难题。与同行交流，都在抱怨招不到博士生，甚至硕士生每年只有1名。

20年前研究生招生指标很充裕。那时的博士生指标甚至还有完不成的。由于博导人数少，指标充分，博导一年招2~3名的情形很普遍。

20年过去，弹指一挥间，情况发生了变化。现在的各高校，博导人数远超出招生指标。博导多了，招生指标未变，于是博导们竞争激烈，招生师生比由1∶3变成3∶1以上的不是个例，可谓僧多粥少。普通的博导即便有国家基金，也不一定能招到博士生。

于是各高校在招生指标上做起了文章。有"帽子"头衔的优先，承担重点重大项目的优先，获国家科技奖的优先，引进海归人才的优先，发高因子文章的优先，这又回到"四唯"的老路上去了。

这就带来一个大问题。理工科若没有博士生，很难做出连续性、系统性的工作。已有的项目单靠硕士生或本科生是不可能持续出高水平成果的，这对学科长远发展极为不利。

博士招生指标不增的情况下,为何还要年年评博导呢?难道博导还要分等级吗?既然是博导,就要保证至少一个招生名额。否则,博导长期不带博士生,空有虚名(这也非个例),教授博导的数量增加导致职称贬值不是好现象。

现在鼓励团队合作,但前提是利益共享。若考核时项目必须是主持人,文章必须第一单位、第一(通讯)作者,奖项必须前几名,这又怎么合作呢?团队组成缺乏年龄梯队层次,"一山多虎"难成团队。若每个教授都各自为战,哪有那么多资源可分配呢?好的团队应有年长大牛作为学科带头人,同时有几个年轻的副手作为助手,还要有博士后,老中青搭配合理才能稳定和长久。为什么不以团队来分配招生指标?这也有助于集中力量办好特色学科,出高水平成果,单打独斗的时代该结束了。

还有现在的博士生按期毕业的越来越少了,是毕业标准提高了还是导师或博士生质量降低了?

学硕全日制研究生招生迎来大变革　　2021-09-30

随着研究生报考人数逐年增加,专硕招生规模将超越学硕,非全日制将部分取代全日制研究生引起老师们的广泛关注。

自改革开放以来,学硕研究生不断扩充,加之高校教师需博士学位作为门槛,导致毕业学硕士生大都不能继续从事科研工作,而专硕生适应国家发展需要,近年大幅增招。

学硕,以科研为主,但硕士受到的科研培训已不能满足科研,需要继续读博。而学硕不可能都读博,只能毕业后改行做其他工作。而专硕与就业联系紧密,职业针对性强。因此,专硕发展空间巨大,未来专硕超越学硕成为趋势。

对此改革措施,高校老师们反应不一。长期指导学硕的导师担心生源不足影响科研,而专硕导师队伍能否适应形势发展也是个问题。

从就业情况看,有些专业学硕需求本来就不需要那么多人,过度招生导致就业困难。一些高校开始缩招甚至停招某些专业的学硕。研究生培养应与国家发展相适应,因此调整学硕和专硕招生比例成为当务之急。一方面避免人才培养浪费,另一方面解决行业急需人才。作为科研后备人才,今后硕博连读(推免直博生)和"申请—考核制"将成为主流;发表论文不再作为毕业的硬性指标，而对学位论文的要求将更加严格，并成为学位评定的主要依据；导师的考核也将从严；对于专硕生，学制延长至三年，学生自行安排住宿，以缓解学校宿舍压力；研究生质量考核也将加强，中期考核、分流、清退、抽查论文将成为常态。

　　研究生招生的调整将对高校产生重大影响，数量与质量的关系要理顺，无论导师还是学生都要适应形势的发展。科研型研究生要求少而精，部分学硕导师将转为专硕导师。研究生导师也有一个转型的过程，重新适应新的工作。导师要负起责任，学生要自我定位。读研要慎重！

研究生复试中的双向选择　　2014-04-05

　　研究生复试决定最终录取，师生互选应尽可能做到公开、公正、公平。

　　（1）导师资格与招生指标分配。导师资格及招生名额应根据其有无项目经费，近年发表论文情况和研究生培养质量来确认。

　　（2）一个学科的当年招生导师数和总招生数应在复试前告知考生。考生应有时间了解各导师的情况，便于选择。考生应该在网上或通过邮件、电话联系导师。相互了解至关重要，可谓机会留给有准备的人。

　　（3）复试学生的名单（第一志愿和调剂生）提前告知每位导师，按复试差额比例筛选确定复试名单。作为初选，有利于复试优中择优。

　　（4）学生复试前每人先按顺序选导师，便于导师选择。根据学生选择顺序，排序在先的导师有录取优先权。即选择某一导师的学生，该导师可以优先选择。当招生指标满额后，第二导师依次选择。

　　（5）由于学生将所有导师排序选择，不存在导师无人选的问题（除非学生不全选）；若多个学生选一位导师，但招生名额所限，也不存在多招的问题；几个导师看中同一个学生，可以按顺序录取，基本上都能招到自己心仪的学生；学生也需考虑第一志愿的导师，避免过分集中。因为你首选导师，导师也会优先考虑你。这样做，既考虑了学生第一选择，又考虑了导师第一选择。只要双方达成一致，结果基本可遂人愿。

　　最后落选的考生，一是双方都没有选择或单向选择（师生一方或双方都"宁缺毋滥"）；二是选择同一导师的学生过多，造成"撞车"（落选的不一定不优秀，只是运气差了点）。

　　顺便说一下分数线。各学科分数线每年不是固定的，依考生情况而定。

国家线只是最低标准，招生名额与考生上线数之比决定复试线，反映竞争力。调剂时的初试分仅供参考，不同学科总分除外语、政治外，无可比性。面试最关键，双向选择赋予导师录取权。个人表现发挥影响导师对你的印象，智商和情商缺一不可。

研究生复试应多些人文关怀，少些冷漠　2013-04-04

每年一度的研究生复试又开始了，莘莘学子和导师们又开始了紧张地忙碌，在相互"试探""博弈"中实现着双向选择。最终的结局必定是录取决定成败。考上固然可喜，落榜亦应坦然。

第一志愿考生报考科学院、985学校（一类院校）的，因提前自主复试，有成为"调剂生"的可能，对非一类院校而言，仍有"金"可淘。但非一类院校因各专业几乎同时复试，差额复试也不可能保证调剂生都被录取，落榜者很难再选择其他专业。

学校复试有一张表格（录取审批表），上面有一栏不录取需写"复试成绩不合格"。复试由笔试和面试两部分组成，笔试部分容易操作（有答案），问题是面试很难用分数衡量（主观因素较多，如不同导师选择学生的标准不同）。有些因素不能定量化，如面试的感觉（每个人的情感因素），属于定性判断，很难用分数量化。

"复试成绩不合格"操作难度很大。有时学生彼此间难分伯仲（笔试和面试都拉不开档），差距就在"毫厘"之间，取舍对导师也是"忍痛割爱"。比如你看好两个学生，但只能录一个。由于双向选择（学生按顺序选导师，导师按顺序再选学生），这样不排除复试成绩靠前的考生也有落榜的可能（一是首选导师名额有限，二是候选导师的首选学生已定）。调剂生总分没有可比性（因专业、试题不同），仅英语成绩可供参考。有时其他因素也会影响录取，如某些专业考虑学生性别或来源等。

复试应尽可能做到公平、公正、公开。尽管师生双方都有选择权，但导师毕竟处于相对强势的一方。"选择"是由"选"和"择"组成的，包含了自由和权利。选是自由的，但择是权利。多数人有选的自由，而择是少数人的权利。选有时不需要理由，但择通常有依据。学生"选"专业和导师可以自由，但一经确定，录取权"择"在导师手上，录取与否在于"两厢情愿"。本来考生落选就很难过，何必再蒙受"复试不合格"的"羞辱"？从人性的角度，需要安慰和鼓励。建议对未录考生使用"名额有限，优中择优"。

谁都知道录取才是硬道理，但落榜总要有个理由先，与其说因"不合格"被淘汰，不如说就差那么"一点点运气"。继续努力，加油！

研究生复试　　2021-04-05

每年3~4月，研究生复试如火如荼。既然是复试，就是在初试基础上，一是进一步了解考生，二是通过差额双向选择，三是调剂达到录取的目的。

各校招生指标不同，但都要完成招生指标。没听说哪所学校宁缺毋滥放弃或减少指标的。现在师生比紧张，很多人面临招不到学生的尴尬，好赖都得招一个，否则影响个人科研业绩。

多年以来，各校采取差额复试。有比较才有鉴别，优中择优。选取理想的学生是每个导师所期待的，但好学生可遇不可求。若等额复试，复试的意义就不存在了，变成走过场，因为谁也不想招不到学生。调剂对于省属院校是完成招生指标的不得已措施。在缺乏第一志愿考生的情况下，只好捡别人的漏，否则就完不成指标，甚至影响下一年的指标。

在复试程序方面，这几年更加严格。复试小组全程录音录像，避免暗箱操作，避免因落选考生有异议产生纠纷。所有招生环节都应按照国家法律法规进行，公开透明，经得起检验。

近年来随着导师数量的激增，使得原本的招生指标捉襟见肘，甚至几个导师才有一个指标（博士生），或人均一个（硕士生）。导师之间为增加招生指标的竞争趋于白热化，这样的情形再遇到生源不足，可谓"祸不单行"。

指标分配采取项目、文章、业绩打分制。对于大牛不缺生源，每年可以招数名学生；对于新导师则可能一生难求。双向选择对于新导师和资历低的导师也在选择权方面吃亏。冷门热门专业也大相径庭，真是冰火两重天。

对于考生，只要上线就是个好消息。一般学校第一志愿的考生考取的比例几乎百分之百。高一级学校的考生还有高额奖学金奖励。而第一志愿报考高一级学校的考生即使被淘汰，还有调剂的选择。对于调剂学校而言，即使跨专业、跨学科，调剂生成了热捧，学生脚踩几条船的情况也屡有发生。对于一般学校，生源不足是个大问题。即便是调剂过来的考生也不尽如人意，培养起来困难重重。

导师招学生与个人利益相关。复试也有看走眼的时候，但一旦招进来就要为其毕业负责。在名额紧缺的情况下，要珍惜每一个招上来的学生，用心培养，使之成才，才不辜负学生，也对得起自己。

写给准研究生的几句话　　2019-04-26

准研究生是指复试通过刚被录取的新生。他们一定还沉浸在考取研究生的喜悦之中，金榜题名的确是对莘莘学子努力付出的回报和认可。然而，激动过后需要面对的是如何度过未来的研究生生涯。

首先，研究生录取到入学还有半年时间。这期间除完成本科毕业论文外，应该完成角色的转换。如何做一名合格的研究生，是每位学子应该也必须考虑的问题。初试和复试的经历或许带给你更多冷静的思考。自己在哪方面存在不足或短板？知识、能力、外语、写作、心理……都需要重新审视。

其次，要主动与导师联系，争取得到导师的指点。在开题前需要做好准备，包括熟悉研究方向，领域历史现状。培养对专业的热爱和兴趣很重要，这些从现在起就要开始了解，千万别等到入学后。要有自己的人生规划，知道时光如梭，珍惜每一分钟，时间对每个人都是公平的。研究生阶段去除上课和毕业论文写作，找工作，答辩，真正做科研的时间不超过 1~1.5 年。

最后，师傅领进门，修行在个人。从入学起，考研成绩归零，大家都回到同一起跑线。谁能在时效上胜出，谁就能把握成功的先机。努力不一定成功，但不努力一定不会成功。

总之，一个成年人要知道自己是谁？做什么？未来是什么？研究生是人生的又一个坎。

请做好心理、知识、能力、身体各方面的准备，机会永远留给那些有准备的头脑。

第六节　　培养

如何培养硕士研究生　　2018-01-08

硕士研究生是我国最庞大的研究生群体，招生规模与数量最大。

目前除 985 高校和科学院以博士生和硕博连读生为主外，多数高校仍是硕士生培养的主力军。

硕士生地位有点尴尬。与博士生相比，其投入和就业差距甚大。鉴于学位点和招生名额的限制，一些高校把硕士生当成科研主力。

硕士生人数虽多，但良莠不齐。由于考研目的多元化，不可否认很大一部分硕士生并非为学术而来。但现实一些学校为了应对评估，在博士生生源紧缺的情况下，拿鸭子上架，不得不对硕士生下毕业前发表论文的"军令状"，以保证论文的产出。

问题来了，硕士生导师拿硕士生与博士生去竞争，硕士生本身就处于劣势。

其一，是学生的素质和能力。硕士生与博士生本身就不是一个档次，现在却要求硕士生毕业前发文章？可见这是在逼导师。

其二，博士生导师和硕士生导师也存在能力水平上的差距。若是博导的团队，硕博都有，博士生可以带部分硕士生，分担导师压力。而仅有硕士生的导师就惨了，必须付出博导甚至超出博导的精力方可达到发表论文的要求。于是，硕士生导师们只能和学生"共甘苦"（博导则相对有时间去申请课题，参加评审和会议等体面的事情）。所以硕士生的培养变成培训研究生为出数据的技工也就不足为奇了，因为写文章的事情硕士生基本做不了，只能由导师亲自上阵了。

其三，硕士生质量良莠不齐。若遇到好学生，导师还算幸运。若遇到"不听话"的学生，导师可谓不幸了。无论你怎样做，你必须对学生毕业负责。即便你愿意为他人作嫁衣，可学生领不领情还得两说。最糟糕的情形是，非但无回报，还白搭时间、经费和精力。

硕士生也是研究生。在改革开放之初，硕士生的质量不输博士生。现在的博士生未必比老硕士生强。很多高校50岁以上的导师并非都有博士学位，但一样担负起学科带头人的重任。

我认为，硕士生的培养环节从开题到论文发表都应全程参与。否则仅作为"技术员"的培训不可能造就独立从事科研的后备军。一届一届下去，看不到"青出于蓝而胜于蓝"的希望，硕士生质量滑坡必然。科研上水平，不是靠人海战术，要靠精英。研究生不是义务教育，纳税人的钱不是培养技术员！

好钢用在刀刃上，宁缺毋滥，严格硕士生招生规模和培养力度及毕业把关是国家应该考虑的。

研究生培养需要团队的环境　　2020-09-27

现在的研究生培养是导师负责制。每个导师的资历、资源、经验和实验室条件差别很大。尽管分不同学科，每个学科也有导师指导组，但真正能够高效运转的不多。

大牛团队人员配备完善、条件齐备、机制健全、分工合作，很容易集中某个科学问题攻坚。团队中的导师互相配合，形成团队文化，学生们吸取不同导师的意见，学生间相互交流合作、设备共享，使人对这个集体产生向心力和凝聚力，如同雪粒子可以滚成大雪球一般。在这样的氛围下，学科发展会不断进步。

反观一般老师，各自为战的居多。实验室规模较小，条件有限。研究分散，难以形成学科的优势。只能小打小闹，发几篇文章而已，做强做大不容易。尤其是年轻导师，刚带研究生，缺乏经验。加之条件所限，难以施展。研究生数量通常每年 1 名。实验室最多有 3 名学生在读。各自题目不同，难以相互配合。最难的莫过于缺少同行的互动，若不能在学科内整合，单打独斗，形单影只，一个项目结题后不能连续下一个项目，就会造成研究中断，如同雪粒子融化。因此，对于单干的导师，压力巨大。

如何形成学科优势，凝聚科研方向，是各高校面临的共同问题。有个人因素，但更多的是学院、学科负责人的组织协调问题。一个学校要想多几个优势学科，必须创造更多的团队。

研究生培养方案　　2020-12-28

研究生培养方案是研究生培养的指导性文件，各高校几年一修改为常态，除了在文字上做点文章，加上几条应景应时的条款，基本上换汤不换药。

培养方案是挂在墙上应付检查的，也是行政治校的"依据"。多数培养方案以套话为主，空话连篇，制定时很少充分征求老师们的意见。除了向学校交差，普通老师似乎都不在意上面写的什么内容。

且慢，培养方案关乎研究生培养质量，关乎时间安排，对于研究生来说很重要。

培养目标：不想多谈，除了套话，看不出什么特色和新意。

培养方式：无非是理论与实践相结合云云。

课程设置：规定几门必修、选修课程，完成多少学分。

关键的是教学内容安排。通常是兼顾学科老师的工作量，因人设课。而不是考虑课程内容对学生有无必要。内容重复、照顾设课、随意设课成为多数培养方案的不二选择。只要凑够学分，管它讲什么？反正课程设置的满满的，学生自主学习的时间被大大压缩，只能被动地接受，否则完不成学分。一些课程纯粹是浪费宝贵的时间，与其听那些不咸不淡的课，不如认真读几本原著。

实践性课程，技能方法等课程有几门达到研究生水平的？名称高大上就行，一人多课现象普遍存在。

研究生课程与本科生课程不同。缺少指定的教材，缺少合格的老师，时间灵活度过大导致一些老师随意讲两次，布置学生看看书、查查文献就算上课了的现象普遍存在。因此，研究生课程质量难以保证，更遑论培养什么创新性人才。

培养方案反映的是学校的层次和水平，一个培养方案的制定和完善是学校办学理念、管理水平、人才培养、尊重教育的综合体现。

谈谈研究生课程如何修　2019-09-09

研究生课程对于每位新生来说很重要。研究生不同于本科生，很多课外学习远多于课内，研究生学会学习方法比学习具体知识更重要。

在当今知识爆炸的年代，学会从浩如烟海的知识中找寻对自己有用的知识更重要。

研究生要求会学习。自学能力是必要的，导师不可能在有限的学时内讲完所有知识。导师的作用是引导学生在短时间内阅读相关书籍和文献，指明作为研究生必备的专业知识基础。同样的研究生，在入学半年内阅读的文献量和吸取的东西完全在于个人。

研究生不应把专业基础完全寄希望于老师授课，而是要花大量时间读原著和原始文献，要了解导师科研方向、具体课题、所用仪器设备及掌握本领域国际前沿动态，这对于日后科研选题至关重要。

研究生课程以讨论互动式为主。要求对书籍文献深入领会，要有个人见解，而不是就知识本身。要了解科学原理，要知道来龙去脉，要知道对自己今后的工作有何意义，但要做到这些并不容易。

作为新生，要摆脱本科时期等待老师讲授的习惯，要在每次课前做充分准备，带着问题来上课。

研究生课程是师生互动的过程。双方的兴趣和关注点要一致，基于问题的学习比泛泛的学习效果要好。导师对每次课的内容要精心准备，引导学生学习相关知识，了解学生的现状和基础，有的放矢。学生要根据导师指定的读书目录有计划的事先阅读，并做好专题汇报。

研究生论文开题怎样做到有实效　2021-06-05

研究生论文开题是每年的程序性工作，然而走过场式的开题仍很普遍。

作为认真负责任的导师，对其学生上课、读书报告、开题、组会进展汇报、论文，几乎每个环节都会抓得很紧，与学生和其他老师有效沟通可以保证研究生培养质量。

然而，不是所有导师都能做到这些，尤其是那些学生人数多、视学生为打工仔、不愿与人沟通、采取"放羊式"培养的导师，把开题当成一个形式而已。对于多数老师来说，更多关注的是自己的学生，而对其他学生的开题未必感兴趣。

开题报告的内容一般包括：题目、理论依据（选题的目的与意义、国内外研究现状）、研究方案（研究目标、研究内容、研究方法、研究过程、拟解决的关键问题及创新点）、条件分析、起止时间、阶段安排、预期结果等。开题的意义在于立题是否站住脚，是否有新意，能否成为论文的指导性框架。

开题大都是由学生讲10分钟左右，然后由其他老师提问。但并非所有学生都能讲清楚立题依据和研究意义，讲述中的空话套话很多，实质问题却一带而过。开题的重点应该把握选题的依据和研究意义，这是科学性、可行性、方向性的问题，至于方法和细则无须更多讨论，毕竟只是一个设想，还未实施，有待在研究中不断调整和完善。若学生讲的不充分，很难全面了解学生的完整思路，点评也是随意、敷衍、不到位。其后果是学生误以为自己的开题没什么问题，到了实施阶段才暴露出来，浪费了宝贵时间，甚至开题后换题的情况也很常见。

为此，建议所有学生开题报告的文字版应该在开题前发至有关老师。PPT（课件）的信息量远比文字版少很多，而且学生的PPT和现场汇报更多的是作秀，文字版反而比PPT更翔实。这样老师们有时间仔细研读，了解学生们的开题想法,有针对性地提出问题,尤其是立题依据和意义,并对研究方案给出具体建议。否则,开题报告会就是走过场。重要的实质问题没有解决,反而对枝节问题抓住不放,对学生和导师起不到学术思想的交流和启发借鉴作用。

求真务实的开题远比走过场有效。开题提出有价值的问题比解决问题更有意义。好的开始是成功的一半,否则跟踪模仿的问题难有创新。导师经常抱怨研究生论文质量堪忧,但根子在开题时就已埋下。

研究生综述与论文的关系　2021-03-09

作为近30年的研究生导师,保证每位研究生按期毕业的关键是抓论文。

研究生入学后,通常有课程安排,有文献阅读,有组会。课程是打基础,文献是熟悉专业领域,组会形式多样,包括读书报告、开题、进展汇报等,每一项如何落实对于导师把握学生发展情况至关重要。

现在的研究生比起以前的研究生有很大不同。随着社会发展,观念转变,各种问题层出不穷。导师的抱怨更多了,师生矛盾也多了,对此谈点个人看法。

首先,研究生是成年人,有自己的价值观和处事准则,导师也不可能改变。只能疏导,不能强制。

其次,人都是有惰性的,都想以最小的付出得到最大的利益。但一分耕耘一分收获,不经历风雨怎能见彩虹。

最后,一个巴掌拍不响,努力调动学生内在因素是完成学位论文的关键。

为此,我的做法是:一入学先讲清学术道德守则(底线)、实验室规则(约束),与师兄师姐相识(合作);然后参与组会(导师主导,了解学生,布置任务),课程与文献结合读书报告进行(双向互动),这样做一方面打牢基础,另一方面了解学生思维、逻辑、演讲等能力(摸排学生情况,便于因材施教);最后必须写综述(论文基础),综述是论文训练的第一步,只有了解现状、分析现状,才能提出有意义的课题,从而为开题做好准备。

训练有素通常指对技术方法的娴熟掌握,但我认为思维写作训练更重要。学生的个性不同,有的开朗活泼(外向),有的沉默寡言(内向);有的学生主动联系导师,愿意接受导师指导;有些学生躲着导师,你不找他,他从不主动找你,这反映的是学生不自信。建立学生电子文献档案定期检查是个好办法，可以随时了解学生近期看了什么，有什么体会，有什么进展和思考。综述虽然是总结他人的工作，但写综述也是一种再创作（不是囫囵吞枣，而是消化吸收）、杜绝粘贴、防止抄袭的训练。

综述与论文的关系可以说，能否写好综述就是能否写好论文。因为任何论文难在两头，前言和讨论。前言包括对研究背景、现状、问题、意义、目的的描述；讨论是对结果进行分析，得出研究结论；而方法和结果相对容易写。

凡是写作功底好的，写论文也相对容易。综述对于实验为主的理工科研究生尚且如此，对于文科及教育硕士更为关键。在读期间写过综述并发表的毕业论文都不成问题，而出问题的往往是写作逻辑。言为心声，口头表达和书面语言缺一不可，所以综述写作是研究生必须完成的任务。

研究生写学位论文的要领　2021-03-31

每年到了毕业季，研究生学位论文令导师吐槽，说多数研究生不会写论文。文字不通，逻辑混乱，着实令人头疼，这反映的是导师平时的指导不够。

其实，写学位论文有其规律可循。学生写不好，是因为不得要领。只要导师点拨到位，学生领悟了，还是可以写出合格论文的。

我发现，学生在准备论文初稿时，常犯的错误是先把容易的部分、方法和结果写出来，然后再考虑"戴帽穿鞋"（前言和讨论），然而这两部分才是论文的价值和创新所在。学生之所以犯这样的错误，与其平时注重方法训练、关注结果、数据、统计、绘图等细节有关，即只见树木不见森林，缺乏宏观整体设计。

一篇学位论文不同于发表学术论文。导师的职责在于通过课程培训，提供平台，开题报告，组会讨论，指导学生论文撰写达到学位水平（注意提法：不是学术水平。但学位论文离不开学术性，二者不是对立的，也不是替代关系，应该是点和面的关系）。它体现的是研究生对所研究问题的总体把握，研究的意义是什么？你与其他人解决问题的思路有何不同？为什么选择这样的方法？结果说明了什么？解决了什么问题？解决了多少？这些是学生普遍缺乏考虑的。

论文的框架和逻辑线条很重要，首先考虑的不是方法结果，而是你做什么，为什么要做，如何做以及做的结论。若把这个想清楚了，下笔才有思路，否则前言只综不述，讨论不知所云，与结果背离。

　　写学位论文，应该先理清思路，按照逻辑主线构建论文框架。先把几年来的读书笔记整理一下，在了解研究背景前提下，在正确理论的指导下设计实验并审视实验的结果，然后讨论进行升华，得出结论。要按照论文的顺序逐一展开，正文完成后再写摘要，摘要是论文的精粹。应该先看森林再到树木，这样视野开阔了，问题清楚了，才会有的放矢，才能把握好整篇论文的主轴。

　　没有理论指导的实验是盲目的，不知道做论文的意义是思维的局限。导师的指导作用就是体现在对每一篇论文的主题有清醒的认识。纲举目张，抓住纲就是抓住了根本。题目简洁明确，关键词必须"关键"；目录可以折射出作者的写作逻辑；所有的结果必须紧扣前言中的研究背景和目的，层次分明，平行或逐级递进；所有的讨论必须与结果紧密相关，通过与前人工作的比较，发现自己的亮点或特色，并提出自己的观点和见解；结论则是概括性的总结；文献必须与文中出处一一对应；行文力求通顺、严谨，有层次感和逻辑性，环环相扣。这样的论文才会让评阅者满意和信服。

　　最后说明一点，研究生学位论文应在导师指导下由学生本人独立完成！请完整领会和解读师生各自的角色。

研究生的读写听说能力很重要　　2018-03-16

　　"读、写、听、说"原本是学习英语达到"四会"的能力。

　　对于研究生来说，读写听说能力不仅适用于英语学习，对于专业学习同样重要。

　　读：阅读文献的能力。不仅是及时了解学科前沿进展，也是获取科研灵感的重要途径。英语有精读和泛读，精读文献有助于提升学术品味，泛读文献则有助于拓展学术视野。读文献不在于数量，而在于要消化理解和吸收，并形成自己的思路。

　　写：论文撰写能力。综述和原始数据论文同等重要。好的综述有利于开题，选择科研方向，对领域现状全面了解，找准切入点，而数据论文则是研究生科研水平的检验。没有论文就不能毕业的规定下要求必须完成论文并发表。中英文都要规范、简洁、有逻辑。PPT、墙报的制作也是个人水平的体现。

听：听取同行报告、汇报、导师建议的能力。听话听音，尤其对批评意见要虚心接受，听懂并践行。

说：学术演讲的能力。你所掌握的知识，工作的进展，与同行交流，都要通过口头表达来实现。说得清楚、讲得明白是起码的要求。论证、质疑，提出有见地的想法，乃至答辩、面试，对研究生至关重要。

读写听说全面能力影响人的一生。这些能力一方面靠导师的引导、督促和帮助，更重要的在于个人的勤勉和努力。

逻辑与研究生培养　2013-07-13

逻辑思维（Logical thinking），是思维的一种高级形式，是人们在认识过程中借助于概念、判断、推理等思维形式能动地反映客观现实的理性认识过程，又称理论思维。我们所说的逻辑思维主要指遵循传统形式逻辑规则的思维方式，常称它为抽象思维（Abstract thinking）。逻辑思维是一种确定的，而不是模棱两可的；前后一贯的，而不是自相矛盾的；有条理、有根据的思维。在逻辑思维中，要用到概念、判断、推理等思维形式和比较、分析、综合、抽象、概括等方法，而掌握和运用这些思维形式和方法的程度，也就是逻辑思维的能力。只有经过逻辑思维，人们才能达到对具体对象本质规定的把握，进而认识客观世界。它是人的认识的高级阶段，即理性认识阶段。

研究生是高层次人才。作为研究生，应该具有较好的逻辑思维，不仅对其人生有重要意义，对学术成长也至关重要。

言为心声。要让人准确理解你的思想，需要通过你的表述（口头或书面）来实现。研究生入学到毕业经历课程学习、文献阅读、开题讨论、实验设计、数据分析、结果讨论、论文撰写等阶段。所有过程自始至终贯穿着逻辑主线。你想做什么？为什么做？如何做？回答了这3个问题，基本上是一名合格的研究生。而出现问题，往往是逻辑不清（混乱）造成的。

除外语课、理论课、技术课程外，建议开设逻辑学、统计学等。

顺便谈谈招生面试过程的"逻辑"：

导师：我要最优秀的，决策者。

考生：我是最优秀的，候选者。

你该怎么做？

论文的逻辑　　2020-05-27

逻辑指思维的规律，逻辑包括形式逻辑与辩证逻辑。

逻辑思维也称抽象思维，是人们在认识过程中借助于概念、判断、推理反映现实的过程。它与形象思维不同，是用科学的抽象概念、范畴揭示事物的本质，表达认识现实的结果。逻辑思维是一种确定的，不能模棱两可的；前后一贯的，不能自相矛盾的；是有条理、有根据的思维。在逻辑思维中，要用到概念、判断、推理等思维形式和比较、分析、综合、抽象、概括、归纳、论证等方法，而掌握和运用这些思维形式和方法的程度，也就是逻辑思维的能力。对于研究生来说，逻辑思维反映其智力水平。

任何一门学科都有其内在的逻辑。如生理学，也叫生命的逻辑（the logic of life）。中文教材也将生理学称为研究生命体活动规律的科学，即功能及其机制的科学。

论文写作，首要的问题是逻辑。没有逻辑或逻辑混乱，让人无法理解和接受。所以，当开题、评阅、审查、修改论文时，我首要关注的是逻辑。道理很简单，离开了逻辑，除了一堆杂乱无章的文字，什么都不是。

研究生逻辑思维的培养和训练贯穿于研究生全程。从阅读文献到读书报告、开题报告、分析结果、论文撰写，每个环节都要讲逻辑。直接证明就是从论据的真实直接推出论题的真实的一种证明方法，现在很多研究生论文缺乏的正是这一点。前言和讨论恰恰是出问题最多的地方，论文是要说明做什么，为什么做，如何做，做的结果和结论这样的问题。论点明确、论据充分是论文可读的前提。

因此，强化逻辑思维是研究生培养中最重要的一环。

翻译见功底　　2017-08-07

暑假期间，我给研究生布置一个任务，翻译一篇英文文献。这篇文献不长，每个学生承担3页，任务量不算大，并告知他们译好后汇总发我。

几天后当我拿到译文，发现有些学生翻译的一些文字真是"惨不忍睹"。

现在网上有翻译软件，有学生直接把英文粘贴上去，按照软件直译，这是非常不好的做法。软件毕竟是机器，中式单词的堆积，使整个句子看上去很古怪，一些专业术语更是让人莫名其妙，一些内容实在让人看不懂。

作为一名研究生，对自己专业的文献理解程度，决定其理论功底的深度。可想而知，把一篇专业文献翻译的支离破碎，何谈专业能力？若不能准确表达作者原意，说明对文章的理解不够，甚至有曲解，这将对以后写文章时引用文献带来风险。

读文献，读懂，准确把握观点至关重要。试想，若一篇专业文献译成如此，怎么能说明你掌握了专业英语？更何谈以后写英文文章？

以下是我给研究生的邮件：

你们的译稿我看了，仍很粗糙。不能完全依赖翻译软件，对文字要反复推敲，尽可能理解含义，用顺畅的中文表述很重要。

建议对各自负责的部分再修改，力求通顺。翻译达到信达雅境界需要斟酌，修好后汇总再发我。起码自己能看懂再发我，有些段落先把中文意思搞懂，就能写清楚。翻译也是学习的过程，知道自己的专业知识掌握了多少和达到的程度。此次翻译，是对你们英文文献掌握程度及文字能力的检验，希望拿出自己的真实水平应试。

全文译后，各自互审。对本章内容有一个整体全面了解，这样有利于理解整章内容，同时互相学习，对照找差距。

中国学生的英语水平、中文水平都有待提高，先从文献翻译做起。既学习了专业英语，又练习了中文写作，可谓一举两得。

硕士研究生课程究竟怎么上？ 2021-08-31

其实研究生的课程上不上，上什么，上多少，完全取决于学科各导师的能力和水平及团队的凝聚力。大团队通常有几个 PI（principal investigator，学术带头人），相对稳定，方向接近，共同的专业基础容易达成共识。几个 PI 各上一门课就够了，而分散的导师基本是各自为战，方向各异，甚至是拼凑的学科，人际关系复杂，难以形成共识，只能回到师傅带徒弟的老路上去。

现在有些学校为了提高课程效率，将研究生课程按一级学科安排，精简课程，必修课只能满足强势学科。而原来的二级学科只给两门选修课（32学时，理论实验各一），并由所有导师承担，这样每个老师平均可上 2~3 次课，2~3 次课能讲多少东西？

学生随导师方向安排课程，还不如增加一门组会课（专业课），可以任由导师安排，想讲什么就讲什么，这样岂不针对性强，还自由？

其实很多课都是虚设的，满足研究生毕业条件就是看论文发表情况。不管你上什么课，只有论文发表才行。从此角度看，技术训练远比理论更重要。至于理论基础扎不扎实，写作能力强不强等，就看学生原有的造化了！想通过研究生课程获得提高，纯属自欺欺人。

现在的年轻导师与以往的年长导师在研究生课程设置理念上已出现巨大代沟。老一辈强调理论基础，新一代注重实验技能；老一辈强调读原著，新一代注重读文献；老一辈认真，新一代模糊；老一辈理想化，新一代更务实。随着时代发展，科技进步，学科差异，研究生课程怎么设置，究竟学什么成为一大难题。最终的课程设置不是协商，而是妥协。

研究生本应具有自学能力，导师给学生布置必读书目，期末考核就可以了。还是赶紧做实验出数据吧，没有论文，学多少课都是白搭。博士生的课程除了思政和外语公共课，有哪些专业课在上？还不是导师给学生指定几本书或文献，然后让学生写个综述交差吗？

既然研究生课程设置不可能惠及每个学科方向（对某些学生来说是白费时间），学校还不如只规定开几门必修课和提出学分总要求就够了，选修课应该由各导师组灵活安排。

任课老师应该由学校最强的导师担任，这样才能保证效果。否则，因人设课就是满足导师工作量而糊弄学生。现在的导师把精力放在上课方面的几乎很少，导师更关注学生的实验结果、数据和投稿文章。

研究生不同于本科生，应该是兼顾各专业，而不应以大压小，少数服从多数。试想，分子细胞占主流的大背景下，从事冷门研究的学科，如分类学、考古学或特色研究的，在研究生培养设课方面都必须服从多数安排吗？这恰恰是违背科学规律的行为，逼人随大流。科学研究鼓励百花齐放、百家争鸣，但实际情况并非如此。主流大学科与边缘小学科的矛盾始终存在，最终结果都是以大学科掌握话语权、决定权，小学科被兼并为代价。能在激烈博弈下生存下来的小学科，一定是与众不同的一类。

在唯论文的大环境下，研究生课程在师生双方心里早已沦为鸡肋了。研究生培养方案的修订看起来大刀阔斧，其实只是文字游戏而已。对于某些小学科来说，既无话语权又无独特能力的导师注定只能被动应对了。研究生主管部门该放权了，课程设置多听听不同学科老师的意见。

从论文设计看科研水平　　2021-12-04

研究生论文选题很重要，选个好的题目，解决科学实际问题；选个差的题目，就是胡乱对付，应付了事。导师在研究生论文的选题上负有不可推卸的责任，关乎研究生的培养质量。因此，选题是论文的基础。

现在研究生论文质量普遍不高，有观点、有见地、有创新的论文很少看到，这也是老师们经常吐槽诟病的话题。排除写作问题（那是语文没学好），立题依据和实验设计才是论文质量的重点。

学术型研究生论文与导师科研能力和水平有关。专业型研究生论文选题受限，加之导师驾驭能力有缺陷，导致同质化、套路化论文普遍，给人以雷同、似曾相识的感觉。

今年我参加研究生答辩时提的问题：听了学生论文汇报，感觉讲述条理不足，没有说明白做什么，为什么做，如何做，结果讨论也很笼统，研究意义何在？童年不愉快的经历究竟给高中生带来什么问题，心理干预是怎么做的？有无针对性和实践意义？剥夺是哪种剥夺？感觉？社会？睡眠？当然这些问题学生无法回答，导师面子自然也挂不住。

问卷设计的科学性和可操作性也是问题。现在的教育硕士论文问卷几乎是模仿抄袭的，根本不存在什么信度与效度。用这样的问卷统计出来的结果就好比自圆其说，自欺欺人，哪是在做研究？罗列一堆教育家的理论，哪一个真正理解和应用了？都是拉大旗作虎皮。这不仅是学风不严谨，简直是误人子弟。

把好论文质量关，首先从选题、设计开始，逻辑思维很重要。导师应不断学习，与时俱进，多思考科学问题和解决办法；学生也要刻苦钻研，求知求甚解，如果基础不牢，研究不会深入。

如何做一个好的PPT　　2016-11-25

研究生读书报告、开题报告、进展汇报、论文报告和答辩都要用到PPT，它是学术交流不可或缺的媒介。好的PPT尽可能简洁明了，模板和Logo（标志）的选择力求明快、清晰，反差对比强烈，不要追求"花里胡哨"。

PPT文字不要过多，尽可能用图表展示，原始数据、统计数据尽可能完备，讲的内容都在脑子里，文字只起点到的作用。不要为了提醒，写一大堆文字，照稿念是最糟糕的。

以学术报告为例，让听众跟上你的思维最重要。准备 PPT 之前要打好腹稿，逻辑主线始终把握，内容离不开做什么，为什么做，如何做和结果这四部分。通常报告题目简洁清晰，不要让人费解，化繁为简也是一种能力。

背景介绍要紧紧围绕主题，不要扯得太远，似乎本报告能解决重大科学问题之类的。其实报告本身就是做了一个实验而已，没那么神奇的功能。介绍同行或本实验室工作要与本实验密切相关，无关的废话少说。已经取得的工作与本课题有何衔接（承前启后、留下缺口、启发联想等），自己的假说是什么？若这样做对科学问题有何帮助？意义如何（不确定也可不谈）。科学是探索未知，不可能什么都知道，千万别将大帽子先扣上。

材料方法简明扼要。实验步骤是递进、分层，还是照应，对解决问题是否适用，每一步设计的目的要交代清楚。

结果要客观，按实验方法逐一展示。证据要确凿，数据要准确，统计要合理，图表要规范。

讨论最能反映演讲人的学术功底。对结果能否正确评价或推断科学结论，比较与同行的工作，总结出自己的创新点，得出有说服力的结论，同时对实验结果的不足要有清晰的判断。

做学术报告其实就是讲故事。故事必要的情节、顺序、过程要交代清楚，而不是简单罗列数据，结果与结论不是一回事。PPT 只是助手，演讲人的表达才是关键。

语言要干练，表达要清晰。什么"大家都知道""师兄师姐做过""本报告分前言……几部分"等都是赘言，开门见山、字字珠玑、干脆利落的口才定会获得喝彩。

从 PPT 和演讲表达上基本可以判断研究生的能力和水平。

研究生论文写作是科研训练的基本功　2016-03-17

研究生的论文写作对于研究生投稿及毕业论文至关重要，甚至决定其未来科研能走多远。

一名合格的研究生不仅会做实验，出数据，更要会写论文。有些人认为，文章都是导师写的，研究生只提供数据即可，这是研究生培养的误区。这样只会培养熟练工或技术员，而不能训练其科学思维，导师这样做是"越俎代庖"。

言为心声，无论口头表达或书面文字，对于个人能力展示十分重要！语言（口头或书面）是思想表达沟通的工具。逻辑性、准确性、可读性、感染力都贯穿于字里行间，文字功底的厚度对于科学工作者来说是一项重要的基本功。

做的数据再漂亮，想法再独到，说不明道不白还是很难让人接受和认可的。用人单位通过面试及个人简历录用员工，均凭听其言、观其文，论文（投稿）审查也是看你的文字。

研究生从写综述开始，加强文字基本功训练很有必要。写作能力对今后的论文发表、项目申请、求职推荐等的重要性不言而喻。

如今计算机的发展使学生们的语文能力下降，不仅字写得难看，从写信到写论文，称呼不对，文字不通，英文摘要满篇中式英语的现象比比皆是。错别字，错用标点符号也屡见不鲜。若学生不能很好掌握这项基本功，今后独立工作时将面临巨大挑战。

书到用时方恨少　　2021-03-11

古人云：书到用时方恨少，事非经过不知难。

又到了研究生毕业季。我相信论文批改是每位导师遇到的头疼事、烦心事，又会做实验、又会写文章的学生少之又少。

我一直强调研究生的写作能力培养从一入学就要抓紧，及时了解每位研究生的写作能力对写论文、写文章至关重要。

现在不少导师把重点放在实验室，以为早进实验室做实验是最重要的事，从而忽略了对学生写作能力的训练，甚至越俎代庖，只要求学生出数据，自己亲自写文章。殊不知，这样的培养只会训练出技术员，而非研究生。

研究生的培养应该是理论与实践的统一。研究生不仅要学会做实验，更重要的是知道为什么这样做，所得到的数据有何意义。

每年研究生提交的论文初稿，方法和结果还可以，前言和讨论则问题多多。前言多为文献堆积，缺少系统梳理，对背景和进展叙述缺少分析和逻辑化，讨论不知所云，甚至把结果复述一遍，结果和结论混为一谈，至于语文水平问题只能哀叹中学没打好底子了。

造成这种情况的原因在于研究生平时没有养成良好的学习习惯。很多学生甚至连读书笔记都没有。这样的学生到写论文时脑袋空空，临时抱佛脚，从网上搜寻的文献只能断章取义的堆积。优秀的学生一定有自己的学习方法，平时读书、读文献时做好笔记，对每篇文章的立论、方法、结论、思路、观点等进行分类整理，等到毕业时，已经积累了丰富的资料。需要什么手到擒来，写作有理有据，得心应手，逻辑清晰。研究生从入学，经历上课、读书报告、开题、进展汇报，这些过程都是学习的机会。写综述也是锻炼写作的培训措施，导师不定期的检查学生读书笔记更是一种督促和鞭策。

研究生论文是研究生毕业前的终考，是对其几年学习效果的检验。理论和实践水平如何，看其论文就可一目了然。

记得当年毕业留校时一位老师对我说过的话："语文不好，不会写文章，在人生路上走不远"。回想起来，印象深刻，回味无穷，至今难忘。

读书要得法，要边读边思考，掌握精髓，融会贯通，不是囫囵吞枣，断章取义，望文生义，鹦鹉学舌。会读书的人才会有逻辑，有思想，只会做实验的研究生不是合格的研究生。

作为导师和研究生，站在各自角度都要反思。

结果与结论　　2014-04-26

许多学生在做报告或写论文时，经常混淆结果和结论，甚至把结果当结论。

结果是实验数据（原始数据、统计数据），结论是根据结果推导出来的，二者不能混淆。

结果是实验数据的客观展示，要求实事求是，不加评论。

结论建立在数据分析基础上，是对结果理性思考后做出的主观判断。

结果展示的数据要明确（大小高低等，有无统计学意义），但结论一定要说明结果的意义（结果预示什么？提示什么？证明什么？）。结果是论据，结论是论点。

一篇论文的价值取决于对结果的分析而得出的结论，因此结论是在充分讨论基础上得出的合乎逻辑的推理和判断。

在同一研究领域的工作，你的数据与其他人的数据有何不同，取决于你的实验设计（方法和技术）。只有采用严谨的设计，适用的方法才有可能取得好的结果。

你的工作与同行相比,有何异同?哪些是你的精彩之处?这就需要查阅文献进行对比,知道自己工作的价值几何?

只有好的思路,严谨的设计,正确的操作,深入的分析,找出内在逻辑关系,才能做出准确的判断。

结果回答 how(方式),结论回答 why(原因)。没有结论的论文只是数据的堆积,而数据的分析是得出正确结论的前提。在讨论中,可以发现实验的缺陷,通过补做完善结果和结论。原始数据是证据,要长期保留,以备检验。正确结论的结果要经得住检验和推敲(重复)。结果可靠,结论才可信。结果是现象,结论是本质。科研就是透过现象看本质,揭示自然的真谛。如同医生给病人看病,各种检查获得的结果是为了诊断病情,而化验单、拍片只是结果,做出结论要以结果为依据。

关于研究生论文存在的问题　2020-12-04

最近审阅了几篇研究生论文,发现一些共性问题。

(1)论文基本上只是实验报告。这类论文看似工作量不少,但细究起来,充其量只是实验报告而已。前言对所研究领域论述不足,罗列一些不相干的文献,泛泛而谈,充量之嫌,缺乏立题合理依据。

(2)方法、结果占据大量篇幅。只有结果,缺乏分析,现象背后的机制很少涉及,说明一些研究生只注重实验方法和数据,但对科学问题考虑不多。如此,技术员也可以做到。

(3)实验设计缺乏严谨性。没有对每一设计安排的合理性及解决问题的预期做出论述。只是使用方法而已。对所获数据的意义认识不足,分析不到位。

(4)讨论空泛,缺少逻辑分析和针对性。讨论文不对题,不知所云。只回答了用什么方法获得什么数据,而没有回答为什么会这样。

(5)论文结果统计图居多。有些需要形态学、组织学的关键证据没有提供,很难让人信服实验结果的真实性、可靠性。

(6)在研期间成果与本人所做论文无直接关联性,似乎有论文发表就显示其水平。

这些问题带有普遍性,建议导师开题时严格把关。加强理论学习,而分析问题、解决问题、逻辑思维能力还有待提高。

研究生论文质量堪忧,这一直是个问题。师生矛盾伴随着论文而起,也是有迹可循。这个问题说到底还是导师怎么导,学生怎么学的问题。若师生都是为了科学,探求真理,就都会很投入、认真、严谨、负责,上述问题也就不存在。相互信任的前提下,工作中产生的矛盾也可以通过沟通化解。若导师只想把学生当工具,必然从入学就忽视打牢理论基础,就会催促学生进实验室学技术,恨不得马上成为熟练技工,赶紧出数据。至于发表论文,让学生把方法和结果写好,其他交给导师好了,给学生第一作者或挂名,算是奖励了。这类导师只关心学生实验进展,逼学生做实验,而忽视其他方面,师生矛盾渐显。

若学生把学位当作目标,顺便学点技术,也是不错的选择。至于科学问题,那是导师关注的事情。对学生而言,完成论文获取学位才是学生的目的。为达到此目的,获得数据才是第一位的。"打工仔"自我定位形成,一旦实验受挫,心理压力增大,师生矛盾凸显。

把学生当工具,把学位当目标。师生各怀心事,各打小算盘,怎么能心往一处想,劲往一处使?表面的和谐维持不了多久,矛盾冲突必然出现。

第七节 答辩

研究生学位论文谁来把关　2021-04-18

研究生论文评审答辩季已经到来,每年全国有数十万研究生完成学业,即将毕业。学位论文是研究生的最后一次大考,论文应按照国家学位委员会规定,全面考核研究生是否具备获得学位的资格。

研究生—导师—评阅人—答辩委员会—学位委员会,可谓层层把关,但仍有抽查出来的问题论文。症结何在?现在似乎最严的一关是评阅,评阅人决定研究生能否答辩,因此选择有能力、有水平、有责任心的评阅人至关重要。其他关都在走过场,显然存在明显漏洞。毋庸置疑,导师应是论文的第一责任人,否则就是失职。

关于评阅,各高校对评阅书要求大同小异。无非是同意答辩,修改后答辩,不同意答辩,也有修改后再审的。我认为,研究生论文评阅两条足矣。

一是修改后答辩，二是不同意答辩。理由是，几乎没有不需修改的论文，达不到学位论文要求的必须重改再送审。若有一位不同意答辩的，先看其意见内容是否合适。学生可以申述，或另找一位评阅人，以少数服从多数决定是否可以答辩，但一定要慎重。

修改后答辩并不意味着不做修改就可以直接答辩，应对评审意见逐条回应，就像投稿审查一样。答辩委员会对评阅意见应该监督执行，答辩时应让答辩人先回答评阅书中提出的问题，否则对导师和学生没有约束力，评阅也就形同虚设，答辩委员会、学位委员会也要发挥督促检查作用。

修改是对论文质量把关，对学生负责，对导师负责，对学校负责。当然，若对评阅意见有不同观点也需要说明，征得评委和答辩委员会的认同。

导师—评阅人—答辩委员会—学位委员会四关都应把好，只有这样才能保证学位论文质量。

博士论文与硕士论文评审的区别　2020-05-01

研究生论文质量好坏是衡量是否达到学位论文水平，可否参加答辩的唯一文字材料。因此，论文写作必须态度端正，认真仔细。

先说文字，必须通顺、可读，还要有逻辑性。格式必须符合毕业论文的要求。如果文字一塌糊涂，逻辑混乱，只能退回或否定。

任何评审人拿到论文文本，通常先粗略看一下整体格式，然后对题目进行审视。接着看摘要，了解大概内容。如果题目或摘要不明确，给评审人第一印象就不好，甚至有读不下去的感觉，这种论文恐怕凶多吉少。

博士论文要求高于硕士论文自不必说，博士论文对研究生理论基础、实验设计、结果和讨论要求较高，还应有一定的创新性：

(1) 题目应简洁明确，不产生歧义。摘要是全文凝练的缩影，好的摘要令人有细读下去的欲望。关键词必须让人联想到论文的内容，并按逻辑大小排列。

(2) 前言部分的理论基础反映博士生学术视野，选题的依据起点，问题的准确性把控，工作意义和价值。对文献的综述看出理论功底的厚度，概括归纳的能力。所研究的内容必须是整体的且针对某机制的系列工作（不相干的工作捏合一起是不可以的），研究的目的和意义决定论文的价值。

(3) 方法不能单一。方法选择要说明为什么用这些方法，对解决问题是否适用？对方法的熟悉程度和实验的设计理念可以判断研究者的思路和对技术运用的能力。技术路线说明从哪入手，依次递进还是平行。各方法要相互印证，相互支持。

（4）结果要翔实可靠，实事求是。图表清晰，统计学运用得当。

（5）讨论最能看出学生科学思维和辨析能力。不能空泛，也不能重复结果。要从各种数据中推理、比较、分析，按照科学规律得出令人信服的结论。对自己的工作做一个客观评价，指出不足或有待改进之处，或今后努力的方向，这也是博士学位论文应该写明的。另外，慎用"首次"发现这样的词语。

（6）结论要简单明了，高度概括，创新点的准确描述反映作者的总结能力。

（7）参考文献与文中对应要仔细核对。若发现文献不对应，反映的是科学不严谨，甚至波及全文的可信度。

有博士生认为，只要在读期间发表了几篇SCI文章就可以达到学位论文水平了，这完全是误解。学位论文是一篇完整的论述，不是只看个别结果。若你发表的文章与你的论文主题无关，还会起负面作用，所以还是认真写好毕业论文吧。

字里行间，能否看出是否具备独立从事科学研究的能力是博士论文是否达到水平的判断标准！

硕士论文基本上只要选题可以，方法可行，有一定数据和初步分析，就说得过去，也不要求创新，只要做一个相对完整的实验足矣。但是写作通顺、合乎逻辑也是基本要求。

总之，好的论文一定是有思想性、逻辑性、创新性、可读性、规范性的。那些拼凑的、罗列的、粘贴的、文字不通的论文都是问题论文。

从评审看研究生论文质量　2021-04-13

作为教育部学位与研究生教育发展中心专家库成员，我每年对国内很多高校研究生学位论文进行评审。今年又收到几篇，其中一篇让我眼前一亮。久违了，难得一见的好论文。

此篇论文300多页，文字洋洋洒洒数万。中文文献177篇，英文文献303篇，图表百余幅。就凭这些，可以想象工作量之大，内容之充实，论述之完善。相比经常看到的学位论文，不过几十页，文献几十篇，可见差距是多么巨大，形成强烈的反差。我由衷地感谢这位研究生和其导师，这是用心血完成的论文，这才是严谨做学问的。尽管没有看到其在读期间发表的论文，但我从论文的写作、综述、语言表达、方法手段、逻辑分析和讨论上，有理由相信这是一位优秀的合格研究生。

研究生学位论文是检验研究生培养质量的唯一标准，不是看他在读期间发表过多少文章，这是对研究生培养的曲解。

现在很多研究生学位论文可以用"惨不忍睹"来形容，一点不过分。文字功底差，没有逻辑，标点符号乱用，语句不通，错别字连篇。有些导师在研究生毕业前抱怨学生不会写论文，没有逻辑，只有方法结果和一堆数据。这有学生的素质能力问题，但也反映了导师的水平和态度。

读万卷书，行万里路。现在研究生很多不读书了，入学后看几篇文献，脑袋空空，一头扎进实验室，做实验，出数据，发文章，似乎只要有了文章就能毕业。完全成了培训的技术员和模仿抄袭的大师，问题论文大都出于此。基础不牢，地动山摇！论文也大都由导师撰写，无非是挂了个"第一作者"头衔而已。以后凭几篇文章或许能够找到工作，但发展后劲肯定不足，这在不少高校引进的年轻教师中得到印证。

研究生应该具备独立从事科学研究的能力，这不是一句空话，需要坚实的理论功底和熟练的实验技能做后盾。只会做实验的研究生不是合格的研究生！

读书（文献）使人提升，使人站在学科前沿提出有价值的科学问题，这是我一贯的指导思想。没有理论武装就是个盲目的实践者，好比战场上的指挥官，打仗要靠脑袋，而不是硬拼。

在评估考核的大背景下，一些科研人迷失了自我，忘记了科研初心是什么。研究生论文质量给我们敲响了警钟。再不重视提升论文质量，不仅误人子弟、败坏学风，还会葬送一代年轻学子。

遗憾的是，很多提升研究生质量的建议得不到领导们的关注，也许都在浮夸的氛围下玩数字游戏。领导们关注的是本单位每年发多少文章，发多少顶级文章，而具体扎实的事情无暇过问，也不想去做。

研究生论文评审有感　2019-04-11

每年 4 月，研究生论文评审开始了。与以往不同的是，今年网评的论文越来越多，纸版论文少了许多，这是提高评审效率的举措。纸版论文从提交到评阅人手中经历诸多环节（异地评），既费时又耗力，而网上电子版论文通常有评审时限，高效而快捷。

从论文质量来看，良莠不齐。一些传统的高校有良好的学风，无论格式到内容，基本符合研究生论文标准，但也有个别学校提交的论文，明显看出水平较差。

一是格式问题。文字写作不规范，病句、错别字，这些与学术水平无关，属于语文低级错误。图表不规范，统计方法运用不得当也是常见的问题。

二是科学问题不清。这类论文以数据文献堆砌为主，乍一看篇幅不短，文字量不少，数据很充实，参考文献通常过百。但仔细读过，总感觉不知在说什么，与"机制"相差甚远，只是现象，没有思考。谈不上"研究"，只是测一堆数据，有大有小有多有少的变化而已。结果与讨论混淆不清，讨论与结果风马牛不相及。甚至百页论文，讨论只有1~2页，寥寥数语，一带而过。明显重结果轻讨论，似乎只要有数据就能毕业。缺乏逻辑是学位论文的通病。

三是看导师指导用心程度。凡是好的论文，导师都要参与修改完善。凡是较差的论文，我第一反应就是"导师看没看？"怎么把的关？

四是套路性写作。如某某是重要的科学问题，对于某某至关重要，本研究为某某提供依据、靶点、思路等，话说得越大似乎价值越高。前言背景海阔天空，方法结果事无巨细，讨论不知所云，结论简单粗暴，文献多多益善。刨除这些，干货还有几许？

研究生毕业论文是研究生几年学习生涯的最后一份答卷，应充分展示学生的理论功底和实验能力、写作能力以及独立科研能力（仅对博士生要求）。如果论文内容只涉及实验数据，并不意味着研究生达到学位要求，只能算作掌握技术做出数据而已，如同完成实验报告。毕业论文应该有自己的思想，至少有对某一问题的理解和看法，而不是人云亦云。有想法的论文太少见了。

对于庞大的硕士生群体，既要求按时毕业，又要有公开发表的论文，实在是赶鸭子上架——勉为其难。硕士生要想写一篇优秀的毕业论文，若没有导师的认真指导几乎是不可能完成的任务，而博士生若不能独立完成论文则属于能力不合格之列。

还有查重问题，这应是科研诚信问题。查重软件就是防拷贝检测，如果研究生论文写作保证不粘贴就不应有"重复率"问题。

中规中矩、跟风的论文占多数，有新意的不多见。在"创新性"一栏填写意见最令人头痛，要想鼓励创新，就应该摒弃"八股文"。哪怕是标新立异，说不定是未来的突破所在。几点建议供参考：

（1）你的论文想解决什么科学问题？为什么要做这个？方法是否适当？

（2）你的论文主线是什么？逻辑是什么？针对结果的讨论是否有说服力？

（3）论文提交前是否与导师沟通过？文字（中英文）错误是否自检过？

靠论文查重率能解决抄袭吗？　　2019-02-16

论文查重率是近年为防止学生毕业和期刊投稿论文发生抄袭现象的一种事前预防措施。查重软件这些年"火了"，政府机关、学校、研究所、编辑部都在用，估计会引领软件行业风骚数年。

一些学校和期刊甚至对不同论文设定了所谓容许"重复率"从5%到30%不等，似乎把防抄袭交给查重软件来检查就万事大吉了，既可省了领导、导师、编辑检查的麻烦，又对论文作者起到一定的约束作用。事实真是如此吗？非也！

浮躁的风气必然影响到高校每一个人。本科生毕业论文的硬性规定，硕士生毕业要求发表论文，博士生要求 SCI（影响因子）论文，导师晋职有论文数和影响因子的要求，这一切"论文"使得象牙塔里的人们不淡定了。在高校考核唯论文的指挥棒下，在当前学生毕业要论文，教师提职要论文，申请项目，评奖、头衔都要论文的大背景下，为了个人利益，论文抄袭成为必然！自己做不出来，写不出来，于是乎就找人代写，就抄袭剽窃，就编造。只要有论文，"英雄"不问出处，名利双收，造假之风由此泛滥成灾。为遏制抄袭，查重率也就应运而生。

重复率不是一个简单的问题，并非文字不同就没有抄袭，也不是重复率高就一定是抄袭。

抄袭严格说是个人诚信问题。诚信不是从写论文开始的，而是从小长大过程中耳濡目染一点点熏陶出来的。诚信的对立面是不诚实、造假和欺骗。如果一个人写文章时全凭自己的思路去写，而没有直接拷贝的话，不可能有抄袭发生，如同考场答卷一样。即便观点相同，也只能是英雄所见略同的巧合而已。若是把别人的思想"化为"自己的思路，即便没有相同文字也是抄袭。只不过前者是低级（显性），后者是高级（隐性）而已。

所以查重只对低级重复（拷贝）有效，而不适用于高级（思想）抄袭，查重率只是拷贝率的检测而已。拷贝率居然如此高，可见整个社会的诚信度多高？而高级抄袭的危害更大，因为靠抄袭成名者拥有更多的资源和主导权，当然这已不仅仅是查重率的问题了。

还有一个引用问题。引用必须标明出处，但问题在于即便是改写仍然是引用（因为不是你的思想）。有时背景介绍时必须引用，涉及敏感问题的引用必须是原文，否则有断章取义之嫌。引用不当与抄袭还是有区别的，不能一概而论。

要想真正从根本上解决抄袭问题，需要全社会的共同努力。一是主管部门、学校不要把论文作为考核的唯一标准，二是让象牙塔回归本来学术氛围，三是论文作者的道德自律，四是打假落到实处。若这些做好了，抄袭才有可能杜绝，查重软件也就不再有市场。

学位论文双盲评审有必要吗　2021-05-27

我国研究生招生规模日益扩大，带来的一个负面效应是部分学生质量的下滑。当下正是论文答辩季，学位论文所暴露出的问题也成了导师们诟病吐槽的热门话题——有些学生连基本的语文水平都达不到，何谈科学性、学术性、逻辑性、创新性？

此前，研究生人数少时，学位论文送审大都由导师安排评阅和答辩。如今研究生人数众多、良莠不齐，为了防止熟人效应，双盲评审也就应运而生。该方式的初衷是把住学位论文质量关，然而运行的结果事与愿违。

首先，浪费大量时间。一篇论文送审短至1个月，多则2个月，其间导师和学生无事可做，只能翘首期盼结果。

其次，双盲评审看起来合理，但实际上同行完全可以通过论文内容判断谁是导师。若遇到外行更麻烦，读不懂胡评的事情也不少。

最后，评议人的水平和责任心也参差不齐。有的过于苛刻，有的放水严重。从评阅意见中，我们也可以看出评审人是认真还是敷衍，是吹毛求疵还是随意放纵。

基于此，在我看来，研究生的论文评审更应该实行完全的实名评审，让评审人的意见接受同行的检验和推敲，我相信一个严谨的评阅人不会拿自己的学术信誉开玩笑。

需要指出的是，博士论文要严格审查，网上评审是必要的。硕士论文的把关重点则在校内和导师。同时，建议各学校将自己的优秀导师集中起来，认真评审每一份论文，并给出具体修改意见，将论文问题在校内化解，而不是把责任推给外校。

总之，双盲评审机制的设计有其一定的合理性，但试行以来的弊端也日渐凸显。盲审只是形式，并不能解决论文质量的所有问题。研究生论文质量把关的关键是导师负责任、学生认真对待。离开这两条，任何把关都形同虚设。没有责任制和淘汰制，什么关也把不住。

硕士研究生申请答辩以发表论文为前置条件可以休矣　2021-03-19

清华大学 2021 年 3 月 18 日公布了 2020 至 2021 学年度第 9 次校务会议修订的《攻读硕士学位研究生培养工作规定》（以下简称《规定》），明确提出不把发表学术论文作为申请学位论文答辩或申请学位的前置条件。《规定》坚持，"学位论文是进行学位评定的主要依据"，要求硕士生"在指导教师指导下独立完成学位论文研究工作，相应形成的创新成果应当以学位论文的形式完整呈现；硕士生完成个人培养计划、达到所在学科或专业学位类别培养方案相关要求、完成学位论文工作并达到相关要求后，方可申请学位论文答辩"，这是对研究生学位论文评定的政策调整。尽管《规定》咬文嚼字，行文颇费周折，但意味着学术型硕士生毕业前不再要求发表文章（学术论文）了。将学术论文与学位论文脱钩是其核心与内涵，这是破除学位评定中的"唯论文"的新举措，无疑对高校硕士研究生影响深远。

自 1980 年代恢复研究生招生以来的 40 多年间，国家培养了近千万研究生。随着研究生扩招，近年研究生规模越来越大。进入 21 世纪后，SCI 的权重成为高校评估的重要指标，对研究生学位论文要求也逐年提高。近十几年，很多高校把毕业前必须公开发表论文作为答辩的前置条件，不仅对博士生，而且扩及硕士生，一时让导师和研究生感到压力倍增。尽管硕士生只要求有论文发表，但由于其研究水平的差异以及专业期刊数量与每年研究生毕业人数的差距，导致一些学校无法保证每一位硕士生在校期间都能发表论文，即便已发表文章的研究生也难以确保独立完成或与学位论文相一致。

从研究生培养层次角度，博士研究生才是科研的骨干，未来的高校教师必须是博士。而硕士研究生毕业很少留在高校从事科研，因此并不一定都要求在校期间发表论文。既不现实，又无必要。我不否认在读期间学生（甚至本科生）发文章，但毕竟这是少数。将毕业前发文章作为申请学位的前置条件，涵盖所有硕士生，完全是因为学校评估使得将论文压力转嫁到学生身上的强加条款而已，也是学校师生各方利益（业绩、职称、文凭）的驱动使然。任何所谓提升学生能力、提高培养质量的说辞都是借口，完全不值一驳。难道以往毕业前未发表论文的硕士生质量差吗（笔者就是）？发文章非得作为申请学位论文的前置条件吗？毕业后再发文章又如何？当然学位论文答辩通过后等待学术论文发表才能拿到学位证的做法也很不耻（博士生除外）。

研究生科研训练是一项系统性工作，包括科研思维、动手能力、演讲能力、写作能力、处事能力等综合因素，写论文也是基本功之一。我一直强调，不会独立写论文的研究生不是合格的研究生，不应把硕士生当作出数据的工具。试想，现在导师们吐槽学生毕业论文初稿问题多多，那为什么还逼他们毕业前发表学术论文呢？为什么不把精力放在学位论文写作提高方面？若学生有能力了还愁发不了文章吗？其实写文章的文字功底是在中学写作文练就的，不是到了研究生才现学的。

要求硕士生毕业前发表论文，浪费很多科研资源。由于硕士生基础薄弱，学制三年，除了上课和就业，加上培训，有效科研时间也就一年而已，几乎不可能做出什么高水平成果（个别除外）。即使发了一篇小论文，也不一定达到学校领导的要求（领导只关注高影响、有显示度的文章）。为什么非要逼师生呢？

硕士研究生在国外只是一种过渡学位，不要求发表论文。真正做科研的应该是博士生，硕士阶段只是科研培训为主。把硕士生按博士生要求，无疑是违背规律，一厢情愿地拔苗助长，只会事倍功半。

清华大学这次开了个好头，也许以此为契机，反思一些做法，促进高校研究生培养制度的全面改革，使得尊重教育规律的人才培养体系得以重建，回归正轨。当然不同层级的学校对此有不同意见，这也很正常。因校情而异，区别对待。

不要求发表学术论文作为答辩和申请学位的前置条件并不意味着对研究生培养质量的放水，如同"反四维"不代表不要文章一样，千万别过度解读。还是按规定做好学位论文，迎接答辩吧！

答辩委员要自重　2021-05-14

研究生论文答辩是一项十分严肃的事情，关乎研究生培养质量和学位质量。答辩委员会是学位论文的最后一道关口，能否守得住，就看每位答辩委员是否有责任心了。走过场还是学术思想的碰撞，效果截然不同。

我参加过无数次校内外答辩，每次事先都会仔细看论文，琢磨提什么问题，尤其是遇见水平高的论文，更是不敢怠慢，小心谨慎。这对我也是学习提高的机会，以学生为师不丢人。我希望学生与我交流，教学相长，共同进步。在论文答辩过程中，我关注立题依据是否合理，方法是否得当，内容有无新意，结果是否可靠，讨论是否深入，结论是否可信，回答问题是否答非所问，学生思维能力和思想深度如何，表达能力如何。有问、有答、有辩才有意思，在学术讨论会不景气的情况下，学位论文答辩无疑是一次学术交流的机会。

然而，这样的场景或许很多老师并不陌生。有些委员在提问环节，经常问这样的"问题"，如"论文格式，错别字，哪页的图表漏个什么，参考文献格式不符"等，好像拿放大镜在鸡蛋里挑骨头，似乎非常认真。我不是说不能问这些问题，但前提是，对论文的整体性、科学性、学术性、逻辑性关注了没有？

分析其原因，无外乎以下几种：

（1）事先根本没看论文，听完学生汇报也没完全听懂，又不得不问。在毫无准备的情况下，在论文写作上挑毛病是最省事、最稳妥的办法，否则提不出问题会很尴尬，于是关注细节能给人一种认真仔细的印象。

（2）碍于导师面子，尤其是有头衔、有身份的"牛"导师。答辩问的问题实则是考导师，通常怕学生回答不了让导师下不来台。又怕提尖锐问题得罪了导师，恐下次答辩不请你，因此十分"珍惜"这个机会，做个凑数的龙套，给足面子，反正又不是自己的学生，个别导师容不得批评也是答辩委员忌惮的地方。

（3）本身学术能力有限，看不出问题，只能吹毛求疵。往往愿意最后提问，意思带有"大的问题前面都问了，我就问几个细节小问题吧"，总结性、补缺性，颇显专家风范，一出口便得知这是位"老油条"。对于那些问题多的论文，学生的一颗忐忑心终于落地了。

（4）答辩走过场，不得罪人。认认真真走过场，一团和气，皆大欢喜，最后拿钱走人。

这些问题反映的是高校学术环境的恶化，内卷化，风气不正。只能说好话，不能提批评建议。导师不导，学生不学，领导视而不见，大家也慢慢习惯适应了，所谓"欢迎专家提出宝贵意见"无非是叶公好龙罢了。

研究生们当然多数喜欢这样的专家，亲民化、明事理、好说话、大好人，轻松过关拿学位。然而也有学生暗地里说这样的专家啥也不是，是混饭吃的，名不副实。有些人不说，但学生和同行心里对每位委员的学术水平和操守还是有数的。

还有如何回应评阅人意见也需在答辩时关注。有的论文评阅人提了很严肃的问题。研究生是否逐一修改了，怎么改的？要有说明，否则答辩就是无视和放水。

答辩委员肩上的责任是什么？对研究生论文持什么态度？在学生、导师、同行面前呈现什么样的形象？配不配得上答辩委员？拿答辩费亏心不？答辩不仅是针对学生导师，也是在拷问答辩委员，不知答辩委员看后做何感想？

第八节 就业

博士学位证是博士生就业的资格证　2015-06-12

博士学位的获得需满足论文达到博士学位水平且通过答辩，但现实很多学校增加了论文发表这一条款（各校要求程度不一）。若没有论文发表，只能先拿到毕业证，等论文发表后再补发学位证。

用人单位要人是指获得学位的博士，只有毕业证而没有学位证的一般不被认可。

毕业证与学位证哪个更重要？当然是学位证！有很多人对毕业时有无文章颇有微词，好像毕业就应该拿到学位证。

没发文章该不该扣发学位证这个问题应该在入学时了解清楚，如果学校在入学时就有毕业发表论文方能获得学位证的规定，就不存在扣发问题。暂且不说发论文合理不合理，就入学时双方达成的约定来说，学校方并没有"违约"。

学位证的问题决定权似乎不在学校、导师和学生手上，而是在出版商手上。因为发不发文章的决定权由它把控！质疑发表论文的理由之一就是出版周期太长。研究生学制三年，从确定题目到着手实验需要2~3年时间（顺利情况下），而投稿到发表至少 0.5~1.5 年。怎么算，这时间也是蛮紧的。

那么，出路在哪里？

要么学校不要求发表论文。这一点恐怕行不通。怕一开口子会有越来越多的无论文"混"学位者。何况看看考核学校，老师的标准中的论文权重，就别指望学校取消论文条款了（增加还来不及呢）。

要么用人单位不必认学位证，而是有毕业证即可。但用人单位也怕招个"水货"。万一拿不到博士学位，岂不浪费一个用人指标？

说到底，学校、研究生、用人单位三者都怕被"忽悠"了，因为诚信这一最重要的"前提"已不存在。所以什么"人格"担保在现实面前一文不值，只有查看论文这一"硬通货"了。

在现实状况下，说什么没有用，想要获得博士学位，就得有文章！有文章才能顺利就业（做博士后例外）。

文章，文章，还是文章……考验着每一个从事科研人的神经。科研的兴趣、快乐、艰辛、煎熬全在这里，若受不了，建议远离它。条条大路通罗马，为什么非要钻死胡同呢？说得轻巧，没上船前还有选择的机会，一旦上了船想下去就难了，只有奋力划向彼岸。要么上岸，要么淹没，别无他路。

中学教师招聘也要名校毕业生　　2021-02-21

中学教师招聘也要名校毕业生，这是最近两年吸睛的新闻。原来的中学师资以师范生为主。可是近年一些一线城市的重点中学开始招聘国内外一流大学的毕业生，甚至一些博士生也加入中学老师行列中来，北大清华自不用说，牛津剑桥也不稀奇。是中学老师比大学老师更有吸引力吗？作为中学老师，真的需要名校高学历吗？还是哗众取宠，为学校争招牌？

在中学追求升学率的大背景下，师资无疑对中学的知名度会带来影响。师资强则学校强成为中学校长们的追求，似乎名校出身的老师就能培养出考入名校的学生，可以提高升学率。

这种趋势明显对师范生就业形成了压力。我不否认名校生的质量，也不否认非师范生也能当好中学老师，但是作为中学老师有必要非名校高学历不可吗？高学历一定比普通师范学历的强吗？现在高校都在热议破"唯"。难道唯学历又在中学死灰复燃？

事实上，一线城市重点中学老师的待遇远高于大学老师。经济基础决定上层建筑。高校"青椒"的压力越来越大,入职门槛越来越高,而待遇不具有吸引力。中学有编制,待遇不差,这或许是一些名校博士们的不错选择,而中学恰恰抓住这一机遇与大学争夺人才。

名校博士本应该在科研方面发挥更大作用,或许多年的寒窗之苦让一些学子逃离科研?

要知道,中学老师不仅需要专业知识,还需要懂得心理学、教育学、教学方法等。学历不一定代表能力,姑且不说是否大材小用,即便是名校出身,也有其短板,而做一名优秀的中学老师可以通过教育硕士培养达到理论与实践的提升。

实践是检验真理的唯一标准,名校与普通学校毕业的中学老师谁更强,五年后或许可见分晓。

师范生立志当中学老师没有出息吗　2016-04-01

有的老师议论,说课间与学生聊天,发现绝大多数学生的理想是当中学老师。这位老师听完,"一下子失去了讲课动力。费那么大劲,最多也就培养出一些中学老师!想想看,也太让人失望了",并建议"能不能请些科学大家、成功的企业家、政府高官等来给我们学院的学生多开些讲座?激励他们树立更高的人生目标?"

从这位老师的吐槽引发的讨论看,有支持赞同的,也有质疑反对的,形成了明显对比。

为基础教育服务,培养中学老师是师范院校有别于其他学校的特色。但是师范院校都想提高自己的"档次",极力摆脱"师范"帽子。现在师范院校的老师们都对自己的学生志向看不下眼了,师范危矣!

难道师范院校也要向北大清华看齐,培养的学生要么出国,要么当科学家,要么当老板,这才是更高的人生目标吗?"家有五斗粮,不当孩子王"的观念仍然根深蒂固。吊诡的是,当自己的孩子考高中时,都希望选择好学校、好教师!

高校的考核造成高校人才培养模式的同质化,无论什么层次的学校都以SCI影响因子为追求目标。不想想,地方院校即便引进诺贝尔奖得主,学校的"地位"或许提高了,但水平能真的提高吗?要知道,师范不代表水平低,做中学老师的人生目标也并不低!现在的中学老师远非十年前可比。知识更新了，能力要求也更高了。

师范大学的师范特色一旦失去，学校真的危矣！千万别追求高大上，画虎不成反类犬。

研究生论文与就业的冲突　2021-11-11

每到毕业前那个学期的10月，研究生的心开始躁动了，不再心如止水地专注工作。各种招聘会信息像一块块石头激起的水花，打破了实验室的宁静。实习或实验室里的研究生们再也坐不住了，纷纷请假离岗找工作去了。导师这时显得很无奈，让学生去吧，怕影响工作；不让学生去吧，又不近人情。辅导员们推波助澜，转发招聘信息给学生和导师们，催促师生落实。因为12月初学校要统计就业签约情况，不达标（90%）就要被通报。

这样的管理和操作，使得导师们很尴尬。导师当然希望学生做好论文，也希望学生有好的工作去处，但是现实中这二者在时间上是矛盾和冲突的。作为研究生，把找工作放在第一位也无可厚非，但导师更关注科研的进展。

最近，国家一直强调研究生培养质量，对论文的要求也越来越高。但在时间方面给导师和研究生提供保障，应该是管理部门的责任。行政条块分割，政出多门才是造成这种困境的原因。业务部门要质量，就业部门要就业率；导师管论文，辅导员管就业。质量或就业出问题，到头来都是老师的责任。一个时间干两件事，导师和研究生没有分身术吧？

为什么不把招聘会放到最后一学期？学校为什么把就业率统计屡屡提前？又让导师把好论文关，又不给足够的时间，还要支持学生就业，真的是让人无语（网络用词，表不理解）。

研究生学制2~3年，除去半年学课程，后一年就业和答辩，真正做论文的时间所剩无几，短短几个月怎么保证研究生质量？

整天空喊口号，各种条文如同文字游戏，就是没人在质量上做点有意义的实事！给师生创造工作条件和时间保证，发挥导师作用的实事不去做，而务虚风充斥着高校，为保证就业率，是否以牺牲论文质量为代价，只要数量而不要质量的做法该休矣。

高校毕业生的就业问题　2021-06-22

高校毕业生的去向现在是个大问题。据我所知，即便北上广深一线城市的高校，今年毕业生就业率也出现了问题，个别专业签约率低于40%的现象已经浮现，出现这种情况与社会突发状况有一定关系。

地域因素是应届生就业的首选。尽管小城市不少单位开出较好条件，希望吸引人才，但是对学子来说，吸引力仍不够强。一些外地学生在一线城市就读，毕业后大都希望在本地找工作，而不是回原籍。当地学生则更不愿意去外地工作。这与待遇、生活环境、个人发展有很大关系。

通常不发达地区的人无论进城打工还是求学，都把其看作脱离原有环境的跳板，都希望在发达地区生活工作，这也无可厚非。然而，国家的发展需要年轻人去创业，这也是责任担当和使命。

地区间经济发展不平衡是导致这种情况的原因，小城市、偏远地区的学生不愿意回家乡工作也是原因之一。如何解决这个问题，需要政策的调整。给学生提供良好的环境和待遇，改善地区间差异是解决这个问题的根本。

第九节　教育硕士

教育硕士研究生论文的套路化问题　2020-05-23

最近几年又开始复招教育硕士研究生，毕竟不像以往带科研型研究生那么辛苦。加之笔者早期就曾指导过教育硕士（简称"教硕"），尽管有几年停招，但感觉教育硕士培养模式变化不大，只是生源由在职中学教师换成应届本科生而已。因此重操旧业，轻车熟路。

教硕导师与学术型导师不同。对于教硕论文，开题—评审—答辩几个环节下来，归纳出一些共性规律。

教硕论文的套路架构特征：

1. 题目

冠以某理念（理论、模型）"大帽"，尤其是新创概念，扣在课堂教学、课外活动、综合实践、第二课堂、校本课程等上面，题目基本就有了眉目。看似既有理论，又联系中学实际，还紧跟潮流，"基于……的研究"更时尚。

2. 前言（绪论）

按教育部课标对中学生学科素养要求目标逐一对应，缺啥补啥，问题就有了。列出熟知教育家如杜威、皮亚杰、布鲁纳等，理论也有了。文献把国内外现状筛一遍，再把所研究的内容、目的、意义说几句，立论依据初步成型。

3. 方法

方法无非是文献法（前言综述已用）、问卷法（抄袭改编，回答 yes or no 即可）、实验法（设实验对照班）等，然后设计几个案例（基本上从中学教案搬来，按所用模型一一对应就行）。其实文献法不是搜集引用他人文献就是文献法，实验法也非分班那么简单，问卷的针对性和实效性必须仔细斟酌。

4. 结果

结果以图（柱状图、折线图）表（三线表）为主，数据来自问卷统计，样本数不能太少。为显示论文有意义、有效果，不论做什么题目，一定要与学习兴趣、自主性、批判性思维、探究能力、合作学习、解题能力、学习成绩等指标挂钩，这是课标规定的。问题在于：问卷、案例与结果是何联系？有多大联系？问卷，案例设计，前后测及结果评价方面存在脱节。我们的学生被套路害了，知其然不知其所以然。比如学习兴趣和学习成绩不是每一个研究都需要这两项指标来评价的。案例设计是依据前测发现的问题，而结果后测是回答问题解决了多少。很多同学不明白这其中的因果关系，所以造成逻辑混乱。对创新性、自主性、探究性应该用什么指标衡量和评价，需要认真考虑。转变人的习惯和价值观不是一两个案例就能做到的。比如刚学完了保护环境，转身就乱丢垃圾，你能说教育是成功的吗？知行合一才是最高境界。

5. 讨论

本应运用理论解释结果，但现在很多同学重复一下结果，或不着边际地写几句，反正别人看的似懂非懂，不知所云，恰到好处。泛泛而谈，务虚不务实，前言中提过的理论这时均不见了踪影。对于学生学习兴趣，学习能力的提高只是问卷和考分得来的结果。你信不信？反正我信。有点自欺欺人的味道。

结论整理1、2、3……文献列出几十条，致谢。最后提供几个附录、问卷量表、案例、活动照片之类的。只要选题与中学相关，格式符合，文字用词无大错，顺理成章或自圆其说，即使有点勉强，论文也算完成了。

这样的论文结论不知学生本人相信不相信？答辩后还看不看？反正老师一看完就全忘了。这届毕业，下届又是轮回。如同中学上课一样，教材几年不变，教案微调重复，一切按统一课纲，围绕升学率进行教学，因此学校间差异不大，甚至完全吻合。而教育硕士又必须按照中学要求去做，难免被套路。

开题时，总是觉得被束缚住一样，只能在既有的框架中选择，难有新意，更谈不上创新。

写作时，只要按套路，中规中矩就行。

评审时，"八股"式论文看过一篇就不想看第二篇，写作问题、逻辑问题、设计问题、问卷问题几乎千篇一律。你严一点给个修改后再审，学生还能"认真"改改，你若慈悲给个修改后答辩，就意味着放水，有的学生可能就一字不改提交了。

答辩时，感觉普遍性问题如出一辙。有的专家临时参加答辩会，随手翻一下论文就可以找出文字图表错误，不痛不痒地提点意见，答辩草草收场。因为不想问或实在问不出什么来了，走个过场而已，反正没听说有答辩通不过的。答辩委员会决议也只能是套路写作还以颜色。至于查重率，虽然表面上不高，但真正的观点有几个是你自己的？每位同学答辩前的诚信宣言有几个敢较真？有些论文观点不是粘贴的就是改写的。

然而，答辩之后师生皆心安理得。老师带了学生，学生拿了文凭，各得其所。年复一年，皆大欢喜。岂不知这样的教硕培养模式，学生真正获益多少？难道教硕只是教学设计、课堂组织、案例编写、上课技能、微课制作、说课比赛、教材培训？对教育理论、理念，究竟有多少提升？用理论指导实践又有多少思考？若如此，干脆取消毕业论文，一年学习教育学、心理学、教学论课程及教学实践课程，然后一年到中学实习，最后写份调查报告或总结就可以了。像现在这种论文，缺少理论深度、严谨设计和逻辑论证，方法都一样，结果不可靠，讨论不到位，结论不可信，加上写作问题，几乎没有任何价值。

问卷量表的设计，文献的应用，分班的依据，案例的分析，评价的指标，这些问题需要认真考虑，否则论文流于形式，缺少内涵，不能只是实施了案例就万事大吉。关注点不是"怎么做"，而是"为什么这么做"，对于学生的能力、素质提升要有扎扎实实的证据。仅凭几份问卷和学习成绩是问不出兴趣、自主学习、批判性思维、探究能力等是否提高的。

站在教硕导师与学术型导师的立场看待不同类型的研究生，或许有些理念冲突。学术型研究生不确定因素很多，差异化培养，富有挑战性，自由度大。而专业型教硕士生每个环节几乎都是固化的（尤其在选题、方法方面），几无挑战性，自由度小。因此论文同质化现象严重，如同一理论应用于不同课程的研究，理论类似于扑克牌中的"混"，差异不大。做研究，应先找准问题，然后针对问题设计解决方案，效果评价要有说服力，不能空泛，要有理论指导，要反思。教硕论文改革势在必行！

导师的水平能力对于教硕士生培养作用不如学术型研究生那么大，因为都是套路化程序。同理，学生的差别也不大。也能理解考生选择导师时更多倾向于选择具有较多中学资源的导师而不完全看学术水平，因为教硕论文的实施是在中学进行的，所在学校的层次对论文内容开展有所区别，所以会出现学生选导师时集中扎堆现象。当然无论谁任导师，毕业时论文质量也拉不开多大差距。教硕培养过程更像工厂化流水线，只要按程序操作，产品质量大同小异。能体现导师水平的，唯有逻辑、文字、答辩指导了。

教育硕士发展的桎梏必须清除　　2021-12-07

教育硕士是专业学位，是随着国家基础教育发展应运而生的。随着专业研究生规模逐步扩大，一些深层次问题显露出来，成为该专业发展的桎梏。

1. 教育硕士起步晚

相比传统的学术型研究生，我国教育硕士发展至今不过20余年，在研究生领域还是个新兵。从最初的中学骨干教师培训班演变到现在招收在职、应届生，仍未找到一个完善的培养模式，问题不清，方向不明，似乎还在摸着石头过河。

2. 缺乏高素质的导师队伍

由于教育硕士以培养中学师资为主，而大学老师以往大多不屑于中学，只顾自己的学术型研究。于是师范院校从事教学法、教学论的老师找到了机会，他们把自己的专业移植到教育硕士上来，承担中学课纲制定，中学教材编写，教硕培养计划，掌握了话语权和政策制定权。从事教学法研究的左右了教育硕士，好像他们是权威，于是有了发号施令权。很难想象一个"边缘"小学科指挥教育硕士，驾驭千军万马的景象。

导师先天不足。最初的导师大都是以教学为主的，科研能力弱。成为硕士导师后，有了自己的领域（domain），于是故步自封、得过且过，有了与学术型研究生导师分庭抗礼、同等的地位。试想这样的导师与学术型导师差距如此之大，勉为其难，注定水平不会高。这几年由于导师队伍扩充和专业招生人数激增，一些学术型导师也开始加入教育硕士导师行列，但是缺乏对教育硕士的指导能力，无非是多招几名学生蹭工作量而已。

3. 培养模式不明

教育硕士以中学教育问题为研究对象。通常先学课程（教育学、心理学、教学法、教学论等），然后到中学实习。离不了教学技能、教材分析、案例设计、课外活动、班主任等，还要进行所谓的教学研究。选题关卡重重，内容被限定。于是问卷调查、访谈、案例成为时尚。什么问题都是一样的问卷，什么案例都能解决所有的问题，什么结果都以学习成绩作为评判，完全不需要动脑子。除了实习之外，再无其他方法，于是杜撰出"文献研究法""实践法""统计法"等令人啼笑皆非的方法，以彰显其独树一帜、方法多样。可怕的是以讹传讹，成为固定套路。还有课程设置，没有统筹规划，因人设课很普遍。教学技能训练成为主课，说课、演讲、板书、PPT替代学理论和讨论问题。实习交给中学，学校很少过问。部分学校论文审核走过场，故论文很少有不通过的，只管招，不管培，误人子弟。

4. 选题范围狭窄，导致论文套路化

教育硕士论文选题近年来落入套路化陷阱，同质化、雷同化普遍。由于限制因素，似乎就那么几个问题，翻过来倒过去，循环往复折腾，思维逐渐僵化。师生在选题时一脸茫然，不知该做什么，于是导师学生都习惯化了，不用思考，随便一个"基于……"参照别人，照猫画虎就是个开题。抄概念，抄模式，换汤不换药，拿几个时髦理论充门面就算有了理论依据，有些论文逻辑混乱就是抄袭拼接的恶果。在问卷、量表、教案、统计图表细枝末节上纠缠不休，忘记了教育硕士到底在做什么，应做什么？这样的教育硕士还有多少含金量？

5. 导师缺乏交流，学生没有主见

导师有导师的问题，学生有学生的问题。

导师水平参差不齐，很少有正常的学术交流。提意见似乎变成了人身攻击，动了别人的奶酪，容不得别人批评，都是自己的学生自己做主，想怎么带就怎么带，只要能对付毕业就行。师生交流几乎停滞。

现在的学生都是应届生，他们所受到的中学应试教育已经使他们对中学现状麻木了，以为存在就是合理的。没有发现问题、解决问题的动力，更谈不上对中学教育的思考。只要练好技能上好课，顺便写篇论文就把学位拿到手了。喜欢作秀表演，不愿苦读原著，更不愿去思考。实习不足一年，甚至几个月，找工作便成为首要任务。

6. 教育研究成为少数人的专利

一提到教育研究，好像就是教育学的问题。其实不然，教育是每个大学老师关注的问题，也是全社会的问题。现在习惯于某些教育专家做报告，带风向，高谈阔论，不解决实际问题，好像他们说的就是"圣旨"。另外，一些教育类核心期刊，圈外人根本无法进入，于是一些中学教育类期刊借此获益匪浅，一篇小论文的版面费直逼学术性期刊，成为这类期刊的"摇钱树"。

改革开放之初，龚自珍的一首"九州生气恃风雷，万马齐喑究可哀。我劝天公重抖擞，不拘一格降人才。"的诗句至今仍有现实意义。解放思想，大胆创新，关注真问题。拿出改革的勇气，让教育硕士凤凰涅槃，重生已是当务之急。

教育硕士面临的困境　2021-01-11

教育硕士已经有20多年的历史。从在职中学教师回炉培训到应届本科生，经历了几度变迁，但以面向中学教育的宗旨始终未变。由于现在的学生大多没有中学从教经验，缺乏对中学的了解，因此在论文选题上遇到困难。在实习时间不能保障的情况下，教育硕士选题进入套路化模式，选题近乎山穷水尽。

随手翻看一下教育硕士论文，你会发现模仿追踪是论文的一种常态。题目"基于……"占半数，概念炒作毫无新意，随便一个抄来的问卷反复使用，案例都是老一套。试讲开题走过场，重形式，轻内涵。师生似乎认定教育硕士论文应该遵循的准则就是课纲要求，运用理论，问卷调查，案例设计，前测后测，成绩对比，自圆其说。表面上看起来中规中矩，实质内容空泛虚无，毫无新意，应付了事。可怕的是，这种情况年复一年地重演，这样下去用不了几年，教硕论文注定将陷入死循环。

现行的教育硕士培养方案，课程安排了一、二两个学期。为了达到学分要求，20多门必选修课看起来丰富多彩，其实有用的课不多，上课质量也无法保证。第三学期去中学实习，兼做班主任，论文，加上学生就业应聘，有效时间只有2~3个月而已。第四学期就是论文答辩和找工作，基本上脱离了中学。两年的四个学期就这么稀里糊涂地过去了。论文质量什么水平，那张文凭究竟含金量如何，学生心里清楚。高学费换来的一纸文凭，实在是误人子弟，"毁"人不倦。

人的正确思想是从哪里来的？是从实践中来的，实践出真知。教育硕士就是应该及早进入中学，深入中学，了解中学，才能从实践中发现问题，找准问题，研究问题，解决问题。没有调查就没有发言权，闭门造车，在教室、图书馆里是无法找到问题答案的。

教育硕士论文选题有专题研究论文、调查研究报告、实验研究报告、案例分析报告等。然而，理论研究的论文少之又少，原因是多数学生根本不读原著，习惯于在前人的论文中照猫画虎。课程设置理论讲得少，技能教法偏多。板书、课件、说课占据了大量时间，以为能讲课就是培训，运用现代化手段就是提高，忽略了教育理念、教育理论和深入思考。

教育是育人系统工程。不仅教学生知识，还要培养学生的家国情怀和创新精神，这样一个民族、一个国家才有未来。论文选题不在这些问题上，而囿于套路化，是短见、急功近利使然。一方面对学生论文质量不满，但又拿不出切实可行方案，这是教育主管部门和具体研究生主管的悲哀。开会讨论不是无休止地在程序上扯皮，而是应关注如何提高人才质量。对学生发表论文、获奖方面的热情转移到打牢理论基础，结合中学实际，解决实际问题上来吧。尊重教育规律，从招生做起，导师选拔、培养方案、实习计划、措施保障、日常管理都要规范化、制度化。

"山重水复疑无路，柳暗花明又一村。"只要思想解放，跳出怪圈，实践—认识—再实践—再认识，才能让教育硕士发展壮大，才能为基础教育培养合格人才，中国梦才能早日实现。

教育硕士论文写作要求　　2021-12-06

我对学生毕业论文的要求：

1. 题目简明清楚，尽量不用副标题。字数最好控制在 20 字以内。避免"基于"。

2. 摘要中研究背景、研究内容、研究目的、研究结果、结论、研究意义要凝练，不要说虚话、废话。英文摘要避免翻译软件直译，要自己写，检验英语写作能力。

3. 关键词不超过 5 个，通过关键词可判断你的论文是要研究什么。

4. 目录要清晰，不宜过细，3~4层级即可。结果和讨论不能混淆，如对……的影响是结果，不是讨论。

5. 引言（绪论）阐述研究背景、文献分析不是罗列堆积，要对文献进行梳理，引述的文献要标注，不是说谁做了什么，有多少人做过，而是工作的结果有何意义，对本研究有何启示和帮助。核心概念的界定要慎重，不是什么都是核心概念，理论依据要说明引用的教育学理论内涵和指导意义。从现状分析中找出有价值的研究问题，确立立题依据。现状说明要实事求是，不能为了立题故意夸大或缩小、回避，如否定中学教育，否定教师和学生等，不能为了"创新"刻意回避已有研究。逻辑性是主线，知道自己要做什么（内容），为什么做（思路）。

6. 方法上要说明所用方法的目的、意义、适用性，而不是泛泛空谈，具体使用在本研究中所起的作用。文献研究法不要罗列，因为你不是专门做文献研究，而是实习和案例为主，什么学科论文不需要参考文献？没听说都冠以文献研究法。实践法也是废话，实习本身就是实践，调查问卷、访谈、案例设计不是实践吗？这两个"方法"完全是杜撰出来的，人云亦云，以讹传讹。统计学要说明为何选用，是否合适。问卷设计不能套用已有的问卷，问题要有明确针对性，不能问一些不痛不痒、与研究无关的问题（如你对……有兴趣吗？）。师生访谈要有提纲，问题也要有针对性。研究路线图要有逻辑，标明每个环节的相关性和时间顺序。量表要结合自己的工作加入一些新内容，而不是照搬照抄。对照班与实验班的设置要慎重，符合研究。所有方法要有科学性和可行性分析。

7. 结果与分析方面，通过方法，运用获得的数据进行分析，并按实际研究列出，阐明结果的意义。图表要精选，不要太多（5~8个为宜）。切记：兴趣、素质、意识、能力都不是完全用学习成绩作为量化指标的。

8. 讨论是对结果的深刻认知。为什么导致这样的结果？用教育理论和前述文献的观点进行剖析，运用心理学、教育学、学科理论等为指导。对比已有研究，要有反思。你的创新是什么？解决了问题没有？解决了多少？如何解决的？未解决的是什么原因？

9. 结论、小结和展望是概括本研究结论，说明研究不足，拟改进的措施和后续应该完善的工作。

10. 参考文献方面，列出与本文相关的重要文献，按照出版要求排列，提倡按文中顺序排列，书籍应列出所参考的起止页。

11. 附录部分，正文中篇幅受限但提及的问卷、案例、图片、实习作业及成果等。

12. 在研期间发表的论文，只列已经发表的。

13. 致谢导师、直接帮助过你的人等，谈谈感悟。

最后强调一点，写论文必须动脑子，认真对待，独立完成，不要抄袭，避免套路。交出一份合格的论文，也是对自己的学业和未来负责。我作为导师，愿意协助你们共同写好论文，至于语文方面的错误，应该是由语文老师负责吧。

生物教育硕士培养的几点思考　2018-05-12

作为高校教师，除教学科研外，很大一部分工作就是指导研究生。目前国内研究生有两种：学术型与专业型。学术型按不同学科、不同专业培养暂且不论，本文探讨一下教育硕士。

教育硕士起源于20世纪末，其初衷是对中学老师进行再培训，提高教育学、心理学理论水平，更好指导中学教学。教育硕士专业学位在中国的设置，为中小学教师获取研究生学位开辟了渠道。开设教育硕士专业学位，教师可以系统地学习新知识，掌握学科的前沿，得到教育研究的培养。1996年4月，国务院学位委员会通过决议设置教育硕士专业学位，并于1997年开始招生试点工作。教育硕士的专业性质主要体现于实务性、封闭性和复合性三个方面。教育硕士培养的目的是培养具有现代教育观念，具备较高理论素养与实践能力的教育管理干部和骨干教师。该学位获得者应具有良好的职业道德，既要掌握某门学科坚实的基础理论和系统的专业知识，又要懂得现代教育基本理论和学科教学或教育管理的理论及方法，具有运用所学的理论和方法解决学科教学或教育管理实践中存在的实际问题的能力，能比较熟练地阅读本专业的外文资料。近年来生源逐渐转为应届本科生，旨在岗前培训。

既然教育硕士以培养中学教师为目标，那么选题就要结合中学教育实际。近年我参与了教育硕士招生、指导、开题、论文评审和答辩，从中发现的一些问题值得反思。

1. 师资队伍

师资是保证教育硕士培养质量的重中之重。从教硕培养方案看，教育硕士的基础课程主要是教育学、心理学、教学论等理论。教育心理课程只能由专业老师来上，教学论可由教法老师承担。导师通常不具备这些基础，此是短板 1。教硕导师不仅仅是了解具体教学内容，讲好课这么简单的事情。大多数大学老师不熟悉中学现状，因此他们对教学的理解和做法并不一定适合中学，此是短板 2。目前大学受评估考核导向影响，重科研、轻教学。因此，学术型导师遴选相对严格，而教硕导师由于招生量大，师资力量又不足（专攻科研的导师是不屑承担教硕教学工作的），因此只要是副教授就行（教学为主的导师为主且有补工作量之嫌），造成导师资质良莠不齐，此是短板 3。教育硕士只有 2 年时间，入学后除上课外就是到中学实习，与导师在一起的时间很少，基本上是独立做论文，造成指导力度不如学术型研究生，此是短板 4。导师本身对教育学不熟悉，缺乏对中学教学的兴趣，怎么能投入？此是短板 5。

2. 选题瓶颈

历经 20 年风雨，仅就中学上课的那点东西，该做的差不多都做遍了。我归纳教硕选题涵盖面为：课纲研究、教案研究、教材分析（核心概念）、思维模式、教法研究（教学策略）、教学测评、考试（试题）评价、科学素养、校本课程、课外活动等。于是，轮回开始了，而且周期缩短，上下届传承。

你用 A 理论（模型），我就用 B 理论（模型）再做一遍，而且似乎形成固定套路。开题时，雷同题目越来越多（"基于……的研究"成为俗套）。难道中文穷尽了吗？不是，是懒惰，是不思考！困惑的不仅是学生，也有导师。因为，学术型导师对自己的研究领域熟悉，深耕多年，有自己的见解和抓手，而对教育学领域则是外行，因而面对选题有时也无计可施，而学生们只能在网上搜寻或从师兄师姐那里借鉴，模仿成必然。

3. 论文写作

研究背景基本上一堆套话，从世界趋势到国家政策，国家课标到教材内容，泛泛而谈，空洞无物。主流理论（皮亚杰、布鲁姆等）必须提及，以免缺少理论之嫌。做法无非是文献分析、问卷调查、设对照班、前后测（对比）、案例设计分析、课后再问卷或成绩分析。于是，所有题目似乎都有结果了。论文看上去格式很完美，有理论、有意义、有统计、有分析、有建议。千篇一律，放之四海而皆准，就是没有创新，典型的"八股文"。

4. 未来方向

学校要把教硕的地位放在学硕研究生培养同等地位，这一点需要领导转变观念，但说容易做到难。

导师队伍建设需要下大力气。要把教硕导师与学硕导师一视同仁，强化培训和考核。要知道学术水平高的导师不一定会指导教育硕士生，隔行如隔山。因为教硕的研究内容更具有普适性而非专业性，对于学生要加强指导，尤其是加强导师组指导力度，从选题把关开始。

从生物学角度，很多理论与教育相关。最典型的是神经科学理论（学习记忆、神经发育、大脑两半球机能、感觉运动），结合中学生心理和生理特点，有针对性地运用大学生物学知识、认知规律指导中学生物学教育，应是教育硕士选题考虑的方向。此可谓：山重水复疑无路，柳暗花明又一村。

附试办教育硕士专业学位共有43所院校：

北京师范大学、天津师范大学、辽宁师范大学、东北师范大学、黑龙江大学、哈尔滨师范大学、华东师范大学、南京师范大学、福建师范大学、山东师范大学、华中师范大学、湖南师范大学、华南师范大学、广西师范大学、西南大学、陕西师范大学、西北师范大学、首都师范大学、河北师范大学、山西师范大学、内蒙古师范大学、沈阳师范大学、上海师范大学、浙江师范大学、安徽师范大学、曲阜师范大学、江西师范大学、河南师范大学、云南师范大学、四川师范大学、贵州师范大学、青海师范大学、新疆师范大学、江苏师范大学、西华师范大学、杭州师范学院、宁夏大学、苏州大学、扬州大学、浙江大学、河南大学、渤海大学。

专硕的质量值得关注　2021-11-22

今年研究生报考即将开始，随着学硕与专硕招生比例调整，停招、减招学硕，专硕招生人数将超越学硕。不少高校对专硕扩招持欢迎态度，更多是出于招生规模和多收学费的考虑，对入学后如何培养缺乏有效制度和措施。

从科研角度，学硕主要是培养研究型人才，但人数不宜过多，因为真正具有科研潜力的是博士而不是硕士。学硕就业的尴尬是学硕缩减的原因之一，而专硕属于应用型人才，它的设置初衷就是行业需求。

拿教育硕士来说，已有20多年的历史，它是目前专硕数量最大的专业。从最初的在职不脱产培训到现今的应届本科生，可以说几经变迁。中学老师是个庞大的职业群体，提高中学老师学历对改善基础教育的重要性不言而喻，也是扩招的动力所在。

然而，教育硕士的质量如何，这个问题需要正视。

我是首届指导教育硕士的亲历者，也是教育硕士发展的见证人。最初的教育硕士生源大都来自国内中学骨干教师，他们教学经验丰富，主要转变教育理念，提升教育认知和学历。从实践中来学习理论，带着问题来求学，对中学熟悉，目的性强，因此早期的教育硕士质量还是不错的。

2010年后，随着在职中学老师提升学历完成之后，开始逐渐增加应届本科生直至现在全部招收应届生，教育硕士生源结构出现了根本变化。

应届生与在职生的最大区别是职业经历。由于应届生不熟悉中学（部分参加过教育实习也只有几个月而已），因此，入学后对教育硕士理解不深，热衷于说课、教案、板书等教师基本功的训练。大多局限于学点课程，学点技能，模仿论文，拿到文凭。他们不清楚当一名中学老师需要的是什么？中学现在存在的问题是什么？现今的教育理念如何指导实践？

教硕相比学硕，历史短暂，可谓新生事物，导师和学生都是在摸着石头过河。大多数教硕导师是学硕导师跨行而来，本身就没有学过教育学、心理学，对中学也不了解。对于如何指导是完全陌生，甚至是茫然。教硕论文选题的局限性使得这几年论文题目内容同质化、重复化日益严重，如同工厂流水线一般。理论停留于表面化，训练大搞作秀，论文套路化，培养方案形式化。这样培养出来的教育硕士到了中学，很难发挥其应有的作用，其硕士学位的含金量也大打折扣。

招进来容易，送出去被认可不易。专硕扩招因应市场需求，但是人才质量需靠市场检验。教育硕士培养过程若没有完善的机制落到实处加以保证，恐怕若干年后缩减不是危言耸听。

研究生培养同质化与个性化　2020-07-19

同质化教育问题已争论多年，暂且不提，研究生培养中的同质化现象希望引起重视。

研究生以创造性工作为主，对于学术型研究生毋庸讳言，但是专业型研究生的同质化倾向越发明显。

以笔者熟悉的教育硕士为例。20世纪90年代，国家增设教育硕士学位，以招收在职中学教师为主。当时的情形是，中学骨干教师中硕士学位拥有者为数不多，目的是将改革开放后毕业的大学生进行"二次充电"。由于这些研究生都是中学一线教师，有实际工作经验，渴望在教育理念和教育理论上有所提高。随着教硕的发展，大部分中学教师都已完成学位的提升，2000年后新入职的中学老师具有硕士学位者逐年增多。

最近几年，停招在职研究生，改招应届本科生。这对于立志做中学老师的本科生们无疑是个喜讯。既可以获得硕士学位，又是岗前培训，在中学教师招聘时占得先机。于是乎，报考热度远胜过学术型研究生。

教硕是二年制。一年学课程，一年去中学实习做论文。教硕论文的选题有严格的限定，必须与中学教育教学紧密结合。这就带来一个问题，做理论做深了不行，只做教学没有理论也不行。折中的办法就是拉大旗作虎皮，拿理论当摆设，文献法、问卷法应运而生。而所谓的实验法无非就是中学实习时所做的授课教案、课外活动方案等。有理论指导，有可行方法，有案例设计，加上科学思维、素质、能力等时髦名词，再来点文字修饰，头脑风暴，与时俱进，于是完美的开题有了，教硕论文的新"八股"格式也成型了。

但是，中学教材就那么点内容，课纲规定不可逾越。年复一年，招生人数越来越多，选题空间几乎无缝可钻。于是，轮回开始了。几年前的题目再次翻出来，稍做修饰，改头换面，换汤不换药的又来了。

这对于现在和未来的学生未必是件好事，对于教硕长远发展更是忧虑。我们培养的是同质化产品还是个性化人才？

若选题类似或重复，这不是在鼓励抄袭与模仿吗？抄袭与模仿是创新的大敌！如果照此下去，不用几年，教育硕士培养将走入死胡同，这绝非危言耸听。

第四章

高校改革

第一节 高校现状

不同年龄段的老师都在做什么 2019-06-28

高校老师从30~60岁只有30年的工作时间。

30岁左右刚入职场,都是博士或博士后。对于这一群体的"青椒"们,富有上进心,激情澎湃,踌躇满志。高校虽然每年进人不少,但大多是流动编,面临的是与以往完全不同的环境,工作压力大,非升即走,以前入职高校的铁饭碗年代一去不复返了。尽管条件待遇比前辈高些,但是要面临激烈的竞争。文章要求SCI高因子,项目也要有国家级,所以他们必须在短期(3年)内达到评估标准以争取留住位置。

40岁刚站住脚,可能获得副高职称,成为学校的骨干。工作局面已经打开,有了自己的项目、实验室和学生。此时是科研升级的年龄,干好了可以得到晋升,一般的可以维持,差一点的也面临着淘汰的危机,而且家庭压力(房子、孩子)大。

50岁就开始明显分化了。成为学科带头人的拥有了待遇光环,有了自己的团队,科研方向定型,科研成果水平也逐步提升,在学术圈里有了一席之地,成为学校的中坚。而没有达到学科带头人地位的则逐渐失去了原有的动力,开始逐渐退出科研而偏重于教学,以保持与己相符的地位。

60岁前后,激情燃烧的岁月不再。除少数学科带头人外,大多黄金时期已过,开始逐渐向退休过渡。

30岁起步期,40~50岁关键期,55~60岁基本盼退休。

还有一个与以往不同的情况。以前的年轻人多从助教做起，有老教师的"传帮带"。现在不同了，很多是单兵作战，自己开拓。彼此之间的合作关系少了，竞争关系多了。

教学滑坡很大程度与重科研、轻教学相关。考核体系、晋升体系以科研为主，所以很多年轻人没有经历严格的教学培训，教学成了走过场，只会发文章而不会也不去钻研教学，这对本科教育提升非常不利。高校的首要任务是培养人才，但现在的高校成了SCI比拼场。如此下去，未来的教育堪忧。

其实真正有实力的教师是50~60岁年龄段的教师，他们在学术界有了一定影响力，教学科研能力都已成熟。让年轻人冲科研，让年长者多投入教学，不失为良策。

大学老师们都在想啥　2018-05-17

现今的大学很浮躁，领导们热衷于高水平、创一流、引人才，老师们则有自己的想法。生存是第一选择！老师们是否是学校的主人已无须讨论，每位老师在大学的感受因其所处的环境和地位而不同。

55岁以上的老师大多已是高级职称，不论业绩如何，顶峰期已过。年龄到了该退休的时刻。除少数学科带头人有团队和经费的支持还想继续做科研外，多数人已在为退休后的生活安排考虑。他们已无压力，考核已变得毫无意义，"当一天和尚撞一天钟"也许是他们现有的心态。别怪他们，他们毕竟为大学付出过，尽心尽力了，到了该出游世界、怡儿弄孙、享受生活的时候了。

40~55岁的老师应该是大学的中坚和骨干。他们的压力不小，既要上课，又要做科研、带学生，还要为家庭付出。每周至少有2天上课，教学工作量是考核的重要指标。必须申报各类项目（国基是必需的），发表高因子SCI论文，否则提职晋级不可能，更不要谈"帽子"。所以一到年终考核，项目文章就成了一面镜子，照出人与人的差距。此外，还要带学生一起做科研（尤其是实验学科，凭一己之力是不可能完成的）。考核的指挥棒指向哪里就必须朝向哪里。是进是退？他们犹豫彷徨。有了职称头衔的应该是这群人中的佼佼者。他们春风得意马蹄疾，享受鲜花和掌声的同时酝酿新的宏伟蓝图，而尚未取得职称者或以教学为主的老师，只能低调行事或自暴自弃或趋于平庸，或者去做社会兼职，这叫"堤内损失堤外补"。这一年龄段的引进人才较多，压力也较大。因为他们待遇高，自然肩上的担子也重。对于普通老师来说，冲击 CNS① 是力所不能及的事情，所以才要"靠"引进人才。

30~40 岁的老师是年轻博士（博士后）为主，他们一入职就面临压力，包括家庭和社会压力。现在的年代不是论资排辈了，年轻人要想脱颖而出，所付出的努力难以想象。即便在国外做了几年博士后，发了几篇文章，但来到新的岗位，一切需要从头做起。自古英雄出少年，水涨船高，3~5 年不能做出成绩就要面临被淘汰的风险。他们唯一的选择是尽快适应新环境，没有任何抱怨、沉沦的资本。只有埋头苦干，砥砺前行。前几年一些 30 多岁的年轻人赶上好机会，一来就给教授、学者头衔的，格是破了，是否有足够的后劲也值得斟酌。

还有大学的传承和传统都不见了。过去大学的年轻老师大都有一个本学科老教师做指导（教学科研），完成"传帮带"的过程。而现在大学老师很少是自己培养的，都是来自五湖四海，每个人有不同的背景，个个都是博士，都踌躇满志，甚至自命清高，因此合作的氛围不再，取而代之的是个人奋斗。年轻人眼中的成功者不再是任劳任怨的奉献者，而是靠捷径上位的人，踏踏实实做科研的越来越少了。中国大学精神的堕落始于教师的奴性，反衬出对权力的屈服，唯上、唯权、唯利是图。

现在的学院新进年轻人很多。有老教师感慨：开全院大会时，又多了一些新面孔，越来越多的人不认识了。可见学院大会越来越少了，教学、科研研讨会没了，教研室也取消了，凝聚力散了。平时领导们忙于事务或应对自己的科研，老师们也是各干各的，缺少人气，学校也正如"铁打的营盘流水的兵"一样了。至于谁还关心学校的发展，恐怕只是头头脑脑的事情了。

只有先获得职称"帽子"的人，才占据有利位置，这是"丛林法则"决定的。

说什么不重要，重要的是你拿什么证明你的实力！莫斯科不相信眼泪！

高校年轻人的出路在何方　2020-01-02

现在的高校，每年都有大批年轻人加入。他们大都是流动编、合同制，通常签约 3~4 年，非升即走，说明竞争的激烈和残酷性。老职工仍是固定编、

---

① CNS：《Cell》《Nature》《Science》，即《细胞》《自然》《科学》，这三本期刊统称为 CNS。

铁饭碗，50岁以上的基本上是等着退休养老，可新人就不同了。

很多年轻博士一毕业就选择大城市的高校，应聘做博士后。尽管待遇较好（20万~30万年薪），但是生存压力很大。除了高昂的房价和消费外，个人发展是个现实的问题。

若在原有学校，有导师和团队，事业可以延续，也有大树撑着，只要个人努力，或许路会通畅些。现在不是几十年前，任何领域都有未开垦的处女地，只要勤奋，总会开拓出一片属于自己的天地。然而，经过这么多年，高校编制早已人满为患，不论称职不称职，因为编制的原因，不可能采取完全淘汰的方式，只能随时间一点点过渡。

现在高校高水平建设、一流学科建设，急需大量人才补充。在编制不可能扩展的情况下，只能以高待遇聘用年轻人。若离开原有学校，来到一个陌生的环境从头开始创业，无疑压力巨大。不仅要求应聘者有较好的学术功底，还要有过硬的心理素质，会处事，会待人接物，并尽快适应新环境，开展自己的工作。可见，人才标准水涨船高。

在选择高校时，一定要结合自身实际，尽可能选择对自己未来事业发展有条件的单位。若改变研究领域和方向，要尽快打开局面。博士期间的工作2~3年内将耗尽，如果没有新的方向，很难有所作为。尽可能加入已有的团队，尽可能建立起合作的机制，虚心向前辈学习，融入集体。然后就是发挥个人的聪明才智，尽快做出成绩。申请项目后要抓紧时间，全身心投入。一旦打开局面，未来的大门就会向你敞开。不要抱怨，不要彷徨。积极工作，优秀不优秀，拿业绩说话。拼搏进取，才是通往成功的唯一道路。

条条大路通罗马。敢问路在何方，路在脚下！要靠自己走。路漫漫其修远兮，吾将上下而求索。

大学老师们还是主人翁吗　2021-01-23

大学老师们现在疲于应对学校各种考核，随着考核标准水涨船高，一些老师压力越来越大。私底下抱怨，可是到了单位出台管理文件讨论时，大都是沉默的一群人。行政治校官本位已经使老师们变得麻木了，似乎认定自己只是为了一份工作的打工者而已。除了领导以外，没有人可参与决策的讨论，说了无用甚至起反作用的例子让多数老师们变得温顺服从。你改变不了现实就只好去适应它，成了多数老师处事的行为准则。敢说真话的越来越少，是怕得罪了领导没好果子吃。甚至遇到老师与领导发生矛盾时强调和谐为上，维护领导的权威。不是解决问题，而是解决提出问题的人。年轻人都很务实，立足未稳，从不谈论学院事务，一切看领导脸色行事。一些专横的领导威权大于威信，老师们从无奈到失望也是沉默的原因之一。

记得我当年毕业留校，在教研室里老师们畅所欲言，讨论教学、科研、学科发展等问题，热火朝天，主人翁意识浓厚，现在这种情形再也看不到了。学院老师之间只是同事关系，行同路人，真正的运作机制是小团队和个人。教学工作量的指标使得老师们必须完成，课程分配安排不是问题了。科研与研究生捆绑在一起，团队人多的还好，由学科带头人安排，分工协作，文章人人有份，成果达标没问题，互帮互助，晋升的机会也大。团队逐渐成为学院的主体，并占有更多资源和话语权。到了年底搞活动，小团队人气旺，大宅门一般。没有团队的，就只能个人单干了，当然出头机会也少了，除了个别能力强的。平日人丁稀少，实验室门可罗雀，冷冷清清，与有团队的形成巨大反差。不搞科研的老师只能上课，因为没有科研任务，教学工作量自然繁重，年复一年、日复一日地上课。想提教学型教授还必须有精品课、教学名师、国家教材等条件。

"主人翁"这个词已经变得陌生了。在做好自己的前提下，利益得到基本保证的情况下，无人关心学院学科发展，那是领导们操心的事情。单位的制度规定只是一张纸而已，无人理睬。教学研讨、学术研讨没有了，一开会纠缠于细节问题争吵不休，无果而终，反正领导决定一切。为了迎检，人员可以随时调配，人才、经费、资源都是保重点，向团队倾斜。少数学科强而多数学科弱的趋势很难扭转，"马太效应"再次呈现。缺乏凝聚力和向心力，领导也头疼。老师们只能根据自己的位置选择或无奈地接受现实。因为保住饭碗才是第一位的，各人自扫门前雪，往来都是客，何谈主人翁？

老师们的压力来自何方　2021-04-14

曾经，大学老师是多少人羡慕向往的职业，而现今情况发生了变化。无论从工作强度、收入、社会地位各方面看，大学老师的辛苦只有身在其中的他们知道。

1. 考核压力

现在大学都在高水平建设之中，学校为了生存发展，领导们不得不紧跟导向，迎合上级各种考核，在教学、科研、社会服务等方面加大管理力度，修订聘任指标，而这一切通过考核评价机制落在每位老师头上。博士后入编，提职晋级，非升即走，绩效都随行就市，水涨船高，压力山大（网络流行词，压力大）。教师为了通过考核，只能随指挥棒起舞。对于有责任感，不忘初心的老师，压力是对自己的鞭策。

2. 收入差距

大学老师与中学老师相比，待遇已经不占任何优势，甚至低于某些一线城市重点中学。年轻老师入职后面临住房、抚养子女、生活费用的压力与日俱增，现实与理想的差距拉大，美好的憧憬与现实的残酷形成强烈反差。即使是在同一所大学，不同老师的收入也有很大差距，有"帽子"头衔当领导的收入自然高于普通老师。

3. 工作时间

过去人们认为大学老师轻松，有寒暑假。殊不知，在考核重压下，很多老师是朝七晚九的状态，哪有什么休息时间？备课、上课、批改作业、考试、写论文、写申请书、写进展报告、指导研究生占据了大量休息时间，甚至节假日都在忙，根本没有朝九晚五。

4. 环境氛围

部分大学同事同行竞争导致人际关系淡漠，师生关系紧张。不同老师的心态不同，有乐观的，有悲观吐槽的，有混日子的。年轻人青涩，有理想，在打拼；中年人成熟，逐渐适应了；临近退休的人淡定，再无所求，混日子。

总之，大学老师要学会自我调整，摆正心态，克服攀比心理，工作有计划，生活有规律，加强身体锻炼，合理安排时间，劳逸结合，身体与心理健康才是第一位的。

高校年轻人的现状　2021-01-25

科学网博客使我结识了不少年轻朋友，在与高校年轻老师交流过程中，明显感受到他们沉重的心理压力。考核压力、转正压力、晋级压力、工作压力、生活压力、家庭压力，各种压力汇聚在一个人身上。说真的，现在的高校年轻人（"青椒"）们日子过得并不轻松。高校年轻人的出路在哪里？

我20世纪80年代初毕业留校，处于改革开放初期，各项工作刚刚步入正轨。为中华崛起而读书，努力拼搏是那一代人所熟知的情形和节奏。那时除了工作，生活水准彼此差别不大。虽然工资不高，但房子是分配的，孩子上学是就近的。考核没有硬指标，因此不存在浮躁，只要努力尽力就好。一心扑在工作上，在有老师言传身教、基础相对扎实的情况下，很快科研取得了成绩。相比今天，我们这一代与现在的年轻人所处的环境有所不同，现在的年轻人社会成本高，就业难，租房买房难，考核要求高，生存压力大，尤其是在一线城市。

现在的高校，人多了，竞争更激烈了。博士学位成了入职门槛，海归成了引进标签，论文成了晋级投名状，职称成了"帽子"敲门砖。竞争是常态，想歇一歇喘口气的机会都没有。

但有一点是相同的：拼搏。我相信没有人随随便便成功，机会总是留给有准备的人的。

博士后只是博士毕业后的过渡平台，待遇还是不低的（与同龄人相比），关键看你能否把握住机会。在站（博士后科研流动站）3年期间申请到博后基（中国博士后科学基金）或国家青基（国家自然科学基金青年基金），发几篇论文也不能算过高标准，出站考核通过者方能进入正式编制。若博后期间有成果，评个副高也不是难事。然而大学老师的生涯才刚刚开始，要继续申请面上项目，独立教学、科研、带研究生，同时家庭因素加入进来，结婚、住房、孩子一个个都陆续提上日程。如何协调好工作和生活是每个人都要面对的，心态很重要，少一点抱怨，多一点阳光，积极乐观去面对。教学要认真，不能马马虎虎；科研要严谨，千万不要急功近利触红线（造假）。多向老教师学习，学会合作分享。

为何教师对高校普遍缺乏认同感　2018-11-25

当今教师对国内高校缺乏认同感是一个普遍的现象。

以前高校的师生对学校有一种归属感和留恋之情，"我是学校人，有事找组织"，以学校为荣早已成为过去式。校庆也是一些"成功"人士的聚会，而多数师生似乎与此无关，只是凑热闹而已。

为什么会出现这样的情况？

学校制定的政策忽视师生。"四唯"优先，使得领导们为了政绩搞面子工程，对少数人倾斜的政策冷落了多数人。追求高大上成果，而对普通老师的利益忽视，造成内部各自为战，难以凝聚人心。领导们很多是空降的，对学校情况并不了解，在他们眼中唯"帽子"是人才，影响因子是成果。领导关心的是盖大楼（业绩可见），引人才（领军人物），出高水平成果（影响因子、国家奖），急功近利。以标志性成果为政绩观的取向导致分配政策和奖励政策失衡，短平快代替长远发展。

老师们成了名副其实的打工仔。在老师眼中，学校不是家，是职场。为了职称打拼，生存压力剧增，不可能安心工作。重视教学也只是口号而已，并无实质行动。科研才是第一位的，只要有高大上（网络用词，有品位，有档次，也作反讽使用）文章，不问出处，一律重奖（赏），不惧撤稿。老师们只能迎合学校考核的风向标，算计个人得失。有"帽子"的也不一定认同学校，凭借个人的先天优势获得待遇，游刃有余，频繁跳槽成为时尚。而踏实工作的却得不到相应的待遇，被边缘化，渐渐失去进取心。领导与群众之间有了隔阂，分配不均造成贫富差距拉大，一个引进人才顶十几个甚至数十个老师待遇的情况不是个例。高层领导制定政策不考虑多数人利益，有权任性，基层老师意见不能上传，普通教师没有话语权，离心离德，人心涣散。老师们对学校的发展并不关心，为学校做贡献，无论大小却得不到应有的认可，普通学校与985高校差距越拉越大。

新人与老人，年轻与年长，原有与外来人之间缺乏融合，单干的多，合作的少，这是机制造成的。因为奖励更多鼓励的是单干，是第一单位，而不是合作。崇尚个人英雄主义，哪有集体荣誉感？

一些地方院校缺少文化底蕴和传统。缺少有人格魅力的大师，形不成有效的团队，自然也无积淀可言。合同制及年薪制的实行使老师与学校变为雇佣关系；导师与研究生间变为老板与打工仔关系；同事之间变为竞争利益关系。校园越来越美，人心却越来越淡。事不关己，高高挂起；事情关己，权衡得失。年轻人比年长者看得透，更会适应，趋炎附势，或巴结领导一心向上爬，或明哲保身，或沉沦堕落。精致的利己主义者只为利益，没有责任和担当。

老师为了生存，学生何尝不是。研究生为毕业前发文章而打拼，本科生论文走过场应付了事。人人有压力、人人自危的环境让每一位高校人都不得不为了自己未来而考虑。有项目、有条件的尚可维持，一般老师只能上点课满足工作量考核而已。

归属感和向心力、凝聚力缺失，利益分配人心向背是缺乏认同感的根源所在，浮躁的氛围使原本的象牙塔变成追名逐利的竞技场和名利场。

第二节　教学评价

较真、叫板、叫座的本科基础课　2014-05-09

本科基础课（专业基础课）是大学必修的骨干课程，对打牢专业基础至关重要。可纵观国内很多学校，上本科基础课多为青年教师和一般副教授，很多本单位的"大腕"们基本与基础课无缘，或讲个绪论、一个专题就算上本科课了。

其实本科课很考验一个老师的功底。我上大学的时候，几乎所有基础课都是学院最好的老师主讲，受益匪浅。而如今很多教授几乎不参与本科课教学，即便参与，也是选修课之类的，甚至有个别教授从来就没上过本科课。

为什么教授不上本科课？与教师评职导向有关。现在提升职务，首先看科研、项目文章获奖情况，而本科课只要达到最低工作量即可。因此，老师们把精力都放在科研上。

上好本科课，本应是教师基本职责。如果本科生接触不到教授级的老师上本科课，怎么能打好专业基础呢？

某些教授不上本科课，美其名曰"以科研为主"，其实是掩盖专业基础的匮乏和教学的不自信。不信让他上一轮本科课，就知道其投入远比做科研难。本科课要求时间保证，内容体系完整，讲解生动，要做到这一点，并非易事。本科课较真、叫板、叫座，如果教授上课效果不好，岂不栽了面子？于是为了达到教学工作量，找一些所谓的选修课应付了事，蒙混过关。

学校以学生为本，不是一句空话。让所有教授都上一门本科基础课，这要求不过分吧？教授不教课，干脆叫"研究员"好了。

给十几个学生开门选修课与给200人的本科生上基础课，能一样吗？教授们别怕，上一轮基础课试试？把你的学术水平拿出一点用在本科基础课上岂不更显示你的价值？

少发一篇SCI文章与培养几百名学生，哪一个贡献更大？

高校课程设置　2020-12-29

大学里的学生分本科生与研究生，都有各自的培养方案和课程设置及学分要求。抛开这些表面的东西，学生真正学到什么才是最重要的。

老牌学校积淀深厚，有一些名牌专业和一批学术大师。口碑传承，教学质量还是有保障的，毕业生的社会认可度也较高。对于地方院校和新学校，缺乏这些优质师资，教学质量难以保证。尽管课程设置与其他高校没有区别，但是教学质量相差甚远。同一个专业的学生社会认可度天壤之别。说到底，一所大学的声望不是发了多少论文，也不是有多少数字化的人才，而是培养学生的质量。教学乃立校之本也。

说到教学，师资是关键。一所学校优质师资的量决定学生的质。没有好的教授上本科课和研究生课，再好的培养方案也是一张废纸，形同虚设。

一直以来，教育主管部门强调教学的重要性。但在评估考核注重"四唯"的大环境下，实际执行起来，有多少高校把教学放在首位？雷声大雨点小，重形式、轻落实使教学成为鸡肋。

本科课的设置按专业要求有些很难达到。于是因人设课，鸭子强上架的也不在少数，只要有个萝卜填个坑，有人上课就行了，质量如何无人过问。一些地方学校高级职称的老师上一线本科课的很少，随便上几门研究生课草草应付教学。因人设课，依学分设课，这样的情形除了满足老师工作量和学生学分之外，何谈教学质量？

课程设置大而全也是一种浮躁，好像办什么专业的师资力量齐全，殊不知有些课程找不到相应资质的教师。学生们抱怨，在校期间没有几门留下深刻印象的老师或课程。如此，不如根据所在学校的情况，扬长避短，集中优质师资，精简课程，上几门有意义、有价值的课，也算对得起交学费的学生。

每年研究生复试，一些来自地方学校的考生在面试时表现得不尽如人意，与其本科阶段的基础不无关系。没有优质的本科生，"无源之水，无本之木"，研究生质量也好不到哪里去，更别提什么创新性人才。

大学的课程设置应该引起重视，抓教学不是一句空话，需要做一些扎扎实实的工作，从师资方面强化教学才是根本。

十年树木，百年树人，任重而道远。

教学成果是逐渐积累起来的　2021-05-13

教学与科研，是高校永恒的两大主题。科研与教学说到底是靠教师的努力和付出，因此调动教师的积极性是获得教学科研成果的关键。文件虽可以起到一定的导向和激励作用,但教师的内在需求才是动因。

近年来,科研强教学弱是普遍的现象。为什么老师们对科研重视程度远大于教学?我想这不必多言,大家心知肚明。

"两条腿走路"正在成为高校评价的导向,"破四唯"的同时强调教学的重要性,抓教学的力度提升到与科研并驾齐驱的地位。科研成果有短平快的特点,引进几个牛人,发表第一单位的文章,获得几个大项目,这不是什么难事,然而教学成果就不那么容易了。

教学成果需要深耕细作,长期积累,来不得半点虚假。一门精品课,一部好教材,一项有分量的教学奖背后,需要扎实的底蕴。很多学校引进人才偏重于科研,这对于学校短期提升学校排名很有效,但是教学成果不是一朝一夕的事情。

现在有些领导对教学成果感到头疼,因为学校的牛人大都是科研型的,而对教学的忽视极大地挫伤了一线教学老师的积极性。以往教学成果的宣传力度几乎忽略不计,对老师们的教学付出也不屑一顾。科研强的老师以科研为傲,年轻人也是以科研定岗位,这就造成原本教学弱的局面始终得不到改善。现在突然强调起教学了,反而使老师们对教学无所适从。一到教学立项、申奖,拿不出像样的东西。周期长,见效慢,老师们的积极性不高也就顺理成章。领导们临时抱佛脚拼凑的教学成果也是"现上轿现扎耳朵眼",空泛且缺乏有力证据,与科研成果相比差距甚大。

重视教学不是喊几句口号,制定几份文件就能短期见效的,需要领导转变办学观、绩效观,老师们也要从思想上认识到教学是教师的本职工作才行。教学成果也是老师的努力付出,与科研相比,更要忍受长期冷板凳的煎熬。万丈高楼平地起,克服浮躁,潜心钻研,十年磨一剑,教学成果才会有水到渠成的那一天。

高校教学为何不受重视 2018-05-30

高校的首要任务是培养人才,而培养人才的重要途径是打好基础。教学的重要性不言而喻,而现今国内高校教学质量滑坡的重要原因是不重视教学。

有人对此不认同,说教学大楼建了,多媒体设备有了,对教师教学工作量、上课出勤率、考试监考、教学评估、教学奖励、翻转课堂等都在做。是的,这些只是形式。

教学在高校教师心目中的地位今非昔比。过去新教师从助教开始，帮助主讲老师配课、答疑、带实验课，教研室内反复试讲，而真正上讲台需要时间。现在青年教师大多没有任何培训，一来就安排上课，至于你怎么讲，效果如何，无人过问，只要工作量完成就OK。

甚至有些大学校长，为了提升学校水平，竟然说出"青年教师不用上课，应以科研为主"的话，听起来似乎有道理，实则重科研、轻教学。无论重视教学喊得如何响，真正的考核还是项目文章，提职晋级亦然，因为上面的导向使然。

看看学校那些学科带头人，有"帽子"人的教学吧！有几个上本科基础课？学时又有多少？基本是上几节课，做个报告，点缀一下而已，教学根本没有投入，美其名曰"上课了"。在他们眼中，水平高的标志是项目文章，上课是谁都可以做的事，搞不了科研的才不得不教学，如此教学质量堪忧成为必然。

一些海外回来的学者、博士后，其实就是一直在做科研，根本没有教学经验。他们认同的是"科研打天下"，对教学嗤之以鼻。

若大学老师只做科研，不参与教学，其对课程的理解和把握必然有偏差。大学老师应该是教学研究的主力军。在教学理念、教学方法、教材编写方面应有独到见解。大师必定也是教学大师，而不仅仅会出文章。

现在大学老师们经常抱怨研究生基础不扎实，实验不会做，其实折射出大学教学出了问题。

青年教师教学大赛就是秀，说白了就是演讲表演赛，哪个老师能天天这样上课？点名、监考都是些小儿科的把戏。翻转课堂也是秀，不就是另种形式的讨论课吗？还有什么大数据，不就是网上资源库吗？何必冠以概念？看看教学奖，也成了领导们的瓜分对象，校级名师哪个不是带"长"的？

博导还有几个在上本科课？真正默默无闻坚守在教学第一线的老师们是高校里的讲师、副教授。

真正的教学在于潜心教学研究，挖掘学科精髓，捋清学科脉络，将知识的系统性、逻辑性灌输给学生，这绝非一件容易的事情。上课易，上好课难。

高校教师教学和科研"两条腿"，哪一条也不能少！

教学润物细无声，潜移默化影响学生。站在三尺讲台上，不是照本宣科、应付了事，而是讲出你的特色、你的风采！

谈谈教研室的今昔　2015-03-31

教研室对现在新入职的年轻教师来说已是很陌生的词,但对于我们这一代人来说,记忆犹新。

记得20世纪80年代初,我刚毕业留校,就在一个教研室的大家庭里。当时教研室有十几位老师,上有60岁的老教授、50岁的副教授、40岁的讲师,还有几个与我一样刚参加工作的助教。大家经常在一起备课、出题、编教材、实验演示、讨论科研、庆祝生日或节日,其乐融融,和谐共处。从老教师身上,我学到的不仅是知识、技能,更重要的是做事的态度。在一个互敬互爱的集体里,感受到人间的温暖。

可是到了20世纪90年代后期,随着以科研为主导取代以教学为主导,教研室逐渐退出历史舞台。由鼓励集体团队变为鼓励个人单打独斗,不仅降低了教学质量,而且对和谐氛围起到了负面作用。

教研室,顾名思义就是教学研究室。狭义理解,一群从事相关课程的老师集中在一起,备课、讨论,相互学习交流、切磋,共同提高教学水平。广义理解,实行"传帮带",传承优良传统,也可以在科研上形成学科方向,有利于教学相长,相互促进,稳定发展。

取消了教研室,人心散了。用在教学上的投入全凭个人"良心"与能力了,这也是教学质量很难保证的原因之一。各自为战,给予每个老师充分"自由"的同时,带来一系列教学管理麻烦,如哪位老师生病有事不能上课,都得找学院解决。

教学是一种能力,教学是一门艺术。需要相互切磋交流,不能自以为是。而如今,很多人都认为教学不就是上课吗?弄个PPT,上去念就是了。教研室有何用?学院让我上课,怎么上我说了算。尤其是毫无教学经验的新教师根本不知道怎样上课就被"逼"上了讲台,其教学效果可想而知,教学缺乏交流带来的"恶果"总有一天要回报给学校和学生的。

取消教研室容易,再想恢复难。一旦人习惯了单打独斗,各自为王,就很难再融在一起了。

第三节　职称评定

专任教师聘任制　2021-03-02

　　这个假期，了解到国内很多高校启动了新一轮专任教师聘任制改革。随着高水平大学建设、一流本科专业建设、学科评估等方案的实施，各高校改革措施进一步强化，陆续出台新政策，对专任教师的聘任考核也随之出台大致相似的方案。

　　对于专任教师的职责，按教学为主型、科研为主型、教学和科研并重型三类进行设岗，考核内容包括人才培养、科学研究、公共服务。人才培养细分为本科生教学、研究生教学、教学改革三个方面，科学研究包括学术论著、科研项目、科研经费、其他重要成果四个方面，公共服务包括校内公共事务和校外服务社会发展。对于教授、副教授、讲师和博士后（青年人才）都有具体量化要求，聘期考核分优秀、合格、基本合格、不合格四个档次，聘期考核采取自评、业绩公示、同行互评、学院评议、学校审核等方式进行，考核结果与薪酬绩效、职务晋升、岗位聘用、晋升发展、表彰奖惩等方面密切关联和深度挂钩。

　　方案一出，一石激起千层浪。这次聘任方案比起以往的区别在于，这次动真格的了。从反响看，对科研强的、临近退休的影响不大，对于35~55岁的教师影响最大。老师们对此评说不一：有的老师认为，专任教师需要有压力，不能像以前那样干好干坏都一个样；有的老师认为有些指标难以达到；有的老师说认真做事的老师压力可以承受，混日子的老师压力大；有的老师说，以往只搞科研不上课或只上课不搞科研的情况得到纠正，这是还大学教师职责的措施，新方案体现了教学和科研"两条腿"走路；有的老师说反正都是学校说了算，硬性规定感觉有强迫性；也有老师认为，不论怎么改，也会让90%以上的老师都能过关。另外，对各学院领导来说也带来了管理上的压力。

　　总之，这次改革触动了老师们的内心。不论最终方案如何，对每一位老师都是一次激励、震动或警醒，制度与自律的结合对解决高校各种问题都是必要的。从老师角度，还是认真对待，做好自己，迎接挑战。

高校职称评定刍议　2020-12-23

最近参加了某高校职称评定会，作为评审人感触颇深。

现在"破五唯"成为热议的话题。然而，在评职称时仍然是"唯"字盛行，依然摆脱不了项目、文章等指标数字化的俗套。这次评职称没有申请人现场陈述环节，采用的是网上申请表。而申请表中的数字让人一头雾水，很难评定申请人的学术水平。最后只能在项目数、文章层级、影响因子上做决定，差额投票结果让老师们有苦难言，不禁让人产生疑问，评审真的靠谱吗？

教授、副教授都必须满足承担国基至少一项，SCI 代表作两篇，这些条件并不算高。问题在于，项目只是说明你现在正在做什么课题，文章只是发表在什么刊物，而仅凭这些还不足以判断申请人的学术水平。

我认为，评职称应该关注申请人在所从事领域做出什么科学贡献，所提供的代表作是否反映在你的研究方向和领域做出了贡献，由于评审看不到代表作原文，评价难以把握。

代表作不是影响因子高就行，而要看是否为系统性工作、连续性工作，否则毫不相关的文章，影响因子再高也说明不了什么。代表作应能反映出在某一学科领域，针对某一科学问题的深耕程度。如果一个教授没有稳定的科研方向，怎么证明你的科研实力？怎么证明你能在你的领域有所建树或有后劲或潜力？教授应该是某个领域的学术带头人，你的实力体现在能否在某一领域做出科学贡献。分散的研究成果远不如集中的研究成果。一个教授的学术影响力应该是同行们认可你的成就。说白了，人家一提到你，就知道你是做什么的。若做不到这一点，怎么认可你是专家？四面开花不如一花独秀。教授就应该是某一领域的专家而不是杂家。追热点，赶时髦，不如扎扎实实在某一科学问题上有独到见解。

建议职称申请表简化，除教学科研工作量、承担项目、代表作、社会活动之外，增加一项科学领域贡献的陈述。将代表作融入对科学问题的解释上，你发现了什么？你的学术见解是什么？讲一个完整的科学故事远比呈现一堆数字更令人信服。承担的项目与发表的文章应逐一对应，这样同行评价才有依据，才能以理服人，才能客观公正。

评职称是对高校老师的学术认可，你投的票决定老师的命运。只有同行对你的研究领域和学术贡献有充分的了解，才能做出精准客观的判断。数字不重要，学术水平才是最重要的。

职称和待遇，二者的关联度越大，就越凸显职称的重要。将职称与待遇脱钩（评聘分离）或许是改善职称倒挂的方法，也是一种按劳分配的激励机制。职称归职称，待遇归待遇。"职称—待遇—饭碗"还是"职称—荣誉—事业"是完全不同的价值观。不禁想起多年前的讨论：活着是为了工作？抑或是工作为了活着？

评职称感想　2018-12-22

近日参加某高校职称评审会，评审之余有些感想。

现在的职称评审太不专业。表格应有研究方向（你的研究领域和方向）、学术贡献（你的学术贡献是什么，不是数量因子，而是解决什么科学问题）、影响力如何（同行评价）以及学科担当（若当教授，如何建设规划学科）一栏并重点阐述，可惜看不到，有的只是业绩罗列，似乎文章多、因子高、项目有就理所当然得是教授，差矣。

教授应是某一学科的学术带头人，应有一定的学术积淀和稳定的科研方向，能独立胜任某学科方向、学科教学、人才培养，对自己所从事的领域有所建树。不是发几篇文章、承担几个项目、上几节课、带几名学生这样简单的事情。

代表性文章当然不可或缺。但是不要只看数量和影响因子，还要看其是否独立完成、同行专家们的评价以及是否集中在一两个领域，而不是多点开花或挂名多少。判断共同作者、共同通讯作者有时争论不休，其实在文章中的贡献不难辨别。文章设计、数据、写作、贡献度、排序一问便知，独立的科学家应同时具备上述条件，若非此，则属部分贡献者或挂名文章滥竽充数也。

项目很重要，若没有国家级项目，说明你还没被同行认可，尚不具备独立从事科研的能力。国家基金中标率只有20%左右，但教授名额远低于此，若应用学科，应有技术创新的证明。

年轻人还要看其潜力。应该谈自己已取得的学术进展、学术规划和未来设想，而不仅仅是展示文章（说实在的，文章大多是"老板"写的，贡献充其量是提供主要数据而已，仍是助手的角色，尚不能证明完全独立）。只凭文章、项目和课时就提职称不利于学科持续发展，年轻人还是在打牢基础上下功夫。过早得到职称并不意味着后劲十足，这已被实践所证明。

海归人员基础相对较好，但也存在回国后的科研方向问题。若改行，还需看回来后的表现，尽快适应新环境，拿出令人信服的证据（获批项目和具有自主知识产权的文章），而不是吃老本或仍依赖国外实验室。

提教授者至少应该有一届独立指导毕业的研究生，否则难以证明你的指导能力。

至于教学工作量那是教师分内的事情，教学评估应达到优秀，教材编写也应是一项评定指标。

对于教学型、科研型、教学和科研并重型的分类其实只是侧重点不同而已，不能单一认定。"两条腿走路"，高校教授不搞科研是说不过去的，不上课的教授也不是称职的教授。

第四节　科研管理

科研的驱动力——兴趣？功利？　2018-05-23

记得以前有人调侃过科研，说科研是贵族的游戏，意思是做科研不是谁都能做的。一要有头脑，二要有兴趣，三要有点钱，四是还要有耐力。只有贵族适合，因为贵族衣食无忧，有时间去思考。一句话，吃饱饭没事闲的，专门去琢磨自然万物，苹果怎么落地。

现今大学的老师们，达不到贵族水平。完全凭兴趣做科研的凤毛麟角，而为了生计就要追求功利成为做科研的多数人。看对待文章和学生的态度可窥见一斑。努力发文章与拿学生当工具是最普遍的表现形式。

为什么如此？

努力发文章并非指做的深入细致、有累积的成果，而是做点东西就急于发表的。急急急，发表的目的不言自明。

拿学生当工具表现为让学生出数据，自己写论文。思想（idea）是自己的，学生只是技术员。现在说研究生不会写论文，其实是有的导师不用学生写，只要做实验就是了，发表的目的也不言自明。为了安抚学生，挂名文章越来越多。看似显示团队和谐,实则让学生做更多实验,因为研究生毕业前必须发表论文。

答辩发现,一些做得好的学生其实并没有论文发表,而做的一般的学生却有不止一篇。一细看发现:发表的论文与自己做的论文不是一回事,而且非第一作者。因此判断这些文章真正的作者不是你,贡献度也就是提供了点数据而已(甚至什么也没做)。

所以既然要求学生发文章,就必须强调是自己做的工作,挂名之类的一概不算,这才是对学生的公平!学位答辩注重学生毕业论文质量,而非发表过什么。大家都清楚,除了天才外,硕士生不到两年的时间做论文,哪来的高水平文章?

凭兴趣与追功利的老师都很累,但累各有所值。

内卷化的学术　2021-10-12

科研是一种探索和创新活动,失去了初衷就变成了饭碗和功利化的工具。

内卷是不允许失败和退出的竞争,只能一直在低水平重复,这种不能创新的研究就是内卷化。学术界不仅存在内卷化,而且非常严重,正在酝酿着一场学术和道德危机。

某些单位热衷于留本单位自己培养出来的学生,师徒相承,致使研究方向过于集中,领域日趋狭窄。还有一窝蜂地扎堆研究热点问题,赶时髦,缺乏自己的冷静客观判断。

现有的学科划分、学术评价机制和研究领域的竞争,要求研究者在某个领域不断钻研。利是推动学术研究持续深入,弊是学科的碎片化严重,部分人采取"圈地"和"打井"战术固守自己的"一亩三分地"。

学术资源被少数人把控,学术会议成为积累资本的名利场。大家结成以名利为纽带、以面子为润滑剂的排他性小圈子,相互捧场却缺乏真正的思想交流。

现在老师们对"破五唯"[①]的话题已不再感兴趣,整天在实验室忙忙碌碌,发同质化论文依旧,大都为了职称、绩效、考核,说到底还是生存。若

[①] "破五唯"是2018年教育部办公厅在印发的《关于开展清理"唯论文、唯帽子、唯职称、唯学历、唯奖项"专项行动的通知》中决定在各有关高校开展"五唯"问题清理行动,是对"破四唯"的延伸。

你的成果数量不足、级别不够，就评不上职称、工作不保。若你的学科在评估中落后了，失去了原有的学科地位和经费支持，那么研究队伍就要减员，生源会减少，既得的利益会失去。同质化论文暴增，从根本上阻碍了科学的进步。研究者像养鸡场养鸡一样，完全以数量计效益，仅仅以发表为目的，不仅丧失了思考的能力和探索的热情，而且丧失了职业的诚实与知识分子所应有的操守。

在学术期刊、学术岗位、基金项目、科研奖励等资源有限的情况下，人为短平快地提高考核要求，造成大量时间和精力的浪费，最后取得的成效还未必如愿，人们即使付出了比原来更多的精力，却得不到和原来一样的回报，即耗费过多无用成本，最后结局则殊途同归，这已成为学术界的一个怪现象。国家多次提出"破五唯"的政策和要求，但若不改变对科研量化式的管理模式，学术圈内卷化的现象就不会消失。

高校科研氛围　　2021-01-02

科研与文章、项目、评价是捆绑在一起的利益综合体，评价科研，看得见、摸得着的就是文章，而发文章只有做科研。做科研需要经费，所以必须有项目。有了文章和项目，出了成果才有可能获得好评，才能提职晋级。

文章、项目是每一位等待晋级者的投名状，只是在数量和分数上亮丽程度不同而已。

科研氛围不仅对年轻人的成长格外重要，同样对所有老师们格外重要。publish or perish，非升即走的竞争机制使得年轻人从入职起就倍感生存压力。同样，业绩考核除了临近退休的老师外，哪个老师不怕高职低聘？这也是脸面问题。

十年磨一剑的求知，耐得住寂寞的钻研，只适用于功成名就者。因为没有了后顾之忧，方才跳出圈子，无欲则刚，气定神闲，心无旁骛做自己喜欢的事情。如此说来，让大学老师不把科研（文章、项目）放在首位，就过不了评价关。教学是软的，科研是硬的。每到年底，全员动员申请国基是道风景；年终业绩奖励那些发文章多的、因子高的，评优排座次。提职晋级不"唯"文章、项目，那么"唯"什么？评价指标就是指挥棒。

"破四唯"难，是缺乏具体可行措施或落实不到位。不要浮躁，不要急功近利，要耐得住寂寞，要安下心做科研，营造一个正常科研氛围谈何容易？

年轻人在未取得教授职称之前，即便有科学献身精神，恐怕也得先解决生存问题。而提升后站稳脚跟，方可十年磨一剑，而不在乎文章数量。若仍每年几十篇的发文章且多为挂名文章，很难说他是为了科学。若文章数量少了，而质量高了，每篇都是学术精品，才是真正在做科研。

科研氛围，不是看老师们忙活什么，而是为什么而忙。重建一个能区分实干家和投机者的评价体系，才是营造良好高校氛围的关键。

高校量化评价　2021-05-11

高校量化评价对于每位在岗教师都是必须经历的，在高校，老师科研接受学校的评价，教学接受学生的评价已成常态。

科研评价量化指标是论文、项目、奖项，教学评价量化指标是学时、上课门数、教学纪律和学生评分，哪一条不达标都是不合格。老师们无决策权，吐槽没用，publish or perish，to be or not to be。

老师职称、招生、文章、经费、收入、聘用都有不同的评价指标，如同高考，分数决定一切。分数即金额，而且指标经常变换，水涨船高。管理部门是制定评价标准的部门，教务处、科研处、研究生处、人事处、财务处，几乎所有行政部门都可以制定考核标准，并赋予分值，好像不量化就不能管理老师似的，令老师们应接不暇。量化评价盛行的结果助长了行政治校，权力的泛滥，也是投机和功利行为的温床。但老师们的工作不是简单量化标准就能衡量的，责任心和水平就不能量化。

量化评价拉大了老师间差距，多级分化，诚信度降低，唯领导是从，师生关系异化，教师尊严和对学校的信任降低。未评上职称的心灰意冷，评上职称的不想再拼搏了，只有年轻人不得不拼。还有就是适应评价的"聪明人"，占据有利地位的既得利益者。

量化评价带来的另一个效应就是老师们每年都在算计自己的得分，只求短平快，谁还关注科学难题、培养学生和教学那些耗时、费力不讨好的事情？急功近利成必然。

这种量化评价与企业管理有很多相似之处。绩效工资制、大学排名，各种花样评估是量化评价泛滥的推手，扭曲的办学观、政绩观捆绑了老师们的教学与科研。

国家2020年出台《深化新时代教育评价改革总体方案》，意识到存在问题的严重性，然而无实施细则的文件能否改变现状还是个大大的问号？

教学与科研，孰轻孰重　2019-05-15

教学与科研是大学的"两条腿"，两者缺一不可，地位本应同等重要，但实际上变成了科研是"硬腿"，教学则成了"软腿"。

不管是考大学还是攻读研究生，选择学校的理由很简单：名校，就高不就低。为什么？名校有名，就业前景好。

可是，名校教学和科研哪一项能赋予你真本领呢？当然是教学！现在有些单位招聘还是会关注本科学位。即便是名校研究生，就业时也会关注你的本科学校。可见，在人们心目中本科学校的位置是多么重要，甚至可以说，考一所一流的本科学校，光环可以伴随终生。

大学本科教育在人的一生中是接受教育的最高层级（对本科生学习知识而言），而研究生阶段则是创造知识。人步入社会发挥才能的潜力取决于本科基础的厚度。因此，本科教学质量对于个人来说非常重要。

任何大学校长都会说，教学、科研同等重要，甚至日常工作与教学有关的事情还要多于科研，以彰显对教学的重视如新生入学、毕业生典礼、教学计划、教学管理等校领导们都会参与其中。此外，上课纪律、考试纪律、精品课、教学立项等也都被大学反复强调。这样一来，似乎大学真的把教学很当回事。但反观科研，只要制定几条"唯"项目，并与待遇、职称挂钩，似乎一切搞定。

教学、科研，孰重孰轻？大学老师们心里有数。教学水平与能力的认定远比科研认定复杂。教学是个慢功夫，提高教学水平非一日之功，而科研可以短平快见效。科研评价管理的数字化使科研相对透明，而教学评价管理则是一个难题。教学好的老师的评价标准是什么？是受学生欢迎程度还是名师头衔？是出版过教材还是获得精品课？或许都不是！

笔者认为，好的老师应该是大师。大师有深邃的思想、有对学科的洞察力和判断力、有自己的建树、有良好的师德和驾驭课堂的能力，最重要的是给人一生的启迪能力。教学好的老师是那些毕业多年的学生仍难以忘记的老师。

现在的大学几乎没有教研室，也没有过去新教师听课讲评了。大学基本上都是派课给老师，然后就是"教学管理"环节的事情了。只要不迟到、不缺课、不违反纪律，就是教学合格。

在如此重科研、轻教学的环境下，重视教学便成了一句空话。但没有哪个大学说不重视教学，至于如何在教学内容和质量上下功夫，真正考核教师教学水平就另当别论了。

俗话说，"十年树木，百年树人"。实际上，一届校长也不过只任职 4 年，大学老师可能最多也就几十年的教学经历，如何提升本科教学水平，值得深思。

科研与教学应相辅相成　　2018-12-21

高校教师教学与科研"两条腿"，缺一不可。现在有些学校把教师分为教学型和科研型，我不以为然。

首先，现在的高校师资门槛已经定位为拥有博士学位，这一点毋庸置疑。博士学位获得者本身就要求系统受过科研训练，具备独立承担科学研究的能力，这对高校教师来说是起码的条件，没有扎实理论基础和一定科研能力的人是不具备大学老师资格的。

其次，由于历史原因，一些年长的教师可能没有博士学位（过渡阶段），在高校中地位尴尬，或面临边缘化的危险。即便有博士学位的老师，如果早期科研没有成就，也很难立足。对于这些老师，一些学校认为他们做不了科研，只能上课，于是有了"教学型"老师的称谓。

教师教学是首要任务，科研是必做任务。两者并不矛盾。教学型或科研型教师的划分没有实际意义。按照教材上一门专业课并不难，但上好一门课不容易。搞科研也是教师自我创造新知识的过程，同一门课不同教师的上课效果是完全不同的，这取决于任课教师对学科的理解程度的和思维深度。如果只是"教书匠"，课讲得再好也是传授别人的知识而已，与中学教师无大区别。只有自己做研究，才能领悟知识产生与更新的真谛。科研与教学思维是相通的，若有科研经验的老师在科研黄金期过后投入教学，会带动教学质量的提升，远比刚出校门的博士对课程了解深刻。

教学相长一方面是教师的引导使学生进步，另一方面是学生提出问题和要求，又反过来促使教师继续学习，或转化为新的科研课题，不断创新。

大学生已经有了一定的自然科学、人文知识基础，入学后是按专业培养具有专门知识的人才。老师的教学不仅仅是传道授业解惑，还是转变学生思维，使其掌握学习本领，为将来的职业打牢基础。

现在高校教学水平不如从前，这与考核政策导向有关。以前的教师上课前是要有教师技能培训的，通常在老教师"传帮带"下方能独立上课，现在这些规矩都没有了。有的年轻教师一入职就安排上课，但是与他职称利益相关的考核却是科研，于是仓促上讲台，照本宣科，身在课堂，心系科研，效果可想而知。既无法提升教学水平，又影响了科研。

科研成果的"三认三不认"需要改革　2020-07-23

国内科研成果"三认三不认"的现象：只认第一作者、只认第一作者单位、只认通讯作者，不认非第一作者、不认非第一作者单位、不认非通讯作者。这种情况是普遍的，在教师业绩、晋职、学生毕业、评奖等活动中是一个"共识"。

这种现象对科研导向起了很不好的作用。理工科学校的科研很少有一人独立完成的（数学例外），作为一个集体项目，每个人有分工、有协作是自然的。第一作者应该是成果的第一贡献者，通讯作者应该是成果的学术负责人，第一单位是科研条件及经费的资助者。然而，这种现象的长期存在带来一系列负面效果：

（1）第一作者只有一名。为了平衡各成员的贡献在考核中的权重，不得不列一堆"同等贡献者"，这其中的奥妙不可细说。

（2）通讯作者也有若干，尤其是不同单位合作的项目，兼顾各方利益。

（3）第一作者单位就比较麻烦了，只有一个，不可能并列，各单位都想争当第一单位。

（4）引起的后果就是不利于学校间合作，也不利于团队内合作。做事时有分工，成果署名时有矛盾，而且闹红脸的事情还不少。

（5）关键是这种政策的实行不能协调每个人的利益，而科研人员成果与利益的硬挂钩导致的矛盾有时不可协调，科研合作变得日渐不可行。同时滋生学术腐败、乱挂名现象。

"高被引"或许成为新的评价指标　2021-04-24

2021年4月22日，全球性信息分析公司、学术出版业巨头爱思唯尔（Elsevier）正式公布了2020年"中国高被引学者"（Highly Cited Chinese Researchers）榜单。Elsevier旗下拥有Science Direct（全文数据库）和Scopus（文献摘要与科研信息引用数据库）等著名学术数据库。2020年爱思唯尔

"中国高被引学者"榜单以全球权威的引文与索引数据库——Scopus 作为中国学者科研成果数据来源,采用软科(上海软科教育信息咨询有限公司)设计的遴选方法,最终得到 4023 名各学科最具全球影响力的中国学者,分别来自 373 所高校、企业及科研机构。其中高校 296 所,覆盖了教育部 10 个学科门类中的 84 个一级学科。中国科学院、清华大学、北京大学、浙江大学、上海交通大学、复旦大学成为大赢家。不少学校以此作为排行榜,人数多的欢欣鼓舞,人数少的自惭形秽。

然而,仔细分析一下"高被引学者"榜单,会发现一些特点:

(1)每所大学都有一些牛人("帽子"头衔),但是上榜的人选并非都是这些人,有些默默无闻的年轻人脱颖而出,可谓初生牛犊不怕虎,对人才的判定标准也需要反思了。

(2)学科分布不均。有些学科人数多,有些学科人数少。或许与学科大小、热门冷门有关。

(3)与影响因子不完全挂钩。有些入选者发表的论文影响因子并非很高,但一定是主流刊物。影响因子高并不代表引用率高,与研究领域、学科方向、研究内容的关注度有关。

(4)"高被引"是每年一评,具有动态波动性。看一个学校的"高被引"要看其连续性,如同基金一样,每年获批数都不同,有多有少,要看多年总量。

因此,在"破五唯"的形势下,"中国高被引学者"从纯论文影响力的角度遴选学术人才,标准客观统一,有利于视角多元地看待人才,有其重要的参考价值。

评价老师的科研没有统一的标准。除了 Elsevier,汤森路透(Thomson Reuters)的 ESI(Essential Science Indicators,基本科学指标数据库)也有"高被引"。并不是每篇论文引用次数高的就是高引论文,ESI 由于采用了对每一位作者的贡献都给以统计的方法,即一篇 N 个作者、机构、国家合作的论文,将被统计 n 次,因此能很好地表现出每位学者对国家、机构的学术贡献程度,是体现国家/地区、机构国际学术声誉的重要标志。

话说回来,任何评价体系都有利弊。"高被引"也只是一个选项,入选者固然可喜可贺,但决策者千万别又创造出一个新的"唯"。

教学与科研有何不同　　2021-05-08

教学与科研是大学老师的"两条腿",但是评价机制大不相同。

科研在"四唯"导向下,老师们已经习惯于以文章数量、影响因子、项目层级、奖项等量化指标评价科研的强弱和职称的晋升;教学是个良心活,没法用数字评价(如学时多不代表教学好),学生评价难以全面客观,而教学奖、精品课、名师、教材都是可以量化的,但这些掺杂不少人为因素,而且有头衔的更有优势。

教学与科研都需要付出,但比例不同,即投入产出率不同。科研可以申报基金,教学经费却捉襟见肘。

科研可以在短时间内提高,而教学需要更长的时间,好比100米跑和马拉松跑。

科研和教学都需要团队。科研团队可以提供人力、物力、财力、影响力、只要有个强势带头人,团队成员大都可以借光,一荣俱荣,几年后团队展示的成果人人有份;教学团队要看天时、地利、人和,通常是个体付出远大于团队其他成员,个人业绩占大头(讲课、教材、课件、论文),离开了带头人就是一盘散沙。

科研短平快受重视,教学十年磨一剑等不及。

科研有交流,每年国内外各种学术会议应接不暇,做个报告或许一鸣惊人,一个点子可以发几篇论文;教学交流少,即使报告也是讲者卖力,而听者昏昏然,听完报告该怎样讲课还是照旧。

科研效应可以滚雪球式放大,可以经常拿出来炫耀;教学成果颁完奖即锁进抽匣,无人问津。

科研虽然量化,但难不住写手;教学量化都是实打实。在年年考核、非升即走的大环境下,要问科研与教学选择哪一个,多数选前者。

科研强的转教学易,教学强的转科研难;做科研的不屑教学,搞教学的不服科研。

科研带学生有成就感,教学带学生好比流水的兵;科研带学生人数有限,教学带学生成百上千。

学生毕业后若干年问及大学记忆,记住的老师教学比科研(自己的研究生除外)的多。毕业后若干年还能想起你的老师一定是不错的老师,给学生在某一学科打牢基础的一定是好老师。

科研有科研型教授（研究员），教学型教授凤毛麟角，所以还需教学与科研并重型居多。

"十年树木，百年树人。"教学是立校之本，科研是强校之本。立校的口碑源自教学，毕竟本科生人数远超出研究生。强校二者要兼顾，教学是基础，没有教学哪来的科研？

十年磨一剑与短平快　2014-11-28

科研考核涉及每位老师的切身利益。国家希望科研人员能潜心做科研，出一流成果，但是学校考核却与之背道而驰。

这是十年磨一剑与短平快的冲突。

十年磨一剑不是针对一般老师的，而是特殊的"剑客"。它的特殊性在于，适合磨一剑的人应该是有一定成就、经验和地位的人，如资深教授、院士级的大牛们，不再需要每年几篇文章的考核，也无经费、人员及实验室条件的担忧，而只需要冲击 CNS 或诺贝尔奖级别的成果，这些人属于一人之下万人之上。

短平快则适用所有人。每年几篇达标，否则不予提职晋级，这才是老师们头上的"紧箍咒"。哪个校长不希望本校的文章越多越好，级别越高越好？这是上级考核校长，决定其官运前途的"紧箍咒"。没有哪个前任校长愿做十年磨一剑"栽树"的事情，让后任校长"乘凉"，都是短平快，成果要在任期内见到。

短平快的"效果"就是拔苗助长，浮躁作假，对国家科技长远发展和立于世界之林没有任何意义。

所以，解咒还须设咒人。去行政化，还大学独立之精神、自由之思想才是科学发展的正道。

项目与文章　2014-03-06

项目与文章在评价科研人员中哪个权重更大？

项目是一个人科研实力的标志之一。承担项目的级别在某种程度反映了科研人员在所研究领域的被认可度。国家自然科学基金是一项重要的指标，因为项目的获得需要严格的专业同行评审（也就是获得同行的认同）。

文章应该是项目的完成检验。一个项目运行情况，要看所发表的文章，这是项目验收的主要判断依据（至少国家基金采取这一结题验收标准）。

项目的申请获批是招收研究生的依据之一。很多单位招生指标的分配及导师资格的认定也依据于此。没有课题经费，怎么带研究生？

文章不一定有项目才能发，但好文章没有项目支撑很难想象。文章可以造假，可以合作，也可以找"枪手"代写，可以挂名，但项目申请主要靠实力。

通常是先有项目做课题（自己没有可以参与别人的项目），做出成果然后发文章。项目与文章是因果关系（鸡与蛋）。

若只看文章，而不考虑其承担项目与否，那么科研没有后劲，难以持续，因此文章并不能完全反映一个人的科研实力。

项目的连续获得表明一个人有稳定的科研方向，有较雄厚的基础和团队实力。文章则不同，文章的第一作者往往是学生，只能表明在读期间工作的完成情况，毕业后也许改行了。

如果导师有连续的项目资金资助，可以在某一方向深入研究，培养更多的优秀学生，当然也会有系列文章发表。如果导师没有项目资助，即使发表几篇文章，但没有发展的潜力。没有项目，以后的文章也成了问题。如果项目完成不好，也将影响新项目的申请。

项目反映导师的科研思想和智慧（一定是导师主导），文章则可以是多人的智慧结晶（不一定是导师主导）。

因此，从这个意义上说，项目比文章更重要。

顺便说明：本文的意思并非赞成项目高于文章，请不要曲解。适用导师，而刚进入科研领域的"青椒"不在此列。

轮回　2021-03-25

论文是评判学者学术水平的重要标准，但是，一些年轻学者或许并不清楚，SCI评价与"唯SCI"形成的时间其实并不长。事实上，直到20世纪80年代末，南京大学率先引入SCI科研评价体系。随着各高校相继出台SCI论文奖励政策，SCI刊物发文数量逐渐增多。不可否认，这对促进中国科学发展有一定积极意义，但任何事物都有两面性。鼓励发表SCI论文到后来的"唯SCI"评价机制，到现在的"破四唯"，就是一个矫枉过正的轮回。

这几天，关于硕士生毕业前是否将发文章作为学位申请的前置条件在媒体上炒得沸沸扬扬。这就牵扯出一个问题：在研究生毕业前不要求发表论文的那个年代，高校对研究生科研能力的培养是否受到了影响？我只以本人经历谈点个人想法。

1985年，我在职攻读硕士研究生，其间没有发表过任何文章。但读研的过程使我的科研能力获得了很大提升，并为我后来的发展奠定了基石。研究生期间读文献耗费不少时间，那时没有网络，只能跑到图书馆去查阅，然后复印，抱回一大摞资料，对着字典逐句翻译，并练习写综述。实验条件虽然简陋，但练就了解剖学、组织学、神经束路追踪技术、显微摄影等能力，另外读书笔记、实验记录管理都很严格，甚至自制小仪器等。1988年毕业后，我在国内发表了首篇学术论文。我的第一篇SCI论文也于1990年在Brain Research（《脑部研究》）上发表。正可谓厚积薄发，磨刀不误砍柴工，这一切都离不开我在读研期间打下的坚实基础。

现在高校中青年科研人员，几乎都是在"四唯"环境下成长起来的。即便是海归，也是"四唯"的受益者。在他们中的很多人看来，以文章论"英雄"似乎天经地义。因此，对高影响因子文章的青睐与追求就成了顺理成章的事。加之浮躁的学风、急功近利的导向，使得不少人迷失了方向，忘记了科研的初心到底是什么。

依据《中华人民共和国学位条例》（以下简称《条例》），培养研究生是造就具有在本门学科上掌握坚实的基础理论和系统的专门知识；具有从事科学研究工作或独立担负专门技术工作的能力（硕士）；在本门学科上掌握坚实宽广的基础理论和系统深入的专门知识；具有独立从事科学研究工作的能力；在科学或专门技术上做出创造性的成果（博士）。这是国家对研究生质量的总体要求。《条例》重视强调培养过程和塑造过程，不能简单理解为发了文章就可以拿学位。现在国内很多高校的导师几乎没有仔细研读《条例》，这实属不应该。

老一辈科学家具有家国情怀，他们严谨治学、求真务实、诚信踏实的学风应该得到传承和发扬。无论在什么时代，导向都会起到风向标的作用。而如今，很多问题出现的根本原因，恰恰是我们在导向层面忘记了"初心"。短视和急功近利的行为不利于科研的可持续发展。在"做什么样的科研""培养什么样的人""为谁培养人"等问题上，如果不能达成共识，那么争论细节就会变得毫无意义。

反思又到了再次打破思想禁锢，还科研风清气正的时候了。这就是轮回，回归正轨。

为什么科研评价看重 SCI　2013-04-10

　　SCI 是一种期刊文献检索工具，集合了各学科的重要研究成果，已成为国际公认的反映基础学科研究水准的代表性工具。作为其基础科学研究水平及科技实力指标之一，SCI 成为目前国际上最具权威性的科研成果评价体系。20 世纪 80 年代末，南京大学率先将 SCI 引入中国的科研评价体系。此后，中国学界竞相模仿，教育部门等也将 SCI 文章的多少作为评价学术水平的重要指标。这使得 SCI 成了此后一段时间中国学术评价体系中最重要甚至是唯一的标准，以致形成了目前以 SCI 收录论文数量为重要考核指标的论文评价体系：大学的学科评估排名，学位授予点评审，重点学科、重点实验室的申报，科研项目审批结题等。

　　不可否认，SCI 评价的引入对鼓励科研人员瞄准国际一流，促进我国科研水平有过正面的引导提升作用。然而，随着时间推移，由此带来的负面后果也凸显。多而不精、引用率不高现象已经到了非重视不可的地步。一些学校领导习惯于比"SCI"，仿佛有了几篇顶级 SCI，学校整体水平就提升了。既满足了虚荣心，又获得了"政绩"实惠，对推动学术界整体浮躁起到催化剂作用。

　　替代 SCI 评价的是同行评价体系。然而，时隔多年，这一做法难以推行。同行评议如何面对中国目前诚信体系缺乏的挑战？如果学术界没有好的评价氛围，那么任何评价方法都会失灵，就只能完全以量化方式来评定学者的水平。另外，高校行政化管理将评判学者水平的权力交给一些行政人员。行政人员对学术不太了解，常常会把评判简单化、数字化，不会仔细考量某项具体成果在同行当中的切实影响。

　　在没有更好的评价机制之前，SCI 评价还不得不存在，这也是一个"尴尬"的现实。

　　SCI 评价的好处就是打破"干好干坏"一个样的"大锅饭"，对科研进行量化管理。量化如同快刀斩乱麻，把问题简单化。但不是什么都能量化的，不同学科间难以量化比较。比如生态学与细胞生物学，假设都在本学科最高杂志发文章，肯定影响因子有差别。你说谁影响大？谁水平高？"三百六十行，行行出状元"，只要你在你的领域做到前沿就是最棒的，科学家的领域并非都是自己可以选择的，冷门热门也都是相对的。从这个意义上说，单纯的影响因子排队就不是可行的了，如同钱学森PK（网络用词，挑战）袁隆平？

作为科研人员，他所关注的不应只是文章的点数。一个刊物是不是一流的刊物，是历史积淀的结果。通常国外科研人员习惯于在本领域几个固定杂志（所谓圈子）上发文章，而不是首选高影响因子杂志。以影响因子论"英雄"，从短期看，或许有些效果，但从长远看，这种拔苗助长赢了面子，丢了里子，而且不可能持续发展。

关于SCI分区。分区只要是人为的，不公平就会期存在。制定政策的人不会对自己不利的，"王婆卖瓜，自卖自夸""抬高自己，压低别人"这些都是常规的做法。与其批评不公，不如先找准自己的位置。若你是大牛，必然看影响因子；若你是小牛，看分区；若你是牛犊子，只要是SCI都算一流；若你连牛都不是，国内核心也不错了。领导们都希望养几头大牛，一来壮大自己的门面，二来鞭策一下小牛们。但要看你的牛场规模多大了？能养得起几头大牛？

何时能给科研人员一个宽松的环境，让他潜心做科研，而不是"今天拨钱，明天交差"。需要SCI，又不"唯SCI"，当科研人员为科学而努力，而不是为文章点数而努力的时候，中国科学发展之路才是正确的。

在量化与非量化之间把握平衡，既给科研人员一定压力，又不使人产生"逃离"的想法，对科研主管部门来说，建立科学规范的评价体系也是一道新的有待破解的难题。

影响因子究竟影响了谁　2013-04-10

影响因子（impact factor，IF）是美国ISI（科学信息研究所）的JCR（期刊引证报告）中的一项数据，即某期刊前两年发表的论文在统计当年的被引用总次数除以该期刊在前两年内发表的论文总数，这是一个国际上通行的期刊评价指标。

"影响因子"这一名词在当今高校、科研所几乎成为领导和科研人员的"口头禅"。科研处每到年底就忙开了，开始统计当年本单位发表SCI论文的篇数及影响因子的多少，并将其作为业绩考核的重要指标。

从领导角度，SCI的数量和质量关乎领导的"政绩"和单位的"面子"，若有一篇SCIENCE、NATURE、CELL，那将是至高无上的荣耀，可以大吹特吹，什么"建校（所）以来的重大突破"云云，可以开庆功会、发奖金，也可以在与同类院校评估中占得先机，获得靠前排名。

从科研人员角度，那将是个人的"登顶"，随之而来的鲜花与掌声、奖金与待遇更是目不暇接，自己在同事（同行）面前有了面子和"炫耀"的资本。评职晋级、获奖分红、报项目、涨工资，接踵而来，着实让人羡慕不已。很多学术会议同行见面，开口就是今年发了几点几的文章，而没有文章或影响因子低的似乎矮了半截。

从大众角度，老百姓关注那些科研人员拿着纳税人的钱都干了些什么，而不是影响因子的高低。发100篇SCI文章，不如袁隆平创新品种提高水稻产量，解决吃饭问题来得实惠。

影响因子究竟影响了谁？从学术的角度看，很多高影响因子的刊物上发表的文章未必价值就高。从现实的角度看，对国内科研人员好处（评职、晋级、获奖、捞项目、挣奖金）极大。同样的文章在不同影响因子杂志上发表，"效果"绝对不同，这就是影响因子实际的效应！影响因子就是钱，就是利。有时候9.9和10.0或许结局迥然不同，如同高考录取线一样，关乎人的命运。

当科研人员把影响因子作为自己追求的目标，而不关注科研工作的内容和实际价值时，对科技发展来说绝非一件好事。科研人员应把精力用在研究上，而不是整天琢磨如何发高影响因子文章，掰着手指算计着，就像商人计算挣了多少钱一样。影响因子变了味，变成了追名逐利的"工具"，这大概是发明人尤金·加菲尔德（Eugene Garfield）当初所没有料到的吧？

影响因子并非一个最客观的评价期刊影响力的标准。一般来说影响因子高，期刊的影响力就越大。对于一些综合类，或者大项的研究领域来说，因为研究的领域广，所以引用率也比较高，如生物和化学类的期刊，这类期刊一般情况下就比较容易有较高的影响力。影响因子虽然可在一定程度上表征其学术质量的优劣，但影响因子与学术质量间并非呈线性正比关系，如不能说影响因子为5.0的期刊一定优于影响因子为2.0的期刊一样，影响因子不具有这种对学术质量进行精确定量评价的功能。国内部分科研机构，在进行科研绩效考评时常以累计影响因子或单篇影响因子达到多少作为量化标准，有的研究人员可能因影响因子差0.1分而不能晋升职称或评定奖金等，这种做法绝对是不可取的。

当然不可否认影响因子对促进提高科研水平的积极作用，但不能向"大跃进"那样，把影响因子当"神话"一样看待，当影响因子累积已足够高了的时候，该考虑一下真正有影响力的工作究竟有多少？

还是冷静下来，还影响因子的本来面目吧，是该给影响因子降降温的时候了。

第五节　高校评价

少一些评价，多一些务实　2021-12-09

高校评价（评估）似乎成了一个常态。人才要评，项目要评，学科要评，教学要评，管理要评，业绩要评，学位点要评，招生要评，就业率要评，实验室安全要评，学校排名要评，总之什么都要评。指标化、数字化，大量的时间精力花在无休止的评价上，行政人员、老师不厌其烦，深受其害。

把时间花在各种表格填写上，哪有时间静下心思考问题。整个校园变得浮躁，追求发论文、高影响因子、奖项、职称、"帽子"，赢者通吃越发普遍，滋生权力腐败，助长急功近利。而默默无闻、踏踏实实做教学与科研的老师逐渐被边缘化。

现在的内卷比以往都更加严重，激烈的竞争对中老年教师是一种无奈，也变得麻木，对新入职的年轻人来说，教学、科研两大任务都必须完成，压力山大。

评的权力来自行政主管部门，难道不评就是不作为，学校就不能发展吗？似乎成了死循环怪圈。

减少不必要的评价，尊重科学规律，务实办学。心静方能潜心研究，做好教书育人，做出面向世界科技前沿、面向经济主战场、面向国家重大需求、面向人民生命健康的科技成果来。

给高校老师一个做学问的宽松环境吧。

神奇的"马太效应"　2013-11-17

"马太效应"（matthew effect），指强者越强、弱者越弱的现象。其名字来自圣经《新约·马太福音》中的一则寓言:"凡有的,还要加给他叫他多余;没有的,连他所有的也要夺过来。""马太效应"与"平衡之道"相悖,与"二八定则"有相类之处,是十分重要的自然法则。

所谓强者越强,弱者越弱,一个人如果获得了成功,什么好事都会找到他头上。态度积极主动,那么你就赢得了物质或者精神财富,获得财富后,你的态度更加强化了你的积极主动性,如此循环,你才能把马太效应的正效果发挥到极致。

1968年,美国科学史研究者罗伯特·莫顿(Robert K. Merton)首次用"马太效应"来描述这种社会心理现象:"对已有相当声誉的科学家做出的贡献给予的荣誉越来越多,而对于那些还没有出名的科学家则不肯承认他们的成绩。""马太效应"是个既有消极作用,又有积极作用的社会心理现象。其消极作用是:名人与未出名者干出同样的成绩,前者往往上级表扬,记者采访,求教者和访问者接踵而至,各种桂冠也一顶接一顶地飘来,结果往往使其中一些人因没有清醒的自我认识和没有理智态度而居功自傲,从而在人生的道路上跌跟头;而后者则无人问津,甚至还会遭受非难和妒忌。其积极作用是:其一,可以防止社会过早地承认那些还不成熟的成果或过早地接受貌似正确的成果;其二,"马太效应"所产生的"荣誉追加"和"荣誉终身"等现象,对无名者有巨大的吸引力,促使无名者去奋斗,而这种奋斗又必须有明显超越名人过去的成果才能获得所向往的荣誉。

"马太效应"可以归纳为:"任何个体、群体或地区,一旦在某一个方面(如金钱、名誉、地位等)获得成功和进步,就会产生一种积累优势,就会有更多的机会取得更大的成功和进步。"

"马太效应"对于领先者来说就是一种优势的累积,当你已经取得一定成功后,那就更容易取得更大的成功。强者总会更强,弱者反而更弱。强者随着积累优势,将有更多的机会。

1. 教育领域

其一,越是教授、专家,得到的科研经费越多,社会兼职越多,各种名目的评奖似乎就是为他们设立的。在科研领域存在这样一种怪现象:科研经费的使用基本被垄断,从立项、评选、经费分配基本由少数专家控制。尽管某些项目从立题到完成与一些专家没任何关系,但是,无论是立项书还是最终成果也必须将某些知名专家的大名冠于首位。这样一来,一般学者的劳动果实都成了专家的"成果",使少数专家成了科研寡头。

其二，过度投资建设名校。众所周知，国家对于教育的总投入是个定值，故对某些学校的投入过多必然造成对另外一些学校的投入不足。古人说，"工欲善其事，必先利其器"，那些因投入充分而硬件和软件占绝对优势的学校想不成为名校恐怕都很困难；而那些投入不足的学校，则因"巧妇难为无米之炊"而陷入了发展的"瓶颈"。这种因教育资源分配严重不均而造成的名校与薄弱校的格局一旦形成，必将不断地被放大，形成所谓的"马太效应"，即"凡是少的，就连他所有的也要夺过来。凡是多的，还要给他，叫他多多益善。"人往高处走，水往低处流，于是，资金、师资、生源严重地向名校倾斜，薄弱校却出现了人、财、物的全面危机。另外，就读名校也成了一种身份符号，满足了那些社会强势群体对于社会分层，以确定自身的价值与优越感的需要，加速了名校与薄弱校的两极分化。"马太效应"的出现实质是社会强势群体对于社会困难群体平等的教育权的掠夺，必将加速社会财富与权力的两极分化，加剧社会矛盾，最终会引起社会的震荡；它造成了局部的繁荣，却扼杀了作为整体的教育的生命，就像癌细胞的过度繁殖必将危及作为整体的人的生命，而人的生命的丧失却又使癌细胞失去了生存的基础，最后也必与个体的生命一起消失，连局部的繁荣都将不可得。城市孩子，自小得到的国家教育经费就多，国家将有限的教育经费基本投资在城市里，高考得到特殊照顾的还是他们，相反，农村的孩子，尤其是贫困地区的孩子，不仅在培养经费上严重受到歧视，在升学、就职等方面更遭不公平待遇。

其三，将学生分为三六九等，给予不平等的待遇。在教育工作中，常遇到这样的情况，师生间的感情冷漠，甚至带有某种敌意，学生间的关系也不和谐，越是老师喜欢的学生，同学就越不喜欢，在班里就越受到冷落。本来学生关系很好的学生，只因为老师表扬的多了，就使这些学生遭到同学的冷待。

2. 科学领域

"相对于那些不知名的研究者，声名显赫的科学家通常得到更多的声望，即使他们的成就是相似的；同样地，在同一个项目上，声誉通常给予那些已经出名的研究者，如一个奖项几乎总是授予最资深的研究者，即使所有工作都是由一个研究生完成的。"

（1）把过去的成绩累计起来，形成一种优势，并影响以后的评价。

（2）人们倾向于引证那些对所研究的问题或领域具有影响的工作，但同时倾向于引证那些经常可见的科学家的工作。因此，容易引证的人被更多人引证，不容易引证得更不容易被引证。

（3）当一个人的杰出成绩得到承认后，人们可能会追溯并重新评价其早期工作。

（4）承认和奖励的分配有利于那些名牌机构的科学家，而那些在声望较低、处于边缘地区的机构里的科学家则很难得到适当的承认。

（5）新的科学家需要逐步进入权威和名流集团之中，然后被承认。

（6）科学界分层结构中流动是单向的，科学家只有升迁不可降格。

"马太效应"在很多情况下对科学发展具有不利的影响，使得很多具有才华的科学家被压制、埋没。当科学家体会到社会环境对他们的压抑，他们或者忍受痛苦继续坚持不懈地努力，这种行为被社会所鼓励和赞扬；或者会失去对这些目标的兴趣，不再从事科学事业；或者失去通过合法途径达到成功目标的兴趣，转而产生用越轨的方法去获取成功的动机。如果科学组织对科学家的越轨冲动和诱惑未能加以充分的内在控制或外在控制，越轨行为便会产生。

所以，人们趋炎附势、锦上添花的行为也就不足为奇了。

去除"四唯"的核心在于"唯论文"　　2018-10-29

近日，科技部、教育部、人力资源和社会保障部、中国科学院、中国工程院五部门发文开展清理"唯论文、唯职称、唯学历、唯奖项"（以下简称"四唯"）专项行动。

其实在国内高校、科研院所最令人反感的是"唯论文""唯帽子"。学历不代表学术水平，奖项要看实际贡献。

现在评职称、评项目更多是看论文因子和数量，这种导向使得科研人员和老师们整天冥思苦想如何在高因子刊物发文章，每年都在算计自己发的文章"档次"。有了文章，职称、"帽子"接踵而来，实际利益远比踏踏实实做科研来得实在。

科研发文章本身无可厚非。但是我们关注的是刊物级别还是实际的科学贡献，这才是问题的核心。现在老师们见面不谈你做了什么，而是发了几点的文章。一旦某项变成考核评估的唯一，就与科研的初衷背道而驰。做科研的初心是什么？这一点不该忽视。

建立同行评议机制是对科研人员评价唯一客观的标准。不论评什么，必须以同行认定唯一。

国外高水平大学看重的不是文章档次，而是科研实际贡献。因为文章发表只是向世人表明你做的工作，而刊物只是一个承载学术思想的平台而已。刊物级别不代表论文质量，高影响因子的刊物不一定篇篇都是精品，一般刊物也并非都是垃圾。

科学讲求实事求是，只要是文章，就应该看文章的内容，而不是只看刊物级别。科研不是靠量化来衡量的。

只有摒弃"唯"论文，才能扭转急功近利的科研风气。才能让科研真正成为推动社会进步的助推器，而不是为了生存讨"饭碗"的工具。让老师们在一个相对宽松的环境下潜心科研，才有可能在没有功利的前提下努力做科研以及不跟风做出原创性成果。

当然，去除"唯"，困难重重，任重道远，同行评议制度也不是一蹴而就的，科研管理部门负有科研导向扭转学风的重大责任。

习惯化对认知的影响 2021-01-09

习惯化与去习惯化是心理学家们所用的一种研究婴儿感知觉的方法。婴儿注视视觉刺激时间的长短不同，说明了婴儿对视觉刺激物体具有选择性。经过反复暴露相同的刺激，婴儿最终就会失去兴趣，视觉注意就将减少，即习惯化。已经对某一刺激形成习惯化的婴儿，当新的刺激物给他时，又会引起他新的注意，这一过程叫去习惯化（敏感化）。运用习惯化和去习惯化的方法，可以测量婴儿感觉的辨别能力，如婴儿对声音、图形等的辨别能力。对于成年人来讲，除辨别力外，还影响其判断力。神经科学家认为习惯化是学习记忆的一种突触可塑性。

习惯化与敏感化对人的认知影响很大。一个人从小接受的教育（不仅仅是学校教育，也包含家庭和社会、环境教育）与其成年后的思维联系密切，很多人在回忆录中谈及儿时的记忆，总会提到印象深刻的几件事情。

18岁，意味着步入成年人阶段。但每个人的心智成熟度并非与生理年龄完全同步。一个人的世界观、价值观一旦定型，难以改变。现在网上谈论的"唯"以及各种师生矛盾和问题，人际沟通不畅，思路、讨论陷入僵局，无不与个体的习惯化有关。思想禁锢是改革最大的阻力，人们对现实的不满更多是情绪化的发泄而不是理性的思考。"破"谁都会做，然而"立"则需要智慧。

思想禁锢意味着封闭或僵化。认准以往的经验而抵制任何新事物，凡事都按自己的标准去衡量，听不进不同意见。然而，学而不思则罔，有时习惯化的力量强大到不可思议。打破习惯化的最好方式就是去习惯化（敏感化），不过之后又会产生新的习惯化。

"实践、认识、再实践、再认识，这种形式，循环往复以至无穷，而实践和认识之每一循环的内容，都比较地进到了高一级的程度"，这是认识和实践统一的动态过程。

思想禁锢是科研改革的桎梏　2020-04-10

从"四维"到科研评价体系，这些年一直争论不休，始终是科学网的热门话题。但是问题到底解决了没有？

人们在科研政策导向下，已经适应了，甚至麻木了，对未来科研评价体系似乎也不抱什么期待。一些学校最近出台的考核政策，似乎囿于已有的思维惯性，还是换汤不换药。不唯 SCI，不唯因子，不唯奖项，不唯头衔，唯什么？

招生指标、业绩分配、晋升标准，基本还是老一套。规定文章层级，列出目录，只有符合才算达标，重形式、轻内容依旧不变。习惯纠结于这篇文章归几档，那篇算几分，细节上斤斤计较，讨价还价，有意思吗？

为什么不能跳出思维怪圈？

究其原因，不外乎领导重政绩，老师重业绩，归根结底，利益使然。上级考核指标，老师个人利益，都关乎钱袋子。只要考核通过，其他一切枉谈。利益面前，使人迷失，格局狭窄，失去判断和思考。

如果大家都是这种思维，科研改革难以推进。

任何改革都会影响到每个人的切身利益。规则制定者只考虑政绩，既得利益者不希望打破现有的体系框架，不愿个人利益受损。领导不希望学校排名下滑，而老师不愿意失去既得利益。

对于科研评价，应该再来一次思想解放，交由社会第三方和同行来评价。科研影响力大小不应由行政部门说了算，要去除人为因素。发了多少文章，因子多少，不代表真正的科研实力，老师的科研成果应该面对社会的检验。老师发的文章，应该在一定范围内公开，起码在本单位网站或学术圈子内。

不是你发了什么，发在什么刊物上，而是让公众了解你的研究内容、你的实质贡献，同时接受公众的监督。这样做有利于大家把关注点集中在科学问题本身，同行相互学习、相互监督，防止学术不端。风气正了，自然科研水平也就提升了。

空谈误国，实干兴邦。

伯乐相马不如公开赛马　2013-08-26

最近网上关于天公抖擞与不拘一格降人才的话题炒得热闹。问题是谁是"天公"？它抖擞什么？抖擞了就能降人才？国内学术界的问题很多。从办学理念、SCI评价体系、人才选拔政策、人才培养模式，可以说，哪一个环节都存在问题，绝不是"三剑客"讨论所能解决的，更不是龚自珍一首诗所情愿的。

天公是谁？是教育部长还是大学校长、院士？天公不是凡人，应该站得高、看得远。抖擞一次长久的、永恒一点的，"持续化""日常化"而不是"项目化""花样化"，才是科技政策中的人才政策所需要秉承的基本原则。

什么是人才？人才是指具有一定的专业知识或专门技能，进行创造性劳动并对社会做出贡献的人，是人力资源中能力和素质较高的劳动者（中共中央、国务院《国家中长期人才发展规划纲要（2010—2020年）》）。人中之才，即人才，有谋事之才、谋略之才、将帅之才、栋梁之材。一国人才的众寡优劣直接影响着国家的兴衰存亡。人才，通俗地说就是指有本事的人，而人才即可造之材，经过精心雕琢而成为人才。

人之成才是一个漫长的过程。在这一过程中，人的价值被逐步发掘和体现，最终被社会判定为"才"。人才资格的评判必须通过工作岗位这个载体来实现，能胜任岗位要求的人，即人才。

人才是人。在不同的时期、不同的地位有着不同的需要。美国心理学家亚伯拉罕·马斯洛（Abraham Maslow）把人的基本需要归纳为生理、安全、社交、尊重和自我实现五个等级，由低到高逐级形成和发展。人才是有着较强能力和较高自我意识的一群人。他们在前三项需要得到基本满足后，便强烈地要求被尊重和充分的自我价值实现。他们要求充分发挥自身潜能，他们希望得到与自己最大能力相称的工作。战国时代，赵国有名将廉颇，秦国不敢犯其疆界。几年后廉颇因故告老，秦兵闻息来犯。赵王使人来问廉颇"廉颇老矣,尚能饭否?"廉颇虽老但一心向国,当着来使连吃三大碗饭。但使者害怕廉颇出山损及其集团利益,遂回赵王廉颇已老。赵王正疑虑老臣廉颇再次出山是否会拥兵自重,故不用廉颇,不久赵国亡。

人在与自然环境进行能量交换时,一定是趋向于最小的能量支付行为,即省时省力的直接索取,将现成物拿来享用。社会环境对人本性的行为影响体现在两个方面:一是社会环境影响力弱、宽松,法制不严,没有激励机制,人就本能地少支多收,如平均主义"大锅饭",导致精神萎靡、不思上进;二是严肃社会环境,变少付多取为多付多取,斩断不付而取的渠道,人们的行为则向敬业精神的方向发展。人才亦是普通人,也有趋向于好逸恶劳的一面,若领导者不施与环境刺激而任其自生自灭,则所有人都趋向于急功近利的价值观。

"良禽择木而栖,贤臣择主而事",有能力的人总是自然地向那些工作报酬优厚、更尊重人才、更能充分实现自身价值的单位流动,以保证自己社会地位的不断提升。人才流动是正常的行为,而人才流失则不是。

人才是一种资源,不能合理使用人才,是一种极大的浪费。

远在春秋战国时代,管仲就第一次提出用人要"任其所长"的理论。他说:"明主之官物也,任其所长,不任其所短,故事无不成而功无不立。"所以,每一个领导者不可以求十全十美的人才,倘若用人之长补人之短,则身旁多有人才;而若求短舍长,天下尽是可弃之庸才。

科教兴国的第一步是人才发展战略,人才发展战略的第一步是用人体制改革,用人制度改革的第一步,是建立真正有效的人才激励机制。

人才一词,越来越时髦,几乎每个学校在提"以人为本",在宣扬重视人才、吸引人才。于是乎,伯乐们越来越多,人才越来越稀缺,人才越来越难寻。因此,引进人才固然重要,但也有人才潇洒走一回的无奈,有人才变为庸才的尴尬。我国并不缺乏优秀的人才,缺乏的是优秀人才成长的土壤以及优质的人力资源生态环境和经营模式。

"千里马常有,而伯乐不常有",社会的普遍现象是:一些千里马在其成为千里马之前,焦急地等待着一个伯乐的出现。人才并非天生,而是通过自己的学习,在实践中成长起来的。自己的勤奋,再加上不断地被给予实践的机会,人才才会健康成长。所以,最重要的是要给"准人才"合适的舞台,让其施展抱负。英雄不问出处,用人不拘一格。真正的人才不再受到学历、出身、工作经历的限制。因为赛马是公开的竞争,在公平的规则下,哪匹马跑得快，大家一目了然，用不着伯乐来相马。

中国为何难出一流大学　2014-05-15

中国为何难出一流大学？为何难出诺贝尔奖得主？这些都属于环境平台与人才关系的症结问题。

一流大学出一流人才，不必赘言。一所大学之所以成为名牌，一定要有口碑，而口碑的形成需要积累和沉淀，这正是"十年树木，百年树人"的道理。纵观世界，超过百年的名校比比皆是，而几十年或十几年的学校难以挤进名校圈。办学不能完全靠政府行政化管理，要有懂教育的大师去管理。私立大学的独立性造就了其一流地位，而不仅仅是靠政府输血式砸钱。名师不但学问做得好，做人也要有气节。

反观今日，高校的行政化体制仍根深蒂固。领导任命制只能是对上负责，政府投入、给教授压担子、业绩考核、政绩考核、决定官位的升降似乎成为高校的规则。"指挥棒"一词形象地比喻了当今高校现状。

领导布局，先决定学校定位。扩招、并校、转型这些都是政府行为，而学校要做的就是紧跟形势，及时领会，马上行动，抢得先机。比如揣摩领导意图，学校定位可按教学型—教学科研型—综合性（有特色）—国内一流—国际高水平的顺序递进。不过定位也就是向上级喊口号、表决心、要钱而已，恐怕一流只是一厢情愿的"黄粱梦"。

教授无非是贯彻领导意图的"棋子"而已。办学需要人才，而考核一所学校，不是看其教学，而是科研。项目经费数、SCI文章因子数、国家级奖励数这是罩在所有校长们头上的"紧箍咒"。学校要想发展，要想提升，要想排名靠前，只有先定位高（决心魄力），然后才有可能在大蛋糕里分得更多的份额（钱），于是到处挖人的事情屡见不鲜。引进一个"人才"，短平快，是提升学校地位的唯一捷径。不过短期效应过后，真正能给学校增加底蕴的效应在哪？这些"人才"要么3年后走人，要么沦为普通教授。很多学校就是在一轮轮的"引进人才"中耗费时光，无人关注本校人才的培养，教学更是被人遗忘的角落。一些大学的网页报道多为顶级刊物发了什么文章以及今年经费增加了多少之类的东西。除了领导们看，恐怕普通教师无人关心。

运转学校与运转公司不同。需要投入产出，但不能要求立竿见影。浮躁风、不按规律办事、长官意识导致弄虚作假、说大话、说假话等一系列问题出现。没有了诚信度（学校、教师、学生相互间），没有了十年磨一剑的耐心，哪有一流的大学？没有一流的大学，又上哪出诺贝尔奖得主？

当今教授们很少有气节。校长们对上负责，紧跟教育部；教授们则紧跟校长，及时调整对策。比如影响因子分区决定奖金多少，甚至出现在哪类刊物发文章影响学科排名的怪事。发文章都算计个人得失，谁还在乎学术水平的整体提高呢？跟风是中国教育的一大特色。领导们算政治账（保官位），教授们算经济账（保地位）。

总之，学校没有自主权，教授没有自由权。失去独立自由，还谈什么一流？

领导们的大旗少摇一摇，指挥棒放一放，看效果如何？

尊重人才应落实在行动上　2021-11-05

国内各高校近年都在大力引进人才，这对于完成新老交替、改善学科学缘结构、提升学校地位都有好处。

然而，新引进的人才也面临一些问题。若处理不好，人才也会得而复失。

所谓人才，一般指在学术上有造诣的科学家或年轻有潜力的"海归"或本地博士后。在"985"高校人才集中扎堆的情况下，更多流入"211"高校或地方院校。沿海发达地区由于经济因素更有吸才优势。为了吸引人才，各学校在待遇方面都是花了大本钱的，几十万到上百万的年薪制待遇，住房补贴，子女入学，家属工作安排自然不在话下。然而重赏之下必有勇夫，但未必如愿，一些学校引进的人才几年后再度流失也成为一种普遍现象。

除了为待遇频繁跳槽的个别人之外，多数海归和年轻人还是抱着干一番事业决心的，报国之志可嘉。解决生活待遇固然重要，然而如何在工作上创造条件才是根本。要想留住人，发挥人的才干，更重要的是软硬环境。

1. 工作条件

实验室、经费、招生，一些学校引进时答应的条件是否全部兑现？房间、启动费、招收研究生是否落实？不少人抱怨硬件条件不到位或缩水。

2. 人文环境

科研氛围和人际关系。没有招生指标（博士生），生源质量不高，老师不做科研，行政管理烦琐，缺少人文关怀，试想，在这样的环境中，怎么能保证引进人才全身心投入和对学校的认同？不少人对软环境的吐槽更多。

工作条件是硬环境，科研氛围、行政管理是软环境，二者缺一不可。真正的人才都是有事业心的，他是来工作的，不是单求待遇的。让引进的人心情舒畅，心无旁骛地开展工作需要细致的关怀。尊重人才不是只给待遇或挂在口头上，而是要落实在行动上。留人留心，有用武之地，无后顾之忧，否则光凭待遇是不可能长久留住人才的。

闲议考核　2020-09-09

各行各业都有考核。考核作为检查、评价、奖惩的一种手段，涉及每个人的切身利益，关乎每个人的饭碗。

考核的本意应该是奖勤罚懒，激励人们努力工作，创造成绩。若是"大锅饭"（绝对平均主义），只有"混混"们高兴。考核，使"能人"们高兴。凭本事挣钱难道不是吗？至于不诚信获得考核利益的行为是另一回事，与考核本身无关。

社会主义分配原则是按劳分配。"按劳"本身就是一种考核，鼓励多劳多得，反对不劳而获。既然如此，为什么大学一提到考核就吐槽一片呢？原因在于考核内容（标准）动了某些人的奶酪。不管你愿不愿意，喜不喜欢，甚至被动地接受，考核是无奈的现实。

考核有定性、定量两种形式。定性比较模糊，而定量相对清晰，便于操作。为什么要量化考核？因为人有惰性，所以需要约束。如同计时计件，只计时（打卡上下班），难免有出工不出力的，所以要有计件（有数可查），保证单位时间内的工作效率。不考核的前提是假设所有大学老师都有能力、都有水平、都有自律、都能为师，事实上理想国根本不存在。

所以在良莠不齐的情况下，唯一的办法就是考核，就像高考作为选择学校的依据一样。至于考核是否适当，我相信凡达不到"标准"的一概说考核过严或标准太高，而考核通过的会说这样做很公平。

任何人为操作的行为都难免有局限性，任何考核都不可能让所有人满意，考核标准适于多数人即可。有比较才有鉴别，只有那些遵守规则、认真工作的人才不会在意考核。努力工作、踏实认真、不忘初心的人经得起任何考核！当然，考核的决策科学化、公平性、适用性问题是考核政策制定者的责任。

还有一点需要强调，量化不是万能的，如良心是不能量化的。道德可以约束，但人的思想是不受限制的。

作为退休人，写这些有点"隔岸观火"的味道，但毕竟我们也是一路考核过来的。

第五章

科 普

鸟儿鸣唱的奥秘　2019-12-30

"关关雎鸠，在河之洲""嘤其鸣矣，求其友声"来自《诗经》的一幅如此恬静悠闲的画面，因有了鸟语而变得生动有致，画面中流动着一脉淙淙如溪流的野趣，令人回味。鸟鸣仿佛总是在诗情与画意里婉转，人们对鸟鸣也习以为常，可是鸟鸣是如何产生的？这一问题引起动物学家们的极大兴趣。国内外许多科学家对此进行了系统的研究，并逐步揭开这其中的奥秘。

1. 鸟鸣有深意

发声是动物对内外环境变化的反应方式，鸟类鸣叫是其种族特征之一。目前已知世界上有鸟类万余种，我国有鸟类1800多种，占世界鸟类的14%，可谓鸟类资源大国。在这些鸟类中，大多数可以发出各种各样的鸣声，其间含有丰富的生物学信息。

进行声音通讯的意义，首先是为了识别。鸟类不仅能依靠种族的特有外貌和鸣声来识别自己的家族成员，而且能利用鸣声差异来识别邻居、配偶和家庭成员。其次是寻求配偶。每当春天来临，许多雄鸟利用歌唱来吸引异性的注意，而鸣唱的刺激还会引起雌鸟筑巢和排卵，完成配偶和繁殖活动。最后，宣布占有领地。鸟类和其他动物一样，有自己生存的空间范围。鸟儿的鸣叫是告知其他鸟群：此地为本群所有，外族不得进入，一旦进入将受到攻击和驱逐。此外，在发现食物、受到惊吓、相互竞斗、遇到天敌和危险等情况下，鸟类也会发出鸣叫。

在不同环境条件下，鸟类的鸣声长度和频率、强度等均有较大的差异。仔细分析不同鸟类的鸣叫，可把鸟类的叫声分为两大类：一类称为鸣叫（call），另一类称为鸣唱（song）。鸣叫一般是由遗传决定的种族特有的声音，比较简单，很容易根据叫声识别出是哪种鸟所发出的声音，如我们所熟悉的鸡叫、鸭叫、乌鸦叫等。而鸣唱多为鸣禽类雀形目鸟所特有的，这些鸟大多善于飞翔，栖于树林或灌木丛中，鸣唱婉转悠扬、悦耳动听，如我们所熟悉的画眉、百灵、黄雀、金丝雀等。显然，鸣唱比鸣叫更为复杂，而且鸣唱多为后天习得。借助现代声谱分析技术，已鉴定出鸟鸣中含有几十种声音成分。

2. 婉转与单调

为什么鸟类鸣叫会有如此不同的情形呢？我们不妨比较一下不同鸟类的发声器官，就可以从中找到答案。

鸟类的鸣声是由气管与支气管交界处的特殊器官——鸣管所发出的。鸣管由鸣肌和鸣膜组成。当鸣肌的收缩引起鸣管腔的容积改变时，气流经鸣管冲出，振动鸣膜而发出声音。鸣禽类鸟的鸣肌发达，有4~9对，分布于鸣管两侧；而非鸣禽类鸟的鸣肌只有1~2对。此外，鸣禽类鸟的两侧鸣肌各自单独收缩，构成双声源；而非鸣禽类鸟的两侧鸣肌同步收缩，只有单声源，这就造成了前者鸣声悦耳，后者叫声单调。

3. 发声控制与发声学习

除发声器官结构不同以外，脑中枢控制方面二者亦存在着明显差异。鸣禽类鸟的发声中枢位于前脑、中脑和延髓，非鸣禽类鸟的发声中枢则只存在于中脑和延髓。

发声控制系统由发声运动和发声学习两条通路组成。鸣禽发声学习的解剖学研究表明，鸣禽的发声受神经通路控制，这些通路位于脑内被称为发声系统的结构中。

发声运动通路是由一些独立的神经核团通过神经纤维联系而成。运动通路对于正常鸣曲的产生是非常重要的，包括高级发声中枢（HVC）、古纹状体粗核（RA，现称弓状皮质栎核）和舌下神经气管鸣管亚核（nXⅡts）。从HVC→RA→nXⅡts，然后由nXⅡts发出舌下神经（nXⅡts）支配鸣肌，控制发声。RA同时控制呼吸通路，配合鸣叫的产生，与HVC相联系的核团还包括NIf等。

发声学习通路包括旁嗅叶X区、丘脑背外侧核内侧部（DLM）和新纹状体巨细胞核外侧部（LMAN），X区→DLM→LMAN称AFP（anterior forebrain pathway）前脑通路，与HVC和RA共同组成HVC→X区→DLM→LMAN→RA通路，其中，AFP的损伤会阻碍鸣声的发育。

鸟类的发声学习依赖听觉。因此，听区（L）在发声学习过程中是不可或缺的，L与HVC和RA之间有着密切的联系。

鸟类鸣叫能力的差别与脑内发声中枢控制的复杂程度有关。越是善鸣的鸟类，中枢控制机制越复杂。如果破坏发声核团，鸟类将失去鸣叫能力。人类的语言控制具有左侧半球优势，这已为人们所熟知。有趣的是，在鸟类中也发现了鸣叫控制的左侧半球优势现象，这在人类以外的其他动物中尚未发现。

进一步研究发现，鸟类的鸣唱是一种复杂的习得行为。鸟类的语言学习记忆过程颇为类似人类幼儿，而且听觉反馈与语言获得的记忆也与人类语言学习的过程如出一辙。

4. 金丝雀学唱

以金丝雀学唱为例，让我们了解幼鸟是如何进行语言学习记忆的。

从孵出到60日为金丝雀语言学习的第一阶段。这一阶段是幼鸟仿效亲鸟（父母）或同类鸟声音的时期，称为亚歌音期（subsong period）。这一时期如同幼儿咿呀学语，声音发育还很不完善，HVC至RA的联系尚未有效建立起来。

第二阶段是从60日至230日之间。这是幼鸟逐渐成熟，开始建立听觉反馈校正自身发音的时期，称为可塑性歌音期（plastic song period）。这一时期的幼鸟不但熟悉了亲鸟的声音，而且通过听觉反馈机制的建立，对自己发出的声音进行对比和校正，通过记忆巩固正确的发音并修改错误的成分。这一时期的高级发声中枢神经元仍不断增生，发声控制与学习通路的联系不断完善。

从性成熟（230日后）至来年繁殖期为第三阶段。随着鸟脑发育日臻成熟，歌声也完美动听，这一阶段被称为完美歌音期（full song period）。这一时期鸟儿歌声基本定型，形成自己的风格，并掌握了几套歌。

根据声音发育的特征，第一阶段亦称为感觉学习期（sensitive period），第二阶段称为感觉运动学习期（sensorimotor period），第三阶段称为声音定型期（finali zation periold）。

需要指出的是，尽管鸟种之间三个阶段存在一定差异，但第二阶段是鸟类学唱的关键期（critical period）。如果在这一阶段对鸟进行声音隔离或致聋，性成熟后则不会发出正常的鸣唱，可见听觉反馈在鸟类语言学习记忆中的作用至关重要。

鸟类在性成熟前习鸣，一俟完成，对多数鸣禽来说，歌型终生不变。而金丝雀在性成熟后，习鸣过程仍在继续，歌型也有明显的周期性变化。在性成熟至繁殖期建立起来的鸣声，到秋季会发生变异，退回到第二阶段的可塑性鸣唱；直至第二年早春，新的繁殖季节到来时，再重新建立稳定的歌型。与前一年相比，此时唱歌的内容已有明显不同，增加了新的音节成分，而原有的一些成分则被删除，这种鸟的鸣唱学习可算得上"活到老学到老"了。

5. 鹦鹉学舌

很多鸟类不仅可以通过学习掌握其种族特征的鸣唱，而且还能不同程度地模仿其他鸟类甚至人类的语言，这种能力被称为效鸣。好多鸟在笼养或野外自由生活时，都能把陌生的声音编入自己的歌中，而在幼鸟阶段这种模仿能力最强。曾有人利用这种模仿能力，给开始学唱的幼鸟如灰雀、乌鸫、欧椋鸟等听管乐的乐曲声，结果它们就能发出管乐器的鸣声。

有许多从小被驯养的鸟，甚至会放弃其本种原有的鸟声，而仅仅保留并采用学得的调子。但一当它听到本种的鸣声，在很短时间内就能立刻学会，并改唱这种家乡口音的调子。模仿力比较高级的一些鸣禽，常常与它们所模仿的声音条件、地点、时间及不同的个体有关，如八哥、鹩哥以及伯劳等，它们都能学人说话，但并不完全相同。有的是学说话，有的是见景生情，"鹦鹉学舌"是其中很聪明的一例。当人拿起水瓶时，鹦鹉会学着发出水流的"哗哗"声；当有蜜蜂飞进屋里，它就发出"嗡嗡"的声音。

实际上鸟对这些事都是无意识产生的，只不过是对一种事物的声音反射而已，但这种反射会令人惊讶不已。当一只鹦鹉听到敲门声时，会突然大喊"请进来"；当听到敲击木板声时，也会大叫"请进来"。这是由于鹦鹉无意中把人们的敲门声和说"请进来"这两种声音联系起来，并把鸟脑受到的这种刺激信号贮存起来，形成了条件反射的缘故。这些聪明的鸟在学人语时，往往特别关注人的嘴部运动，仿佛在认真琢磨人类发音一般。

6. 雄鸟善鸣

鸟类的鸣唱还有一个奇特的现象，即存在明显的性别和季节性差异。通常雄鸟善鸣而雌鸟很少或几乎不叫，而春季的雄鸟比秋季的更爱叫，这是因为雄鸟体内的雄激素水平高于雌鸟、春季高于秋季。

研究发现，激素水平的差异导致发声中枢体积的不同。雄鸟发声中枢的体积比雌鸟大3~4倍，春季时体积也比秋季大。中枢体积的大小决定了中枢内神经细胞的数目及联系。激素在调节神经细胞、突触数量方面发挥十分重要的作用，而这正是发声学习记忆的结构基础。据报道，金丝雀每年都要更换一些鸣唱内容，即增添一些新音节，丢弃一些旧音节，与之相应的神经细胞数量也发生明显的周期性变化。

决定性别差异的个体发育与幼年期激素作用有关。研究发现，对新生的斑胸草雀雌雏用雌二醇（E2）处理，成年后 RA 内神经元占有空间的体积同雄鸟一样大。而用二氢睾酮（DHT）处理，成年后 RA 神经元体积不变，但神经元数量可增加一倍。以上两例说明激素的早期作用可促进神经元生长与增殖。如果成年后再继续施用睾酮（T），可诱发类似雄鸟般的鸣叫，发声核团的发音也几乎接近雄鸟。而对已成年的斑胸草雀雌鸟用 DHT 或 T 处理，则不会出现这种现象。这进一步表明，早期 E2 处理对晚期雄激素作用的影响是必要的。激素不仅影响神经元数量，而且对神经元树突长度具有明显的增长作用。雄金丝雀 RA 神经元平均体积比雌鸟大，其神经元树突比雌鸟长 12%。对雄鸟睾丸体积观察发现，春季睾丸体积比秋季大数十倍，血中激素睾酮（T）的含量也相差 10 倍以上。雄鸟的鸣唱控制核团 HVC、RA 的体积随着季节变迁，体积也相应增大或减少。激素水平高、核团体积大、音节数量也多，这种规律性的相关性是导致鸣唱季节差异的根本原因。

7. 鸣啭学习与新生神经元

金丝雀的鸣唱学习是一个开放过程，每年其音节成分都要发生变化，即增添一些新音节，遗忘一些旧音节，这必然涉及神经元之间的联系变化。

过去认为，动物脑神经细胞在胚胎期或出生后发育初期就已形成。在出生后不久，神经元似乎失去生长的能力，死亡的神经元也无法再得到补充。成年动物不可能增添新的神经元。因此，由于创伤或病变导致的神经元丧失是不可弥补的。而学习记忆只能依靠有限数目的神经元间的突触联系来实现。一旦神经元衰老死亡，学习记忆将出现障碍。

金丝雀 HVC 每年都有新生神经元产生，但其体积并无明显的增长。因此，新生神经元必定在替换原有的神经元。加入 HVC 新生神经元中的 80% 是在九月中旬产生的，恰好是每年秋季金丝雀语言结构发生变异的时期。可以理解，此时的新旧神经元替换，使原有的鸣唱学习神经回路重新组合。一方面使原有的音节伴随旧神经元的死亡而遗忘，另一方面新神经元加入原有的神经回路，建立起新的突触联系，利用学习掌握新音节。

HVC 不仅对鸣唱运动起控制作用，而且对声音识别这一感知功能亦至关重要。由于金丝雀每年更新一些新的音节成分，所以新生的神经元是识别新的鸣声、获得新的记忆所必需的。

对鸟类鸣唱学习记忆的中枢神经系统可塑性机制的研究不仅对神经科学基础理论的研究具有重要意义，而且对临床医学具有重要应用价值。

俗话说："人有人言，兽有兽语"，作为鸟际间交流的工具，鸟的鸣声蕴含着十分丰富的生物学信息。如同人类因居住地区的不同而产生各种方言一样，鸟类由于栖息地的不同，也有不同的"方言"，这表现为同种异歌现象，如百灵鸟的歌声，就有明显的地域之分。不同国度的同种鸟彼此间相会，也会有明显的"语言"隔阂，这些"方言"的差异表现为鸣声主句的音节数量、频率范围以及持续时间等方面。这些"鸟语"用于识别、求偶、报警、寻食、进攻、定位、争斗等多种生命活动。对鸟语形成机制的研究，其意义不仅在于探索自然之谜，更重要的是为人类语言的形成和发展提供了一个可比的动物模型。

鸟类是人类的朋友。让我们大家共同爱护鸟类，创造一个鸟语花香，缤纷多彩，充满生机和活力的世界。

神奇的语言基因——FoxP2　2020-12-09

1. FoxP2 基因的发现

20世纪90年代，牛津大学威康信托人类遗传学中心及伦敦儿童健康研究所的科学家对一个患有罕见遗传病的家族中的三代人进行了研究，这个家族被研究者称作"KE 家族"。该家族的24名成员中，约半数无法自主控制嘴唇和舌头的运动，发音和说话极其困难。他们的话很难听懂，他们自己也不能理解别人说的话。他们还存在阅读理解障碍，不能正确拼写词语，难以组织好句子，弄不懂语法规则，因而很难理解别人说话和进行阅读。该家族三代人中存在的语言缺陷使科学家们相信，一定是他们身体中的某个基因出了问题。

1998年，英国剑桥大学的遗传学家试图通过分析 KE 家庭成员的基因组找出这个残缺的基因。他们的方法是寻找一段患者们共有的而健康成员所没有的 DNA 段落。剑桥团队很快把病因缩小到人类23个染色体的第七号。后来证实，这是由于第七号染色体 FoxP2 基因发生了单核苷酸突变或染色体之间基因移位突变，并且呈显性遗传。于是，FoxP2 基因有了一个名副其实的称呼——语言基因。Fox 基因是一个基因家族，由于与克隆的果蝇叉头基因具有高度相似的 DNA 结合区，因而又把它们称为叉头框基因，或称叉头基因，它编码的蛋白就称为叉头框蛋白。

2. FoxP2基因存在于不同动物

FoxP2基因并非人类所特有,其他哺乳动物包括黑猩猩、小鼠和蝙蝠等也存在着。科学家们进一步研究了语言基因FoxP2在不同物种中的表现,并进一步论证语言与人类文明发展的关系。小鼠和其他动物的FoxP2缺少关键的变异,而这些关键变异只发现于人类和人类进化过程的近亲尼安德特人身上。一些研究人员推断说这些关键的变异导致了只有人类能够通过复杂语言进行交流,而动物只能发出吼叫声或者鸣叫声。

美国麻省理工学院的研究人员报告说,他们首先培育出具有人类版本FoxP2的小鼠,然后让它们走T字迷宫寻找巧克力。一开始,培训小鼠进行有意识的学习,如平滑地面左转,粗糙地面右转等,小鼠做对了能得到奖赏,这种学习被称为叙述学习。经过长时间培训后,小鼠把这些记忆形成了无意识的习惯,这被称为程序学习。

人类近亲黑猩猩也有这种基因,但自600万年前人类支系与黑猩猩分离后,人类版本的FoxP2基因有两处发生了黑猩猩所没有的关键突变。黑猩猩和大猩猩有同样版本的基因,这也一定与500万年前人和黑猩猩共同祖先的一样。但自从人和黑猩猩分道扬镳后,它的演化突然加剧。人的FoxP2与黑猩猩的相比有两个蛋白质不同,表明它受到了很大的选择压力,这一定和语言的进化有关。所有人类都有同样的FoxP2,说明这个基因非常重要。考古学家认为FoxP2也许是完成语言功能的最后基因之一,尼安德特人具有现代人类语言基因,这也许是现代人类语言发展的最后一步。从在西班牙北部洞穴中找到的已经有43000年历史的两个尼安德特人骨头中提取DNA,遗传分析发现尼安德特人的FoxP2基因序列与现代人的序列匹配,它具有两个能区分人类与其他动物的变异,它可能使得语言变得完善。语言也许促使了人类在5万年前的行为改变,当每一个基因变异发生时,如果它能够提供某种改善语言的能力,它的携带者就会留下更多的后代。当FoxP2基因席卷整个古人类时,现代语言的能力便应运而生。

后来发现,FoxP2基因在鸣禽的大脑中也有表达,如燕雀和金丝雀,这将使人们更好地了解它在人类语言交流中所扮演的角色。鸟类和哺乳类动物都源于爬行类,它们有着共同祖先。鸣禽与人类分别处于鸟类和哺乳类动物进化的顶级,而鸟类的鸣唱是自然界唯一可以与人类语言相媲美的。科学家们在各发育阶段检查鸟脑中FoxP2的表达水平,发现其在各脑区的分布表达与人胚胎脑一致。而鸣禽斑胸草雀与人类的FoxP2的DNA结合区氨基酸序列完全一致。这种高度的保守性提示它们发挥相同的作用，从而从基因水平上将鸟鸣与人类语言联系起来。由于鸣禽与人类具有相似的语言功能，研究鸟鸣对揭示人类语言机理具有重要的借鉴意义。

3. FoxP2 在鸟脑鸣唱系统 X 区的表达

鸣禽的鸣唱系统有两条主要的通路：一条是发声运动通路（VMP）：HVC（高级发声中枢）→RA（弓状皮质栎核）→nXⅡts（舌下神经气管鸣管亚核），与人类皮层——脑干运动通路是同源的；另一条是前端脑通路（AFP）：HVC（高级发声中枢）→Area X（X 区）→DLM（丘脑背外侧核内侧部）→LMAN（新纹状体巨细胞核外侧部）→RA（弓状皮质栎核），此通路参与鸣唱学习。AFP 与人类皮层—基底神经节—丘脑—皮层回路同源。AFP 中的 X 区是鸣曲学习所必需的特殊区域，它与哺乳动物脑中的基底神经节在进化上是同源的。"KE 家族"的疾病正是由于基底神经节结构变异导致的，说明基底神经节在鸣禽习鸣和人类语言学习中都发挥重要作用。

鸣禽鸣啭的发育历经三个阶段，分别为亚鸣啭期（模仿），塑性鸣啭期（鸣曲形成）和完美鸣啭期（维持）。幼鸟通过模仿亲鸟传授的教习曲，再通过听觉反馈矫正自鸣曲来学习鸣唱。X 区是教习曲和自鸣曲信息汇聚整合的部位，在感知运动阶段（边听，边记，边模仿），X 区对于鸣唱时间特征的定型和音节序列的稳定起到重要的促进作用。

4. FoxP2 基因与鸣禽鸣唱

FoxP2 基因不仅参与胚胎时期的关键性发育，对幼鸟鸣曲学习以及成鸟鸣曲稳定都起重要作用。

为了研究 FoxP2 在鸣唱学习中的功能，科学家使用慢病毒介导的 RNA 干扰技术，向斑胸草雀幼鸟脑内 X 区注入慢病毒，以减少双侧 X 区 FoxP2 的表达水平。结果显示，亚鸣啭期幼鸟 FoxP2 基因的消除阻止了完整精确的鸣曲模仿过程，该基因表达水平的降低可使成年后的音节缺失。而损毁 X 区的幼鸟其音序连贯性差，显示出不同的鸣曲异常。另有实验消除因受模仿鸟某些鸣唱特征而造成行为差异的可能性，证明幼鸟 X 区神经元 FoxP2 表达水平的不足导致不正确的发声模仿。

在雄性斑胸草雀塑性鸣啭期，鸣唱控制核团 HVC 和 X 区都存在新生神经元从侧脑室迁移和分化的现象，同时在 X 区的新生神经元中 FoxP2 表达显著增加，这与鸣曲的形成有关。

成年雄性斑胸草雀具有直接型和非直接型两种鸣唱。直接鸣唱是面对雌鸟求偶时的鸣唱，充满激情，非直接鸣唱则好像是自言自语，这两种鸣唱在声学上具有相似性而社交功能大不相同。分别检测这两种鸣唱时 FoxP2 的表达水平，可帮助我们了解成鸟 FoxP2 与社交背景的相关性以及在成年鸣曲中所起的作用。于是有人设计了四组实验：直接鸣唱组、非直接鸣唱组、混合鸣唱组以及安静对照组。结果表明，直接鸣唱的短语数量与 X 区中 FoxP2 表达呈正相关，而非直接鸣唱呈负相关，这说明成年雄性斑胸草雀的鸣曲行为依赖于社交背景的调节。

FoxP2 基因在人类与鸟类中共存，从进化角度带给我们更多的思考。无论其在脑内的表达分布，还是幼鸟和成鸟鸣唱可塑性中所扮演的角色，都说明该基因作为语言基因的进化程度。人类的语言功能是伴随动物进化过程逐渐发展完善起来的，语言的出现使人类的智慧达到顶点，成为万物之灵。鸟脑的语言控制区与人类语言区有许多相似之处（如侧别优势现象）。最终，我们需要知道语言基因是如何导致脑结构的诞生，以及脑结构如何导致语言的产生的。相信通过鸣禽该基因的研究，将会给人类语言带来更多的借鉴和启示。

人类是何时开口说话的　2020-07-06

语言是人类用于交流的一种工具，对人类语言进行准确定义是很困难的。一般来说，语言主要是以呼吸器官发声为基础来传递信息的符号系统，用于表达事物、动作、思想和状态。语言功能非常复杂，它受到人脑的支配，与思维密不可分。到目前为止，科学技术还不能完全模拟人脑的语言功能。

语言功能是人与动物的重要区别之一。即使是在灵长类中，也没有其他动物像人类一样娴熟地使用语言表达思想和情绪。没有语言，我们不可能通过读写听说描述身边的任何事情，也无法留给后代完整的历史。

语言如此重要，我们对它的起源却知之甚少。人类为什么要开口说话？我们的祖先何时说出了第一句话？

1. 追溯语言的起源

330 万年前，人类已经会制作、使用工具和展开合作。

200 万年前，直立人出现。他们在草原上生活，捕猎大型猎物，用火煮食，然而他们缺乏适于说话的生理结构。

160 万年前，工具变得更加复杂，包括制作精巧的手斧。

100 万年前，人类开始有计划地设伏狩猎。

70万年前，海德堡人出现，他们拥有适于说话的生理结构。

40万年前，尼安德特人出现，他们的基因、脑和身体都更适于说话。

30万年前，智人出现，这是第一个完全具备语言能力的物种。他们有更先进的技术、文化和社会结构，这些表明他们有较强的信息交流能力。

12万年前，颜料的使用表明象征性文化的出现。

4万年前，人类创作大量的洞穴艺术，制衣，举行殡葬仪式。这些表明当时人类已经具有了语言交流所需要的抽象思维。

1万年前，人类开始从事农业生产。

5000年前，古老的文字出现。

幼儿的语言发展在一定程度上是人类语言发展的缩影。幼儿学习语言的过程显示，语言是进化的产物，是从具体的信号进化为抽象的信号的。

孩子在学会说话之前，已经会使用许多手势语和声音交际手段。婴儿出生后约3个月就开始咿呀学语。1岁左右，婴儿开始说一些单词，这些单词的意义其实就等于词组。例如，婴儿可能会以"车"来表示"我看到了一辆车""我在坐车""我们上车吧"诸如此类的意义。到2岁时，他们开始说一些由2~3个单词构成的词组，能使用极简单而准确的句法。在这几个阶段中，幼儿逐渐掌握了语音和语调。而且，这些阶段的发展与其抽象概念的建立是相互关联的。

20世纪初有这样一则案例：有传教士发现了印度狼孩卡玛拉和阿玛拉姐妹。阿玛拉约1岁半被人领养，进了孤儿院两个月后，当她渴时，她会说"水"。卡玛拉被发现时约8岁。她用了25个月才开始说第一个词，多年后单词量才增加到45个。她曾说出由3个单词组成的句子，但她直到生命结束也没真正学会说话。这个例子说明，语言的学习被限定在人成长的早期阶段，错过这个时期人就不会说话了。

2. 多学科探索

关于语言的起源，有很多假说，包括神授说、手势说、感叹说、摹声说、劳动说、契约说、突变说、渐变说及本能说等。例如，中国古代曾有女娲抟土造人的神话。传说女娲开始造出的人都不会说话，于是她在这些泥人后脑勺上拍打了几下，这些泥人便哇哇地大叫起来，因此人类就有了语言。还有人认为，语言起源于古人伴随劳动而发出的喊叫，等等。

人类语言起源的问题，一直没有考古学的直接证据。各种假说都没有实证，语言的发展过程也没有留下直接的历史痕迹。所以，很长一段时间以来，不少人认为研究语言的起源是没有意义的。1866年，法国的巴黎语言学协会甚至颁布禁令，要求停止任何与语言起源和演化有关的讨论。

实际上，语言虽没有留下化石，但我们可以从古人类的生活方式、他们所使用的工具和他们的身体结构中探索语言进化的线索。有幸的是，现代科学研究支持这一探索。科学家正在尝试通过考古学、动物学、认知科学、语言学等多学科的共同研究，解决人类进化的两大难题——语言产生的时间和原因。

3. 生理基础

动物学家潜心研究人类近亲黑猩猩交流信息的能力，发现黑猩猩可以利用各种各样的形式交流信息，包括动作和面部表情。一些科学家曾成功地训练黑猩猩使用复杂的手势或辅助性工具交流信息，但无论怎样训练，这些人类的近亲始终只能含混地发出少数单词的音，口语能力实在低下。

研究人类起源的专家认为，通过口语进行交流，是人类区别于其他动物的最显著的特征。有声语言的出现，必须具备两个条件：第一个条件是要具备一定的生理条件，即发音系统能够发出清晰的语音。

类人猿的喉部有大的气囊，这能帮助它们在求偶时恐吓对手，但是有学者研究发现，这也导致类人猿无法发出人类语言中关键的各种元音。人类早期的祖先也有气囊，但现代人（智人）和尼安德特人的共同祖先没有这种气囊。

尼安德特人和现代人的膈肌通过神经与脑相连，这样他们就有可能通过控制呼吸来精准发声。另外，与之前的人类相比，他们的内耳结构发生了改变，这使得他们对频率在人类语音范围内的声音更加敏感。这对于人类的语言交流具有重要的意义，因为我们常常通过细微的语音改变来表达不同的语义。

随着人类的进化，发音系统也日趋完善。研究发现，晚期智人的口腔大大缩短，喉头位置显著下降，舌根部位的自由活动余地扩大，发音器官比早期智人有了较大的改善，有可能发出较为清晰的声音。

在遗传学领域，科学家发现了被称为"语言基因"的FoxP2基因。该基因控制人脑语言区的布局和可塑性，并控制说话时面部和嘴的活动。该基因在哺乳动物中广泛存在，但其他动物的FoxP2缺少关键的变异。通过对尼安德特人基因的遗传分析，科学家发现尼安德特人的FoxP2基因序列与现代人的相匹配。

根据上述研究，有科学家认为，一些语言最晚在 40 万年以前就已经产生，那时正是尼安德特人和现代人（智人）分道扬镳的时候。

4. 思维能力

出现有声语言的第二个条件是，思维能力要发展到一定的水平，而且有了产生语言的必要。

语言的产生受到物质、社会和文化的共同影响。原始人狩猎和制作工具的能力不断进步，这也从一个侧面表明了人类交流系统的进步。自从人类学会直立行走和用火煮食以后，大脑开始快速进化，人与人之间的交流更加频繁，原来只会叫喊的声音逐渐变成固定的交流声音，这样就出现了人类最早的语言。

一些考古学家通过测量古人类化石的脑容量来判断其思维发展的水平，从而推断语言起源的时间。从脑容量可以推测，晚期智人可能已经具有了产生语言所需要的思维水平。

在晚期智人以前，原始人已经可以用比黑猩猩的叫喊声更复杂的声音来交流信息。随着发音器官的不断进化和大脑的发育，这些声音逐渐清晰起来。语言的产生成为人类进化史上的一大飞跃，也是人类从愚昧走向文明的重要标志。语言的出现又极大地丰富了人脑的思维意识。

说话是通过口头发出的声音向对方传递信息，但人类的交流从来是手口并用的。特别是在语言最初形成阶段，只用口语似乎说不清楚，于是人们就需要用手把想说的意思比划出来。有时人们也会把头脑中的想法画出来，于是文字开始出现。

至于语言的起源地点，有学者调查后认为，人类语言可能全部起源于非洲西南部地区。他分析了全球 504 种语言，发现非洲各地方言往往含有较多音素，而南美洲和太平洋热带岛屿上的语言所含音素较少。一种语言离非洲越远，它所使用的音素就越少。他认为，音素多样性的分布规律与人类遗传多样性类似，这是人类语言起源于非洲的有力证据。另外，也有人提出语言起源于亚洲的里海南岸。

5. 三种"前语言"

那么，语言是从什么进化而来的呢？科学家指出，语言正式形成之前的"前语言"有歌唱、手势和摹声三种形式。

查尔斯·罗伯特·达尔文（Charles Robert Darwin）认为，人类的祖先通过唱歌吸引异性。他们唱的歌就像鸟儿的鸣唱一样没有什么含义，只是用于与对手竞争。随着时间的推移和人类智力的进化，这种性选择的工具被赋予更多的意义，语言由此产生。

达尔文指出，人类的近亲长臂猿也用唱歌吸引异性。现代研究则揭示了语言和音乐的潜在联系。例如，脑成像给出的证据表明，处理语言和音乐的神经通路有一部分是重合的。

但是，如果语言真的产生于性选择，那么男性和女性的语言能力应该有较大的差异，而事实并非如此。实际上，歌唱进化为语言的动力不仅是吸引异性，也包括同性合作、安慰孩子等。

也有人提出语言是从手势发展而来的。这个理论有一定的道理，因为人在说话时会不自觉地使用手势，患有听说障碍的人也会用手语替代说话，有些灵长类动物也可以用手势发出信号。打手势也许是比说话更早的交流方式，这说明脑在语言出现之前就已具有处理有意义的信号的能力了。

摹声或许是语言的另一个源头。模仿声音几乎是人人具备的能力，即使小孩也能模仿动物的叫声。但对于这个观点，人们有一些争议：

首先，模仿声音需要一定的生理结构作为支撑，而早期的人类缺乏控制呼吸和发声的神经结构与功能。不过，现在的研究发现，非人灵长类动物对呼吸和发声的控制能力远超我们过去的想象，如大猩猩甚至可以学会吹口哨并自编曲调。这说明我们的祖先在生理结构不完善时也可能拥有模拟声音的能力。

其次，作为前语言，摹声的局限性太大。有声的事物可以模拟，那没有什么声音的该怎么办呢？比如，该怎样用声音表示某种植物或者工具？实际上，即使是动物也不是都会发声的，如兔子。对于抽象的东西（如指示一条河流的方向），摹声的难度就更大了。相比之下，用手势表达就灵活多了。

最后，最近的研究显示，摹声的功能也可能很强大。美国和英国的科学家做了一个实验，他们让受试者用声音来表达"烹饪""聚集""刀子""水果"等词语，然后把录音放给其他受试者听，让后者通过声音猜测词语的意思。出乎意料的是，受试者"听音辨词"的准确率很高（远超随机猜测的概率）。这表明，用有创意的、形象的拟声（如挥舞刀子发出的"嗖嗖"声）交流可能比打手势更有效。

6. 三者合一

以上三个假说都含有真实的成分。世界上现存的一些语言就在口语中混杂了歌唱、手势和摹声。因此，有科学家推测，或许将三者统一起来才能解释语言的起源。

唱歌也许是产生语言的第一步，不过，其目的不是求偶，而是保护自己。在中非一个部落，人们会整夜唱歌以驱赶猛兽。他们用不同音高的声音歌唱，使得自己所发出的声音比森林中动物的叫声更大，更具威慑力，南非一些部落和印第安人部落也有类似的行为。科学家由此猜测，人类祖先也用同样的方式保护自己。

不过，自人类走出森林后，唱歌的保护作用就变小了。森林为人类提供了防护大型捕食性动物的天然屏障；当人类开始直立行走，进入草原以后，不得不直接面对狮子之类的猛兽的威胁，此时唱歌所能起到的作用非常有限。

也有科学家从另一个角度解释唱歌的作用。一起唱歌能促进人体分泌相应的激素，从而提高人们对群体的归属感。歌声把我们的祖先紧紧联系在一起，于是部落的规模不断扩大。随着团队壮大，人们的力量越来越强，足以抵御猛兽的袭击。

另外，唱歌有助于人与人之间建立信任感，这对于语言的产生也是非常重要的。人们有了"我们"的概念，愿意与他人分享与合作，这样才有使用语言进行交流的必要。

人类祖先的歌与我们今天的歌完全不同。他们可能只是单调重复地合唱，但那歌声能有效地吓退猛兽，保护脆弱的族群。他们发声和变调的方式，有助于多变的语音和复杂的发音系统的形成。

在此过程中，人类祖先模仿声音的能力得到提高。这种技能对狩猎大有帮助，现代猎人就经常模仿动物的声音把它引诱出来。模仿动物的声音来狩猎带给人类祖先一个显而易见的进化优势。这也让他们意识到，可以用声音来表达不同的意义。此后，他们开始用声音来述说故事或传授技能（如教新手狩猎）。

当用手势交流的方式出现后，摹声和手势很快变得更有系统性。最终，人与人之间基本达成共识，约定俗成的表达方式得以形成。科学家通过一些实验对这个理论进行了验证。他们要求受试者使用手势和即兴发出的声音与人群进行沟通。这种自创的"语言"在人与人之间传递后，逐渐变得更有条理。对于新人来说，它更有效，也更容易学习。同样，在一些患有听说障碍的群体中，人们从未学过通用手语，他们自编的手语原本杂乱无章，但经过一段时间的使用，标准化的规则就会出现。

关于人类语言起源的争论已有数千年历史。歌唱、手势和摹声三者共同促进语言起源的理论得到不少科学家的赞同，但要彻底解开人类语言之谜，还有很长的路要走，科学家正在为之继续努力。

神奇的生命　2013-07-27

世界上最复杂的是什么？是生命！

宇宙起源，生命起源，人类起源，一个比一个神奇。

水与生命有不解之缘。C、H、O怎么就合成了生命？

为什么人类成为地球的主宰？人的大脑为何比其他生物发达？谁赋予了人的智慧？人类又是如何认识自然、利用自然、改造自然的？

分子、细胞、组织、器官、系统、机体，为何如此协调统一？机体与环境是如何适应的？进化的奥秘何在？从水生到陆生的演变是如何完成的？为什么有植物和动物、微生物、病毒之分？

什么是生命？宇宙中是否还有其他形式的生命？

这一切都是谜！

生物学发展至今，派生出生物化学、分子生物学、细胞生物学、遗传学、生理学、生态学以及形态学分类学等诸多学科，与数理化、心理学、信息学、医学、农学、环境科学、哲学、人文科学多学科交织在一起，形成千丝万缕的联系，可谓剪不断理还乱……

破译了遗传密码，揭示了基因组，了解了神经递质、受体、信号转导通路、生物电信号、脑成像、转基因等，似乎我们了解了生命，可是我们解释清楚了一种生物行为吗？

我们距离生命的本质还有多远？

生物学问题很多且影响因素众多，整合应该是生物学的发展方向。任何一种行为都不是单一因素决定的，人的问题更复杂，就拿脑研究来说，是自然科学的最后堡垒。搞清楚最简单的行为机制都绝非易事，认识自然规律与认识人脑不是同一级别的问题。分子生物学发现基因并不等于知道其功能；细胞生物学发现信号转导通路并不能解释行为机制；器官生理学研究并不代表整体；整体研究又太泛。细胞与机体，环境与机体……总之，太复杂了。

我们的思维往往只是限于单因子范围，把复杂问题简单化了。

生命很深奥，我们也许还没有真正找到从哪里入手研究……

来自生命的启示 2013-10-10

生命的特征之一是对环境的适应性。机体的可兴奋细胞（神经、肌肉、腺体等）可对环境变化做出判断，给予应答。通常细胞受到刺激（环境变化）时，细胞膜会发生一系列的生物电变化，当刺激强度超出一定界限就会产生动作电位（兴奋）。刺激强度能否引起动作电位的界限称阈值。

阈值如同门槛，门里门外大不相同，迈过这个门槛就是另一个世界。如果你不够高，没问题，你可以垫砖头，一点点接近门槛的高度，直至跨越。

对于这个"门槛"，只有门内门外两种选择（如同计算机的 0 和 1，有或无），不允许"骑墙"，即一只脚在门里，另一只脚在门外。

看来生命要求你在原则问题上选边站，旗帜鲜明，不允许模棱两可。

在阈值之上（包括阈值）的刺激为有效刺激（产生动作电位）。阈值以下的刺激称阈下刺激（不产生动作电位，但有局部兴奋），尽管不能达到阈值产生动作电位，但可以积累叠加。总和是指两个及以上刺激比单独一个刺激出现较大效果的现象，即刺激效果的综合现象。当细胞膜某处同时受到两个及以上的阈下刺激时，所引起的局部兴奋也可能通过时间总和而产生一次动作电位。当细胞膜相邻两处或两处以上同时受到阈下刺激时，所引起的局部兴奋也可能通过空间总和而产生一次动作电位。分别为时间和空间总和。

"1+1 大于 2"的道理，生命早知道，而且给你选择权，时间和空间任选其一。这就是积少成多，由量变到质变。

与阈下刺激的特征相比，动作电位一旦产生，其幅值不会因刺激强度增大而增大，也不会因传播距离而衰减。为什么如此呢？因为动作电位是兴奋的标志，是信息的载体，幅度相同的动作电位和不衰减足以保证信息的传播了。至于信息的多样性，生命还留了一手，可以通过改变动作电位的频率（单位时间产生动作电位的个数），用频率编码。幅值与频率相比，哪个更好？还有动作电位是不能融合叠加的，不可能总和，这是因为不应期的存在。动作电位的传导以局部电流的方式进行，如同导火索燃烧推进一般，保证了信息准确性和长距离传导不衰减。

既有定性又有定量，细胞面对复杂的环境变化，似乎也在"思考"做什么？为什么做？如何做？

科普由谁来做　2020-11-17

科普是对公众的科学普及和宣传，从本质上说，科学普及是一种社会教育。传播科学思想，弘扬科学精神，倡导科学方法，均是将科学知识向公众传播，增强其科学意识，提高其科学素养。

但是目前做科普的大都是年长者或退休人员。在职的科学家忙于项目、论文，无暇顾及。

作为科学家，有义务向公众传播正确的科学知识，这远比发几篇论文所带来的效益更为重要，这也是科学家的社会责任。一些学会虽然有科普委员会，但工作流于形式，缺乏实际的内容，对科普的力度还有待加强。

科普文章不同于论文，它是用公众能够理解的通俗语言普及科学，会写论文未必能写出好的科普文章，将公众关注的东西用浅显的语言说清楚并非易事。

希望科学家们在工作之余，写一些本领域的科普文章，讲述自己的论据和结论，让读者自行验证此结论是可重复的规律（科学）的过程，也是介绍自己的工作成就，让更多的普通人了解科学，让更多的年轻人热爱科学，这对于培养后备人才功德无量。

科学网[①]里的博主有一些热心科普的积极分子，应该发挥他们的专业优势，向公众展示自己熟知领域的新进展，这对于提升全民科学素质极为重要。

科学伦理之敬畏生命　2021-11-15

做科学，首先应敬畏生命。科学伦理教育的缺失导致近年高校恶性案件频发，并为此付出惨痛的生命代价。违背科学伦理的实验操作层出不穷：实验药品随意倾倒下水道；危险试剂存放不当；气瓶关闭不严造成泄露；烘箱熔蜡无人看守；玻璃金属电池与动物尸体随意投进垃圾桶等等。

科技伦理是指科技创新活动中人与社会、人与自然和人与人关系的思想与行为准则，它规定了科技工作者及其共同体应恪守的价值观念、社会责任和行为规范。科学伦理和科技工作者的社会责任事关整个社会的发展前途，科学道德问题一直与近代科技进步形影相随。

---

① 科学网是由中国科学院、中国工程院和国家自然科学基金委员会主管，中国科学报社主办的综合性科学网站。

我在大学工作的阶段，有几件事让我记忆犹新。一是我的导师在我进实验室时反复告诫我，要善待动物；做手术时要按规程操作，不得滥杀和虐待动物；实验后，打扫卫生，手术器械洗净擦干，摆放整齐；实验服必须保持清洁；保持实验室清洁卫生是每天要做的第一件事。二是在国外实验室期间，国外老师对实验物品（动物、药品、玻璃金属制品、电池等）要分类处理，不得混放。三是国外一些科学家每年到教堂为"牺牲"的实验动物祈祷和忏悔。这些给我以强烈的心灵震撼，并以此作为给学生规范科研的第一课，否则不允许进实验室做实验。

作为科学工作者，进入科研时最重要的科学伦理一课现在流失了。不仅学生，很多导师都不自知。

没有了对生命的敬畏，只为发文章捞荣誉，任何实验都是对科研的亵渎。一些不规范的操作学生不知，导师也漠然，这是很可怕的。

导师是实验室安全第一负责人，规则不是摆设，细节决定成败，己所不欲，勿施于人，无知无畏是要付出代价的，做科研必须遵守科学伦理！

科学与艺术密不可分　　2013-07-08

科学与艺术是人的两大精神追求。正如大脑左右半球分工一样，左脑偏重逻辑思维，右脑偏重音乐想象，左右脑的统一造就完美人格。科学家懂得欣赏，艺术家内涵深刻，科学与艺术密不可分。

一个科学家不仅做学问，艺术修养也非常重要。懂得欣赏音乐绘画的，对其科研大有帮助，艺术灵感与科研思路是相通的。

在远古时代，人们用象形文字表达思想。"brain"（脑）这个词出现在一份叫作埃德温·史密斯（Edwin Smith）外科手稿的古老的莎草纸文献上。这个文献大约写于公元前1700年，这份文献的作者可能是伟大的埃及医生伊姆霍特普（Imhotep）。

阿尔伯特·爱因斯坦（Albert Einstein）是地球人智力和创造性的伟大代表。"想象比知识更重要。"爱因斯坦曾这样描述他的思考问题时的情景："我思考问题时，不是用语言进行思考，而是用活动的跳跃的形象进行思考，当这种思考完成以后，我要花很大力气把它们转化成语言。"这说明人在进行思维活动时，形象思维是重要的环节。

现代脑成像技术表明：人脑语言相关脑区在读写听说以及思考时活跃程

度不同。

列奥纳多·达·芬奇（Leonardo di ser Piero da Vinci）是意大利文艺复兴时期的一个博学者。除了是画家外，他还是雕刻家、建筑师、音乐家、数学家、工程师、发明家、解剖学家、地质学家、制图师、植物学家和作家。他的天赋或许比同时期的其他人物都高，这使他成为文艺复兴时期人文主义的代表人物，也使得他成为文艺复兴时期典型的艺术家。

达·芬奇在师从安德烈·德尔·韦罗基奥（Andrea del Verrocchio）时开始认识人体解剖学。达·芬奇画了许多人体骨骼的图形，同时他是第一个具体描绘脊骨双S形态的人。一般认为达·芬奇对人体构造的了解可以说对他在绘画方面有相当大助益。人体黄金分割比例图已成为国外很多名校医学院的壁画。

聪明的乌鸦　2021-12-30

提起乌鸦，我们再熟悉不过了。它长相一般，一身黑色，叫声粗犷，给人一种不吉祥的感觉，"乌合之众"这个词就表现了人类对乌鸦智商的蔑视。其实乌鸦是一种聪明的鸟，其智慧令人称奇，乌鸦的智商甚至不低于我们人类。

1. 乌鸦的智商

我们从小都听过《乌鸦喝水》的寓言故事。科学家又设计了一个实验，这次有两种"石头"，分别是白色石块和看起来几乎一样的白色泡沫块。如果乌鸦扔"石头"的技能只是生搬硬套的话，那可能就要喝不到水了。结果，乌鸦很轻易就判断出两者的差别，专门挑白色石块往里扔。

研究人员在一个小洞深处放了一块肉，如果不借助工具，乌鸦无论如何是取不出来的。研究人员给乌鸦提供了一根足够长的小棍，把它放在了一个工具箱的最里面，乌鸦同样够不着。然后，把另一根小短棍放在旁边，作为乌鸦直接可用的工具。乌鸦来了，毫不犹豫地捡起了地上的小短棍，然后用短棍去盒子里捞长棍，麻利地把长棍叼了出来。然后，再用这根长棍把肉捞出来。

研究人员再次提高了难度系数。这次把短木棍吊起来，刚开始，乌鸦左瞧右看，显得不知所措。没过几分钟，乌鸦就果断腾空，把线一点点捋上来，再慢慢抽出木棍。

研究人员把难度提升到了更高级别。这次要成功拿到食物，需要依次通过 8 个阶段。短木棍还是吊在绳子上，但长木棍却卡在最右侧的透明盒子里，需要利用石子的重量才能使其滚出。乌鸦一开始还是左顾右盼了一番，心中暗想：这个问题有点难。来回踱步几圈后，乌鸦还是先把短棍取下来。在尝试了短棍不能直接勾到食物之后，乌鸦开始捞三个盒子里的石头。随后乌鸦叼起了石头，依次扔到卡着长棍的透明盒子里，再把长棍取出，用长棍获得食物。

最令人惊讶的是，乌鸦甚至能搞定 U 形管连通器。乌鸦还会把核桃放到路上，等汽车压碎核桃后取食内瓤。

2. 乌鸦使用工具

人类学会使用工具是最重要的进化，而乌鸦的行为说明它们同样能做到。从短棍到长棍，乌鸦还能变换使用，用工具去获取食物是一回事，而用工具去找另一件工具，然后再获取食物则是另一回事，这需要更复杂的认知能力。促使人类技术发展的，不是用石头敲击坚硬骨头，而是用石头去钻木取火。

一篇《自然》杂志上的文章表明，"我们之前就注意到新喀里多尼亚乌鸦（简称"新喀乌鸦"）拥有特别的技巧，我们很好奇这种拿工具的技能是不是后天适应的结果，类似人类的对生拇指"，科学家们早就知道新喀里多尼亚乌鸦会使用木棍作为工具从够不到的地方掏虫子吃，但是最近基于夏威夷乌鸦的研究揭示，这一技能可能是基因遗传的。

夏威夷乌鸦的数量在 20 世纪末急剧减少，为了拯救它们，人们将仅有的野生乌鸦圈养起来。当研究团队跟圣地亚哥动物园夏威夷濒危鸟类保护计划的动物学家们提起此事时，他们得知曾有人见过夏威夷乌鸦使用工具，"我们当时观测了 109 只乌鸦中的 104 只，其中大部分都会自发使用工具""这些鸟在之前没有接受过训练，然而它们中大多数都技艺精湛，甚至可以完成高难度的任务。从很多方面看，夏威夷乌鸦跟新喀乌鸦非常类似，我的团队已经研究后者十多年了"。

新喀乌鸦和夏威夷乌鸦虽然都是乌鸦，但它们地理相隔很远，属于远房亲戚，它们最近的共同祖先生活在 1100 万年前，我们可以认为它们使用工具的能力是各自单独进化的。一个引人注目的事实是，两种乌鸦都是在遥远的太平洋热带岛屿上单独进化的。岛上缺少啄木鸟和以鸟类为食的捕食者，这对聪明的乌鸦而言，缺少模仿者和天敌恰恰是练就自身使用工具本领的完美条件。

3. 乌鸦制造工具

自然界中很多动物都会使用工具。然而，乌鸦除了能使用现成的工具外，还跟人类一样会制造工具，而且做得特别精巧。比如，在一根笔直的铁丝上弯一个钩子，勾起放置在管内深处的食物。它们平时为了达到不同的目的，也会花费很多精力造一件好用的工具。凭借这样的能力，乌鸦能轻松胜过大部分动物。

科学家通过对动物的大量研究发现，乌鸦的智力水平可媲美黑猩猩。因为鸦科动物前脑的神经元异常密集，拥有与黑猩猩同等数量的神经元。有了这样高密度的神经元，在和哺乳动物相比时，它们的大脑可能会有更高的认知能力。有人把乌鸦称为"长了羽毛的大猩猩"。

乌鸦还有很强的逻辑推理能力。研究人员在屏幕上设置了一种程序，让乌鸦选择两种不同的图标，一种有奖励，一种则没有。如果点了有奖励的图标，就会有食物弹出来，否则，屏幕就会变红。乌鸦需要通过尝试，不断积累经验，将有奖励的图标迅速分辨出来。

儿童和狗也参与过这个实验。儿童只需尝试几次就能掌握，狗则需要70次才能解开谜团。而乌鸦，跟儿童的速度几乎一样快。

乌鸦的智慧也来源于生活。乌鸦是杂食性动物，乌鸦吃水果、蔬菜和肉，所以它们必须学会辨别并能获取各种食物。就拿吃核桃来说，乌鸦把敲开硬核桃做成了一门手艺。它们叼着核桃飞行时就估算出了核桃的重量，然后在一定高度抛下来，正好能使核桃落地时裂开却不粉碎，然后它飞下来时，还要确保没有其他动物来抢。

4. 勤学习，有计划

聪明的乌鸦面对复杂的环境时，会集结起整个鸦群的智慧和力量。有了同伴，甚至老鹰之类的猛禽都不怕，看来"乌合之众"的力量也不能小觑。有了同伴，它们还会相互学习。当一只乌鸦在农场里遭到射杀时，它们就会改变整个迁徙模式，不会再有乌鸦跑到那片区域。让一群戴着面具的人去驱赶乌鸦，很快这些乌鸦就记住了戴这几类面具的都不是什么好人。它们会找机会对这些面孔进行报复，而那些戴着其他面具的"好人"，它们就不会去骚扰。这说明了乌鸦记忆力惊人，能识别人脸，这种能力还会传递给那些未曾见过面具的乌鸦们。

当有同伴死亡后，方圆十几公里的乌鸦都会赶来奔丧。几分钟后，又静悄悄地飞走。

动物界对配偶最忠贞不渝的其实并不是鸳鸯，而是乌鸦。很多乌鸦是一夫一妻制，外表其貌不扬，内心却忠贞不贰。它们一生中只有一个异性伴侣，直到对方死亡。雄性乌鸦有时还会收集一些闪闪发光的小玩意，叼回巢穴献给雌性乌鸦，以博得配偶的欢心。

乌鸦甚至还会计划行事。当种子成熟时，它们不会一下子挥霍殆尽，而是把一部分埋在土里，做好记号，等到冬天再食用。

第六章

杂 文

学习是一种能力，创新是一种灵感　2013-08-25

学习是一种能力。不同人学习能力不同，有的记忆力强，过目不忘；有的理解力好，善于把握本质；有的逻辑分析能力强，长于推理。通过刻苦学习，学习能力可以提高。

创新则是一种灵感。在已有知识基础上，富于联想的高度智慧。创新不是教出来的，是悟出来的。

做科研需要学习，更需要创新。只学习无创新的科研只是跟踪，创新则是创造新的知识。

何谓科学家　2014-06-04

科学家（scientist）是对真实自然及未知生命、环境、现象及其相关现象统一性的数字化重现与认识、探索、实践、定义的专业类别贡献者。

一提起科学家，人们就想起一串熟悉的名字：牛顿、伽利略、爱因斯坦、爱迪生、居里夫人、钱学森……比起他们的成就，这些大科学家留给我们的更多是精神的财富，他们身上有真正科学家的精神。在这个物质文明发达，许多人都为名利奔波的时代，这种精神更值得我们尊敬。

科学家该有什么样的精神？科学，本身即探索未知、发现真理、发展先进、改造世界、造福人类的学问，而成为科学家、献身科学事业的人所拥有的精神是：锲而不舍，勇于献身。如果说科学成果能够给科学技术人员带来"信誉"的话，那受益最多的往往是其中的少数人，体现社会中常见的"马太效应"，这就可以理解为什么说科学研究越来越是一种职业的原因。

对于一个准备成长为科学家的青年人来讲，你所需要的是如何在这样的环境中建立自己的学术信誉。但是鉴于人们的认识习惯，对于一个年轻的科学生来讲是很难不需要自己的导师分些学术信誉给你的。因此，当你在挑选导师的时候就一定要看你将来"导师"的为人。择业不可以不慎，择师也是很严肃的事情，特别是看他（她）能不能帮助你最终成为"独立"的研究者。在英语里有一个名词"mentor"相当于汉语的"恩师"，那么衡量你的导师是不是你的"恩师"的判断依据，除了你是否真的学了些什么之外，最终一定要看你的导师在你成为一个独立的科学研究者的过程中起没起关键的作用，这一点其实是非常重要的。也许有些人会以为只要是导师做到了"授业解惑"就行了，但那确实远远不够。因为一个科学家的责任除了需要做出科学贡献之外，还必须能够培养出独立的科学家。

科学家的品质对于要成为一名优秀的科学家所具备的素质，首先，必须是要有好奇心，对于自然的好奇，对于普遍事物的好奇。即他们想探知事物的规律，他们具有看到事物最为本质一面的本领；他们能够将事物归纳为最基本的简单而重要的法则，并通过这些基本法则去了解许多其他事物；他们所了解的事物不单单是一个清单，或对个别事物的认识，而是将对它们的认识归纳成为一种普遍的认识。其次，科学家必须要有恒心和毅力。他们在研究实验过程中不断努力，锲而不舍。最后，科学家一般都有很强的自信心，相信自己的判断。自信是非常重要的一种素质。

对于年轻的科学家所需要做的准备就是努力去具备那些优秀科学家的素质。他们必须受到很好的训练，习惯长时间的工作，必须具备化繁为简的本领。有时你会阅读一篇内容非常复杂的科学报告，优秀科学家能够将其内容观点进行提纲挈领，并转化成自己的语言。

高考 40 年的感悟　　2017-06-06

今天同学群有人晒出当年参加高考的准考证，感慨万千。看到准考证，千言万语道不尽人生的坎坷、奋斗、拼搏、期望。没有经历过那一段激情燃烧的岁月，也许是现代年轻人永远不能理解的情怀。

记得我们当年是 20 左右的知识青年，是"战天斗地"的热血青年，是高考改变了我们的人生命运。

1977 年注定是中国历史上不平凡的一年。"77 级"永远是新一代中华崛起的符号，作为恢复高考后的首届大学生，是中国高等教育史上的一个特殊群体。由于恢复高考，改变了当时全国的人才选拔制度，是国家拨乱反正，向知识、文明的回归，是一个国家复兴的拐点。因此，"77级"不单纯是一届大学生的指称，而是已经衍变成一个重要的历史符号，成为一个时代的象征。

如今的我们，年逾花甲。大多已经或即将退休，我们所做的一切可以说无愧于国家。当年流行的"八十年代新一辈"和"振兴中华"的口号仍是那个年代深深的印记。

经历过的，沉淀过的，苦辣酸甜，人间冷暖都是人生宝贵的财富。

40年，弹指一挥间。

教师节感想　2018-09-10

又到了一年一度的教师节。

作为教师，每年这一天的经历，随着年龄增长，感受会有所不同。

近四十年教龄，育学生无数。但你能记得的或能记得你的有多少？

学生的学生都已经成为教师了，作为老师的学生，感慨万千。

祝福的话语、贺卡鲜花、欢聚时刻，作为老师，就这么点荣耀！

传承科学文化，寄望学生，不忘初心！

洗尽铅华也从容　2018-01-05

今年是我的本命年，也是我花甲之年，临近退休，回顾走过的人生路，酸甜苦辣咸都品尝过。

有过拼搏，有过自豪，有过挫折，也有过无奈。

大学老师，曾经，是一个多么令人向往的职业，而现在大学老师的尊严只剩下自我坚守的初心。

现在的高水平、高因子、高级别，这些与我渐行渐远。一个人很渺小，不论你发过什么，获得过什么，到头来都是过眼云烟，没有人在意。

往事如烟。回想所教过的学生，无以计数，只记得有研究生近百名。他们的名字刻在脑海中，时常想起跟他们在一起的时光。他们都已经成长起来了，令人欣慰。与微不足道的文章教材相比，更多的是融入的心血所得到的回报，无怨无悔。

也许到了这个年龄，才看淡了一切。人究竟为什么活着？在忙忙碌碌的生存压力下来不及思考的这个哲学命题不是谁都能真正感悟到的。

60岁之前与60岁之后,是人生完全不同的阶段。不忘初心,洗尽铅华,该考虑一下未来怎么走。

人生不在初相逢,
洗尽铅华也从容,
年少都有凌云志,
平凡一生也英雄!①

荣休感言　2019-09-29

2019年9月26日我参加了荣休仪式。尽管还有2年学校的返聘,40年大学老师生涯即将结束。

1982年年初,我大学毕业,留校任教。在教师岗位上打拼,先后在两所大学任教。在教学科研方面,虽然取得了点滴成就,然而个人是渺小的,这些在历史长河中都显得微不足道。

最令我难以忘怀的是站在讲台上的骄傲和看到学生获得的荣耀,尤其是学生带给你的是满满的幸福感。

当老师就意味着你的职业与学生联系在一起。老师所做的一切都是在培养学生,而不是获得个人利益。作为一名老师,要不忘初心,坚守自己的信念,执着地做好传承。

尽管我不完全苟同"蜡烛""灵魂工程师""园丁"等对老师的称呼,但有一点,老师的言行对学生的终身影响是不可忽视的。

好的大学老师应该教学与科研都走在前列。教学是根本,科研是实力。只教学不做科研不是合格的大学老师,只做科研不上课也不是合格的大学老师。

一个人的成就取决于个人努力,但与环境也密不可分。30多年来我亲历了中国大学的变迁,感受到自改革开放以来大学的巨变。这里面有进步,但也有隐忧。

时光荏苒,谁都有退休的那一天。我们这一代已经完成了使命,我将踏上人生的另一征程。

感谢我的母校,感谢我的老师,感谢所有陪伴我的老师和学生。祝福他们!

---

① 出自网络小说《人生不在初相逢》,作者是"清凉又见清凉",连载于晋江文学城。

踏踏实实做事，认认真真做人　2020-09-08

踏踏实实做事，认认真真做人。说起来容易，做起来难。

难在何处？难在不为环境、功名、利禄所利诱。

一个科研人，不能抱着投机心理和名利思想去做事。

当前学术界存在的种种弊端，无一不是利益驱使。学术造假是为了名利，花钱买文章也是为了名利，到处挂名走穴还是为了名利。科研的初心哪里去了？

学术道德、科研规范应该是导师首先给学生上的课。可是有几个导师会给学生讲这些呢？导师的言行往往比具体知识传授来的重要。

性格即命运　2021-03-21

《辞海》解释：性格是人对现实的态度和行为方式中较稳定的个性心理特征。它是个性的核心部分，最能表现个体差异。大体包括：

（1）对现实和自己的态度的特征，如诚实或虚伪、谦逊或骄傲等。

（2）意志特征，如勇敢或怯懦、果断或优柔寡断等。

（3）情绪特征，如热情或冷漠、开朗或抑郁等。

（4）理智特征，如思维敏捷、深刻、逻辑性强或思维迟缓、浅薄、没有逻辑性等。

性格的形成取决于基因遗传因素、成长期发育因素以及社会环境的影响因素。性格是人格的表现，体现在开放性、亲和性、勤勉性、情绪性、外向性等方面，性格与兴趣、价值观有着密切的联系。

古语云："积行成习，积习成性，积性成命。"性格的定型一般在 16~20 岁期间。

作为老师，面对的是学生。现在网上关于师生关系的话题是"剪不断，理还乱"，站在各自立场，各说各话，似乎都是自己对而对方错，但都忽略了性格因素，其实双方的性格对彼此影响很大。

我的观点：学生都是成年人，性格已经定型，但可以微调。教育不是万能的，没有教育是万万不能的。相互尊重，因材施教。

学生是成年人，有人说"没有教不会的学生，只有不会教的老师"，对此我不敢苟同。此话对中学以前年龄段的学生有效，但对于成年人不一定有效。

教育不是万能的，但导师的人品、责任心和能力对大学生、研究生的影响是深远的。我不敢打包票每一个学生能做到优秀，但尽力就好。成年人的价值观、世界观已经形成，想要改变很难，但不是不可作为。必须尊重学生，平等对待，了解每一个学生。对某个学生的做法不一定适合所有学生，要因材施教。个性化、差异化培养才是处理师生关系的准则。

当师生出现沟通问题时，多为导师强势、学生心理抵抗造成的。导师原则性和灵活性的度要把握好，对抗性的性格容易爆发冲突，平衡性的性格使人相处融洽。不妨从各自角度反思一下，学会心平气和，换个方式或许能够收到奇效。

笔是心灵之舌　2021-03-30

写作对于一个人的重要性不言而喻。专门从事写作的除了文学家、作家之外，恐怕就是科研人了。

我们从小认字、阅读，不仅要掌握大量的词汇，而且要读懂别人的思想，形成自己的思想。练习写作可以从写日记、作文开始。日记记载成长过程，作文则全面锻炼写作技巧和风格（记叙文、议论文、应用文、说明文等）。

写作是将所闻所见的感受用笔记录下来的过程，也是提炼升华的过程。因此，笔是心灵之舌。

写作靠模仿、靠悟。大学中文系培养出来的不一定个个都是作家，理科出身的也未必比文科出身的写作逊色。

读写听说，读写是书面语言，听说是口头语言。口才打动人，文章更能给人以思考启迪。因为笔下流淌的是笔者的思想，可以传承。

教师的写作包括论文、著述等。会写论文和项目书、教材专著的，文字能力均不会差。

研究生论文中，写作问题占很大比例。中文写不好，英文也不行，英文摘要基本是靠翻译软件。通常学生先写方法、结果，如同日记流水账，但前言与讨论才是准确表达思想的关键。写作问题主要表现为，一是语句不顺，二是逻辑不通。文献综述以堆积为主，有综无述，讨论则翻来覆去车轱辘话，不知所云。

提升写作能力，开设论文写作课固然需要，但博览群书（文献）更重要。读懂别人的思想是写作的前提，不会读就不会写。层次和段落、过渡和照应、开头和结尾是写好论文的三要素。写好综述也是论文的基础。细观察，多阅读，勤练笔，多思考，反复修改，终会练就一手好文章。

做自己喜欢的事并不容易   2021-05-17

就大学而言，没有人一开始就不喜欢当老师。我相信每一位刚入职的老师都是满怀豪情并准备大干一番的。但为什么不同老师的差距随着时间逐渐拉大？

喜欢对于兴趣培养很重要。喜欢某事，就会关注某事，但不一定都转换为兴趣，而产生浓厚兴趣的事情必然是因为喜欢。对于陌生事物，一定是从了解熟悉开始，再到产生兴趣、热爱去做，最后取得成就，完成夙愿。

人们常说：做自己喜欢的事。然而现实中，做自己喜欢的事需要条件。

做科研需要经费、设备、实验室空间，这些是硬件。除此之外，还需要阅读文献、同行（事）协助、领导支持等，这些是软件。最重要的还是你的思想、格局决定你的思路、方法，主客观因素缺一不可。

硬件条件如经费必须靠自己去申请。除非你是牛人，引进时才配备设备。否则你想独立掌控设备做自己的事，那只是一厢情愿，实验室永远是由学科带头人安排的。

软件方面，人际关系复杂，要看个人情商；科学问题把握，要看个人智商。会不会做人决定你是单打独斗还是建立团队。

掌握资源和话语权与否，就看你是否当领导或与领导的关系好坏了。"说你行你就行，不行也行；说不行就不行，行也不行。"跳槽变得频繁也是如此，无非是想做自己喜欢的事而已。

是屈尊还是独立，就看你的能力了。沙漠中的胡杨，连成片的不多。

游泳   2021-12-04

我是个北方人，在广州工作近20年，已经适应了这里的气候环境。比起当地南方人，抗寒能力还是比较强的，穿的比一般人少。棉鞋、羽绒服已经闲置多年了。

广州的冬天虽然很少下雪，气温一般在15摄氏度左右，最低温度也在零上，有风的日子仍给人一种寒冷的感觉。白天人们穿外套和毛衣即可，到了夜间，仍使人怀念北方温暖的室内温度。

生命在于运动。年轻时跑步、游泳、踢足球，但我对游泳情有独钟。当知青那会，曾横渡过水库和松花江，那时毛主席畅游长江是我们那代人抹不去的记忆，《水调歌头·游泳》（毛泽东）熟记于心。参加工作后，无论国内外，只要有机会到海边，就下海游上一圈。在大海里游泳与在江河和游泳池中游泳又是不一样的体验。出差时，凡是有游泳场所的地方我都不会放过，一定带上泳装。

对于退休后的人来说，对抗性激烈的运动不适合了，走路又显得单调。好在广州的游泳馆很多，一年四季都开放。今年学校游泳馆全年开放，每天早晚各一次，这就给喜爱游泳的人提供了好机会。

随着年龄的增长，我的身体也出现了一些问题，需要靠药物维持。但我通过游泳，改善了健康状况。体检时身体各项指标都接近正常，药量也减少了。游完泳后，神清气爽，食欲大增，精力旺盛，写博文泉思如涌。我坚持每周最少4~5次，一年下来，一些熟人说我不像年过60岁的人，这对我是一种鞭策和鼓励，也增加了我的自信。

游泳夏天避暑，冬天强身。水中浮力大，身体放松舒展。变换不同泳姿，头颈、腰背、四肢都能活动。肩周炎没了，脖子也不酸了，皮肤更光滑了，大肚腩消退了，多年不见的胸大肌也出来了。对经常坐办公室的人来说，无论是对神经系统还是内脏各器官，尤其是心肺功能都大有好处。蛙泳最常用，自由泳挥洒自如，仰泳优哉游哉，即兴时还可以一口气潜游20米。

我发现在游泳馆，大多常年坚持者都是退休后的人。可能年轻人工作忙时间紧，除了节假日，没有时间光顾，当然也看每个人的兴趣和毅力了。

冬泳对人的意志力是个考验。冬泳必须从夏天一直坚持到冬天，否则，15~20度的水温不是一般人敢尝试的。冬泳的人少，一条泳道往往只有我一人独享，下水后每次1000~1200米一气游完，上来后冲个凉，那叫一个痛快。

游泳的好处多多，可以改善心血管系统，增加肺活量，改善肌肉塑身，强筋骨，调节体温，增强免疫力和抵抗力，减肥护肤等。

若没有特殊情况，我会一直坚持下去。游泳健身，老有所乐！希望年轻人也能抽出时间，加入游泳中来，每天1个小时的运动量足矣。

成语与科研　2018-07-31

中华文化博大精深。成语形象生动，做科研与一些成语有密切联系。

踌躇满志

对"青椒"而言，刚参加工作，热情高涨，什么都想尝试，初生牛犊不怕虎。选准方向很重要，选对了，有可能成就一番事业；选错了，有可能走进死胡同。

扬帆起航

对初次拿到基金项目者而言，有了启动经费做保证，有了文章垫底，有了自己可支配的小天地，梦想着做出成绩。

大器晚成

对经历无数次失败终获成功者而言，似乎悟出点科研的真谛，茅塞顿开，揭示了一些自然之谜。

会当凌绝顶，一览众山小

对科研大咖而言，已经站在小山峰上。高处不胜寒，能与之对话者寥寥。阳春白雪，和者盖寡，燕雀安知鸿鹄之志哉。

王国维先生的科研三境界：昨夜西风凋碧树，独上高楼，望尽天涯路；衣带渐宽终不悔，为伊消得人憔悴；众里寻他千百度，蓦然回首，那人却在灯火阑珊处。

照猫画虎

多数跟踪模仿式科研大都如此。能画得像的还算不错，就怕画虎不成反类犬，画蛇添足，拉大旗作虎皮。

做科研要持之以恒，不能见异思迁，不能投机取巧，更不能见利忘义。

长江后浪推前浪，一代新人胜前人。路漫漫其修远兮，吾将上下而求索。科研是干出来的，不是说出来的。脚踏实地而不是好高骛远。临渊羡鱼不如退而结网，百尺竿头，更进一步。

我为什么要写博文　2021-12-24

有人问我，你为什么写博文？而且写那么多？这就好像问你为什么做科研、著书、写文章一样，纯属个人爱好。好比有人喜欢运动，有人喜欢旅游，有人喜欢摄影，有人喜欢唱歌赋诗，有人喜欢琴棋书画，萝卜白菜各有所爱。

自2012年加入科学网以来，我共发表博文30多万字，800余篇。访问量超过400万。

博文不同于论文，大多是有感而发，少则几百字，多则几千字。博文不是流水账,不是日记,是个人对周边发生事情的感悟和共鸣。科学网的博主大都是高校、科研院所的老师们,工作闲暇之余,讨论教学、科研、人才培养等问题,关注高校改革或作为休闲杂谈。

前五年,我写的博文不多。大都是看别人的,从中学习领悟。有些不成熟的博文我已删去。后五年,随着年龄增长,对高校的人和事有越来越多的反思,总结经验教训,并开始更多的投入。2019年退休返聘后,空余时间多了,想的问题也多了,看到一些热点问题思如泉涌,就忍不住发点议论。博文越写,精选越多,访问量越大,甚至被国内报刊和自媒体转载。以文会友,交流顺畅,使我写博文的动力越发强劲。把一生高校生涯的个人成长、亲身经历、所见所闻、所思所想、所感所悟记录下来,留作历史的记忆,也算是留给后人一点文字。

高校老师三大任务:教学、科研、社会服务。前两个我已完成,第三个正在践行。教书育人与社会责任感并行不悖,关心高校及科普也是大学老师的责任。

写博文好处多多。一是动脑练笔;二是活跃思维,与时俱进。一生高校情是不可能放下的,我会一直关注高校改革,关注高校变迁,关注老师和学生。

如果不是思想耗竭,我会一直坚持写下去……

后　记

　　我 1982 年年初毕业留校参加工作至今，已走过 40 年的高校教师历程。在这期间，经历了改革开放，目睹了其给高校带来的巨大变化，见证了高校发展进程。2012 年一次偶然的机会，结识了科学网。科学网汇集高校、科研院所一大批热衷教育事业的老师，看了他们写的博文，我萌发了记录时代的想法，利用闲暇时间思考一些问题，并将所闻所思、所见所悟写成博文。谁知一发而不可收，十余年撰写博文千余篇，聚焦高校身边的人和事，并获得网友们的认可，现在个人博客访问量超过 400 万。

　　原本只是发一些议论而已，并没有出书的想法。2021 年 11 月应光明日报出版社之约，在朋友们的鼓励下，决定将科学网博文整理成册。

　　感谢光明日报出版社给我提供的这次机会。